S0-BYA-850

TEACH YOURSELF BOOKS

A COMPLETE COURSE FOR BEGINNERS

GREEK

A COMPLETE COURSE FOR BEGINNERS

Aristarhos Matsukas

TEACH YOURSELF BOOKS

For UK orders: please contact Bookpoint Ltd, 39 Milton Park, Abingdon, Oxon
OX14 4TD. Telephone: (44) 01235 400414, Fax: (44) 01235 400454. Lines are
open from 9.00 – 6.00, Monday to Saturday, with a 24 hour message answering
service. Email address: orders@bookpoint.co.uk

For U.S.A. & Canada orders: please contact NTC/Contemporary Publishing, 4255
West Touhy Avenue, Lincolnwood, Illinois 60646 – 1975 U.S.A. Telephone: (847)
679 5500, Fax: (847) 679 2494.

Long-renowned as the authoritative source for self-guided learning – with more
than 30 million copies sold worldwide – the Teach Yourself series includes over
200 titles in the fields of languages, crafts, hobbies, sports, and other leisure
activities.

British Library Cataloguing in Publication Data
Matsukas, Aristarhos
  Greek
  1. Greek language, Modern – Conversation and phrase books –
  English 2. Greek language, Modern – Spoken Greek
  I. Title
  489.3'83421

Library of Congress Catalog Card Number: 96-68477

First published in UK 1997 by Hodder Headline Plc, 338 Euston Road, London
NW1 3BH.

First published in US 1997 by NTC/Contemporary Publishing,
4255 West Touhy Avenue, Lincolnwood (Chicago), Illinois 60646-1975 U.S.A.

The 'Teach Yourself' name and logo are registered trademarks of
Hodder & Stoughton Ltd.

Copyright © 1997 Aristarhos Matsukas

In UK: All rights reserved. No part of this publication may be reproduced or
transmitted in any form or by any means, electronic or mechanical, including
photocopy, recording, or any information storage and retrieval system,
without permission in writing from the publisher or under licence from the
Copyright Licensing Agency Limited. Further details of such licences (for
reprographic reproduction) may be obtained from the Copyright Licensing
Agency Limited, of 90 Tottenham Court Road, London W1P 9HE.

In US: All rights reserved. No part of this book may be reproduced, stored in a
retrieval system, or transmitted in any form, or by any means, electronic,
mechanical, photocopying, or otherwise, without prior permission of
NTC/Contemporary Publishing Company.

Typeset by Transet Ltd, Coventry.
Printed in Great Britain for Hodder & Stoughton Educational, a division of Hodder
Headline Plc, 338 Euston Road, London NW1 3BH by Cox & Wyman Ltd,
Reading, Berkshire.

Impression number	13	12	11	10	9	8	
Year		2004	2003	2002	2001	2000	

CONTENTS

ACKNOWLEDGEMENTS

Many of my friends and colleagues contributed to the making of this book. I am grateful to my students learning Modern Greek in New York City and Athens who tested the validity of many parts of this work.

I would like to thank my wife Joanna who has been a very supportive partner at all different stages of the first manuscript. Without her enthusiasm, support and critical judgement I seriously doubt that this work would have seen the light at the end of the tunnel ... for that, I dedicate this book to her.

Many thanks go to my dearest friend Dimitri Papadimitriou in Cambridge, Massachusetts, for supplying all the photographs in this book.

I am also grateful to my two editors at Hodder & Stoughton, Sarah Mitchell and Kate Jarratt, for their patience and professional editorial assistance in the writing and completion of this book.

I would like to thank Chris Georgousopoulos for the computer help, and Katerina Kolyva and Vicki Tzimas for the proofreading of earlier drafts.

Last but not least, I think that it would have been an oversight not to mention three of my good teachers who have shown me the way and contributed to my professional development and training: Prof. Joe McCormack, Oklahoma Christian College, Dr Joyce Valdes, University of Houston, and Dr John Fanselow, Teachers College, Columbia University. To all three my respect and admiration...

INTRODUCTION

Welcome to studying Greek! Καλωσορίσατε στα μαθήματα Ελληνικών!

This is a functional course designed for learners with no previous knowledge of Greek. It teaches you to communicate in Greek; the dialogues are standard Greek as spoken by native speakers. The course can also be used by students with some previous knowledge of Greek to revise and consolidate their language skills.

The language you will learn in this book is from everyday life in Greece, so that you can familiarise yourself with Greek people, their customs, the climate and the country.

The first four units are a survival package, a basic introduction to the language you need when in Greece.

Whatever your aims in using this book, you can learn at your own pace and to the level you need. At the end of the course you should be able to communicate in most everyday situations, while visiting Greece.

The emphasis is on the communicative aspect of the language; at first just try to get the gist of the dialogues bearing in mind the name of the unit. There are many phrases in the first four units which are best learned as phrases. You will then meet the grammar explaining the structure of the phrases in later units.

Greek, unlike English, is an inflectional language; it has endings and cases added on to words. It is important that you develop your own way of learning the vocabulary. For example, you might test yourself using lists or flash cards. There is no prescribed language-learning method so find out what works best for *you*.

Although not essential to your learning Greek, you might find it interesting to know a bit about the origins of the language.

Greek belongs to the large family of Indo-European or Indo-Hittite languages. It developed across the Balkan peninsula around 2000 BC. The language has undergone enormous phonological, morphological, lexical and syntactical changes affected by different peoples and languages and by many wars. There is also Classical Greek and Modern Greek. Let's have a closer look at the growth of the Greek language.

ANCIENT PERIOD:
14TH CENTURY BC – 1ST CENTURY BC

Ancient civilisations and their prosperity influenced the evolution of the language:

Mycanaean period 14th–12th centuries BC (texts were in syllabic script)
Archaic period 12th–8th centuries BC
Classical period 8th–4th centuries BC (alphabet started replacing the syllabic script)

Classical Greek has four groups or dialects: Arcado-Cypriot, Doric, Aeolic and Ionic-Attic. Although each dialect had different character-istics, the merchants and travellers could easily communicate.

The Ionic dialect prevailed for a long period: see Homer's writings dating from before the 1st century BC. The Attic dialect, actually an offspring of the Ionic, finally dominated the other dialects in the 1st century BC when philosophers and scientists such as Aristotle, Plato and Socrates made Athens the centre of the Greek civilisation.

As a result of the crusades during the time of Alexander the Great of Macedonia, the Attic dialect became the language used beyond Greece's boundaries and developed many forms.

HELLENIC PERIOD: 1ST CENTURY BC – 337 AD

In this period and especially close to 337 AD a new form of the Attic dialect appeared: with simpler syntax and morphology, a stress accent and loan words from Latin and Semitic origins. This was the Koine (the common) dialect: also called the Hellenistic Koine, or the Alexandrian Koine. (The New Testament was written in Koine dialect.) During this period, scholars regarded Koine as unsuitable for their writings, so they used the Attic dialect of the Classical period. This helps explain the development of the two varieties of Greek that has continued to today with Classical and Modern (Koine) Greek.

BYZANTINE PERIOD: 337 AD – 1453 AD

During this period and especially after the 10th century, Modern Greek became the standard language as we know it. The parallel development of the written and spoken forms of language meant that the written form was viewed as archaic and rigid while the spoken form was widely accepted.

POST-BYZANTINE PERIOD: 1453–1821

Greece, occupied by the Turks, adopted many loan words from the Turkish language. Even now the majority of foreign words in the Greek language are of Turkish, or Latin, origin. The development of the spoken and written forms of the Greek language continued during this period. At the same time an 'accepted' written form of the spoken language was introduced. This, however, failed altogether.

At the end of this period, a pure form of the language, free of loan words developed. It largely resembled an archaic form of Classical Greek; it was incomprehensible, to a certain degree, to most Greeks! This 'puristic' form came to be known as *Katharevusa*.

MODERN PERIOD: 1821–1974

From 1821–27, Katharevusa was the official language of Greece and was used by officials and scholars.

Athenian Greek grew as the standard spoken 'popular' language from around 1880, and for the next 30 years this language was the established literary language. Athenian Greek also became the official school language, despite fierce opposition from the Katharevusa followers. This standard spoken language (Athenian Greek) was called Demotic (meaning 'popular', or used by the 'population').

Until the end of this period there was widespread confusion about which language to use for official purposes.

Demotic prevailed as the everday spoken language whereas Katharevusa still existed in academic papers. Government documents, scientific books and so on, even store signs and advertisements only slowly shifted from Katharevusa to Demotic.

When the proponents of Katharevusa realised that they had no chance of seeing their language officially recognised they devised a simpler form of Katharevusa called simple Katharevusa. This had features from both forms of language but it was still a product of linguists rather than the people on the street. That new form of language brought further confusion rather than a real solution to the existing problem.

MOST RECENTLY: FROM 1974 TO PRESENT

The language has undergone major changes in terms of further simplifications in phonological, morphological, syntactic and lexical features.

1976   Demotic was proclaimed the official school language
1977   Demotic was proclaimed the official language of Greece

And finally in 1982, the accent system was officially limited to one accent on a word.

All these changes have contributed to the making of one language rather than the two language systems that existed for 20 centuries in parallel development. Of course, Katharevusa, although officially and practically put aside, still appears in everyday life in spoken or written forms. This will probably continue for some time yet.

Here are two examples to conclude this short introduction to the history of the Greek language: the word 'white' is λευκό(ς) in Katharevusa and άσπρο(ς) in Demotic Greek. People usually ask for άσπρο κρασί (white wine) in Demotic, and they usually get a bottle labelled λευκός οίνος (white wine) in Katharevusa!

Λευκός Οίκος is the White House in Washington DC whereas άσπρο σπίτι is any 'white house' all over the world! Λευκός Οίκος is Katharevusa and άσπρο σπίτι is Demotic Greek.

This book is a full representation of the standard spoken 'popular' language used nowadays in Greece i.e. Demotic. There are references to Katharevusa whenever necessary, either for clarification, or to show the co-existence of both language forms.

Windmills in Mykonos

What you already know in Greek without realising!

According to Aristides Konstantinides' book *The Greek words in the English Language* there are 45,729 Greek words in English!

As you work through this course, you will become increasingly aware of the Greek loan words in the English language. Sometimes, you have to stretch your imagination and bend the odd pronunciation rule to spot the loan word. Here are some first examples of loan words: pedagogy, amethyst, problem, music, politics, idea, programme, system. Have a go at the **Similar or different** exercises in the **Practice makes perfect** section of each unit. There are at least ten words in these exercises throughout this book that test your ability to make associations between what you already know and what you want to learn. These associations can sometimes be difficult to detect: for example the words **μύθος** (*myth*), **μέτρο** (*metre*) and **περίοδος** (*period*) are easily detected once you know the Greek alphabet, but the word **βιβλίο** (*book*) does not carry an immediate association, although **bibliography** does.

You might be relieved to know that there is a large number of English loan words in the Greek language! For example: **πέναλτυ** (*penalty*), **κόρνερ** (*corner*), **μπάσκετ** (*basket*), **κόμπλεξ** (*complex*), and **τέννις** (*tennis*). Sometimes Greek uses an English loanword when there is also a Greek word with a similar meaning, such as **Φέρρυ-μποτ** (*ferry-boat*) when the Greek word **οχηματαγωγό** means something similar. Also **τζέντλεμαν** (*gentleman*) instead of **κύριος**; **κάμπιν** (*camping*) instead of **κατασκήνωση**.

—————— **How to use the book** ——————

Read the introduction in English at the beginning of each dialogue before you read, or listen to, the dialogue. The dialogues marked with ▦ appear on the cassette which accompanies this book. To develop good pronunciation, you are strongly advised to use the cassette as much as possible.

Then study the dialogue and the **Words and expressions** after the dialogue. Words from all units can be found in the **Greek–English Vocabulary** at the end of the book.

There are usually three dialogues in each unit in the **Διάλογοι** (*Dialogues*) section. After the dialogues in the **Χρήσιμα γλωσσικά σημεία** (*Points of language interest*) section you will find explanations of the new material, as well as useful facts connected with the subject matter of the dialogues. There are also many new words in this section. Learning these words is extremely important since vocabulary is the backbone of any language – as well as extremely useful when visiting Greece or talking to Greek people elsewhere.

Grammatical points are explained in the **Γραμματικές παρατηρήσεις** (*Grammar notes*) section. There are tables and examples to help you learn the verbs, nouns, adjectives and pronouns. How you absorb the grammar is up to you. There is also a useful grammar section at the end of the book.

When you feel confident with the material in the unit, you can check your understanding with the **Η πρακτική μας κάνει καλύτερους** (*Practice makes perfect*) section. The exercises are designed to practise communication, although there are some grammar exercises as well.

To complete the unit there is a further dialogue in the **Λίγο ακόμα** (*A little bit more*) section with new **Words and expressions**, as additional material on the subject.

The last section **Πέρα από τη γλώσσα** (*Beyond language*) touches upon cultural aspects regarding the Greek people and their country. This is a very useful and informative section that aims to avoid mostly cultural misunderstandings.

There are three revision units – units 5, 10 and 15 – with exercises focusing both on communication and grammar which will consolidate your newly acquired knowledge. These units allow you to check your progress.

The cassette contains selected material from the units. The book can be used without the cassette, but you should try to listen to Greek spoken by native speakers. Reading aloud helps you increase your confidence in pronunciation. Try to use Greek whenever you get a chance.

You might want to establish your own study systems; for example, it is a good idea to develop your own system of memorising words. Try to learn in an environment that makes you feel relaxed. Make sure you set yourself realistic goals. You don't need magic to learn Greek. You must have a little bit of **υπομονή και επιμονή** (*endurance and perseverance!*) Good luck! **Καλή τύχη!**

Symbols and abbreviations

This indicates that the cassette can be used for the following section.

This indicates a dialogue.

This indicates exercises – activities where you can practise using the language.

This indicates key words and expressions.

This indicates grammar explanations (the nuts and bolts of the language).

Abbreviations used in this book are:

adj.	= adjective	acc.	= accusative
n.	= noun	sing.	= singular
v.	= verb	pl.	= plural
part.	= participle	fm.	= formal
cond.	= conditional	infm.	= informal
neg.	= negative	pol.	= polite
nom.	= nominative	fam.	= familiar
gen.	= genitive	m	= masculine
		f	= feminine
		n	= neuter

────── The Greek Alphabet ──────

TYPESCRIPT		ITALICS		HANDWRITTEN	
Upper Case	Lower Case	Upper Case	Lower Case	Upper Case	Lower Case
A	α	*A*	*α*		
B	β	*B*	*β*		
Γ	γ	*Γ*	*γ*		
Δ	δ	*Δ*	*δ*		
E	ε	*E*	*ε*		
Z	ζ	*Z*	*ζ*		
H	η	*H*	*η*		
Θ	θ	*Θ*	*θ*		
I	ι	*I*	*ι*		
K	κ	*K*	*κ*		
Λ	λ	*Λ*	*λ*		
M	μ	*M*	*μ*		
N	ν	*N*	*ν*		
Ξ	ξ	*Ξ*	*ξ*		
O	o	*O*	*o*		
Π	π	*Π*	*π*		
P	ρ	*P*	*ρ*		
Σ	σ/ς	*Σ*	*σ/ς*		
T	τ	*T*	*τ*		
Y	υ	*Y*	*υ*		
Φ	φ	*Φ*	*φ*		
X	χ	*X*	*χ*		
Ψ	ψ	*Ψ*	*ψ*		
Ω	ω	*Ω*	*ω*		

There are 24 letters in the upper case and 25 in the lower case. This is because the letter Σ is used in two different ways in the lower case: as σ in any position of a word except at the end, where it is ς. Those two alternative 's' in the lower case are usually called 'normal' σ and 'final' ς.

 Listen to the Greek alphabet and some examples found on page 12. Alternatively, check the names of the letters in the box.

alpha	iota	rho
beta	kappa	sigma
gamma	lamda	tau
delta	mi	ipsilon
epsilon	ni	phi
zeta	xi	chi
eta	omicron	psi
theta	pi	omega

SOUNDS AND LETTERS

The Greek language has 25 sounds:

α ε ι ο ου β γ δ ζ θ κ λ μ ν π ρ σ τ φ χ μπ ντ γκ τσ τζ

a e i o u v w/γ δ z θ k l m n p r s t f h b d g ts tz

VOWELS AND CONSONANTS

There are 7 vowels and 17 consonants in Greek:

	Vowels					Consonants					
α	ε	η	ι		β	γ	δ	ζ	θ	κ
ο	υ	ω			λ	μ	ν	ξ	π	ρ
					σ	τ	φ	χ	ψ	

Two-letter vowels

αι	ει	οι
ου	υι	

Two-letter consonants

γγ	γκ	μπ	ντ
τσ	τζ		

Vowel combinations

αυ   ευ

Double consonants

ξ = κ + σ
ψ = π + σ

Palletised diphthongs

ια	ιε
ιο	ιου

Two same-letter consonants

ββ	κκ	λλ
μμ	νν	ππ
ρρ	σσ	ττ

CONSONANT CHART

Place of Articulation

	Lips u*	Lips v*	Lower Lip & Teeth u	Lower Lip & Teeth v	Tip of Tongue & Teeth u	Tip of Tongue & Teeth v	Tip of Tongue & Tooth Ridge u	Tip of Tongue & Tooth Ridge v	Blade of Tongue & Tooth Ridge u	Blade of Tongue & Tooth Ridge v	Middle or Front of Tongue & Hard Palate u	Middle or Front of Tongue & Hard Palate v	Back of Tongue & Soft Palate u	Back of Tongue & Soft Palate v	Glottis u	Glottis v
Stops	π /p/	μπ /b/					τ /t/	ντ /d/					κ /k/	γκ /g/		
Nasals	μ /m/						ν /n/							γ /g/		
Lateral Glides								λ /l/								
Fricatives			φ /f/	β /v/	θ /θ/	δ /ð/	σ /s/	ζ /z/	- /š/*	- /ž/*					χ /h/*	γ /-/
Affricates							τσ /ts/	τζ /dz/	- /č/	- /ǰ/*						
Glides	γ /w/*							ρ /r/*				γ /y/				

*Note: u and v are abbreviations for 'unvoiced' and 'voiced'.

/p/	past, stop	/ð/	the, they
/b/	be, been	/s/	stops, consonants
/t/	two, went	/z/	is, was
/d/	do, did	/š/*	she, should
/k/	can, can't	/ž/*	measure, vision
/g/	get, got	/h/*	he, him
/m/	me, my	/ts/	posts, tilts
/n/	no, not	/dz/	roads, toads
/g/	learning, writing	/č/*	check, each
/l/	shall, left	/j/*	ridge, jaw
/f/	if, after	/w/*	wood, what
/v/	vowels, voiced	/r/*	run, around
/θ/	both, Thursday	/y/	your, yours

The asterisks denote sounds found either only in Greek or only in English without an exact corresponding sound in the other language. This chart is only an attempt to point out similarities and differences in the two sound systems and it is not intended to be memorised by any means. It can be used though as a reference chart for a comparative and contrastive phonetic study.

VOWEL CHART

	UNROUNDED		ROUNDED
	Front	**Centre**	**Back**
High	i	—	u
Mid	e	—	o
Low	—	a	—

This is a chart of the Greek vowel phonemes according to tongue height, tongue advancement and lip position. The following vowels or combination of vowels correspond to the above five vowel sounds.

	LETTERS	SOUND	EXAMPLE
1	α	a	cat
2	ε, αι	e	set
3	ι, η, υ, ει, οι, υι	i	sit
4	ο, ω	o	not
5	ου	u	put

THE ALPHABET AND SOME EXAMPLES

Α	α	αεροπλάνο (*airplane*)	απολογία (*apology*)
Β	β	βαρόμετρο (*barometer*)	βούτυρο (*butter*)
Γ	γ	γαλαξίας (*galaxy*)	γεωμετρία (*geometry*)
Δ	δ	δημοκρατία (*democracy*)	δόγμα (*dogma*)
Ε	ε	ελικόπτερο (*helicopter*)	ενθουσιασμός (*enthusiasm*)
Ζ	ζ	ζώδιο (*zodiac*)	ζωολογικός (*zoological*)
Η	η	ήρωας (*hero*)	ηλεκτρικός (*electrical*)
Θ	θ	θέατρο (*theatre*)	θεραπεία (*therapy*)
Ι	ι	ιστορία (*history*)	ιδέα (*idea*)
Κ	κ	κεραμικό (*ceramic*)	κιθάρα (*guitar*)
Λ	λ	λάμπα (*lamp*)	λεμόνι (*lemon*)
Μ	μ	μέθοδος (*method*)	μουσική (*music*)
Ν	ν	ναρκωτικά (*narcotics*)	νοσταλγία (*nostalgia*)
Ξ	ξ	ξενοφοβία (*xenophobia*)	ξυλογραφία (*xylography*)
Ο	ο	όργανο (*organ*)	οξυγόνο (*oxygen*)
Π	π	παλάτι (*palace*)	πιάνο (*piano*)
Ρ	ρ	ράδιο (*radio*)	ρύζι (*rice*)
Σ	σ/ς	σαλάτα (*salad*)	σοκολάτα (*chocolate*),
Τ	τ	τηλέφωνο (*telephone*)	τρένο (*train*)
Υ	υ	υπόθεση (*hypothesis*)	υστερία (*hysteria*)
Φ	φ	φωτογραφία (*photography*)	φιλοσοφία (*philosophy*)
Χ	χ	χάος (*chaos*)	χαρακτήρας (*character*)
Ψ	ψ	ψυχολογία (*psychology*)	ψαλμός (*psalm*)
Ω	ω	ώρα (*hour*)	ωροσκόπιο (*horoscope*)

GREEK CAPITAL LETTERS

World cities		Greek cities	
ΑΜΣΤΕΡΝΤΑΜ	*Amsterdam*	ΑΘΗΝΑ	*Athens*
ΒΙΕΝΝΗ	*Vienna*	ΒΟΛΟΣ	*Volos*
ΓΕΝΕΥΗ	*Geneva*	ΓΡΕΒΕΝΑ	*Grevena*
ΔΟΥΒΛΙΝΟ	*Dublin*	ΔΡΑΜΑ	*Drama*
ΕΛΣΙΝΚΙ	*Helsinki*	ΕΔΕΣΣΑ	*Edessa*
ΖΥΡΙΧΗ	*Zurich*	ΖΑΚΥΝΘΟΣ	*Zakynthos*
ΗΡΑΚΛΕΙΟ	*Heraklion*	ΗΓΟΥΜΕΝΙΤΣΑ	*Egoumenitsa*
ΘΕΣΣΑΛΟΝΙΚΗ	*Thessaloniki*	ΘΗΒΑ	*Thebes*
ΙΕΡΟΥΣΑΛΗΜ	*Jerusalem*	ΙΩΑΝΝΙΝΑ	*Ioannina*
ΚΟΠΕΓΧΑΓΗ	*Copenhagen*	ΚΑΒΑΛΑ	*Kavala*

ΛΟΝΔΙΝΟ	London	ΛΕΥΚΑΔΑ	Lefkada
ΜΟΝΑΚΟ	Monaco	ΜΥΤΙΛΗΝΗ	Mitilini
ΝΑΠΟΛΙ	Napoli	ΝΑΥΠΛΙΟ	Nafplio
ΞΑΝΘΗ	Xanthi	ΞΑΝΘΗ	Xanthi
ΟΣΛΟ	Oslo	ΟΛΥΜΠΙΑ	Olympia
ΠΑΡΙΣΙ	Paris	ΠΑΤΡΑ	Patra
ΡΩΜΗ	Rome	ΡΟΔΟΣ	Rhodes
ΣΟΦΙΑ	Sofia	ΣΠΑΡΤΗ	Sparti
ΤΟΚΥΟ	Tokyo	ΤΡΙΚΑΛΑ	Trikala
ΥΟΡΚΗ	York	ΥΔΡΑ	Hydra
ΦΛΩΡΕΝΤΙΑ	Florence	ΦΙΣΚΑΡΔΟ	Fiscardo
ΧΑΪΦΑ	Haifa	ΧΙΟΣ	Chios
ΨΑΡΑ	Psara	ΨΑΡΑ	Psara
ΩΚΛΑΝΤ	Oakland	ΩΡΑΙΟΚΑΣΤΡΟ	Oreokastro

LETTERS WITH TWO DIFFERENT SOUNDS

Γ γ
- /γ/ Γρηγόρης (*Gregory*) — /γ/ as in **y**en
  γ+ consonants or α, ο, ω, ου
- /y/ Γιώργος (*George*) — /y/ as in **y**es
  γ+ ε, ι, η, υ

Σ σ
- /s/ Σόνια (*Sonia*) — /s/ as in **s**et
  σ+ vowels or θ, κ, λ, π, τ, φ, χ
- /z/ κόσμος (*cosmos/world*) — /z/ as in **z**ip
  σ+ β, γ, μ

Χ χ
- /h/ χορός (*chorus/dance*) — /h/ as in **h**at
  χ+ consonants or α, ο, ω, ου
- /ch/ όχι (*no*) — /ch/ as in lo**ch**
  χ+ ε, ι, η, υ

VOWEL COMBINATIONS WITH TWO DIFFERENT SOUNDS

ΑΥ αυ
- /af/ αυτοκίνητο (*automobile*) — /af/ as in **af**ter
- /av/ Αύγουστος (*August*) — /av/ as in **av**enue

ΕΥ ευ
- /ef/ ευφημισμός (*euphemism*) — /ef/ as in l**ef**t
- /ev/ Ευρώπη (*Europe*) — /ev/ as in **ev**er

/af/ or /ef/ always when αυ or ευ + θ, κ, λ, π, τ, φ χ
/av/ or /ev/ always when αυ or ευ + β, γ, δ, ζ, λ, μ, ν, ρ or vowels

TWO-LETTER CONSONANTS WITH TWO DIFFERENT SOUNDS

Γκ, μπ, and ντ are always pronounced /g/, /b/, and /d/ at the beginning of a word and /ng/, /mb/ and /nd/ in the middle of the word:

ΓΚ γκ ⟨ /g/   γκαράζ (*garage*)   /g/ as in go
        /ng/ άγκυρα (*anchor*)   /ng/ as in England

ΜΠ μπ ⟨ /b/   μπράβο (*bravo*)   /b/ as in boy
        /mb/ λάμπα (*lamp*)   /mb/ as in slumber

ΝΤ ντ ⟨ /d/   ντομάτα (*tomato*)   /d/ as in dog
        /nd/ μοντέρνο (*modern*)   /nd/ as in bending

TWO SAME-LETTER CONSONANTS

The following two same-letter consonants are always pronounced as the one letter consonant.

ββ	→ /v/	Σάββατο (*Saturday*)	/v/ as in vet
κκ	→ /k/	εκκεντρικός (*eccentric*)	/k/ as in kept
λλ	→ /l/	μέταλλο (*metal*)	/l/ as in let
μμ	→ /m/	πρόγραμμα (*programme*)	/m/ as in met
νν	→ /n/	τυραννία (*tyranny*)	/n/ as in net
ππ	→ /p/	ιππόδρομος (*hippodrome*)	/p/ as in pet
ρρ	→ /r/	τύρρανος (*tyrant*)	/r/ as in rent
σσ	→ /s/	γλωσσάριο (*glossary*)	/s/ as in set
ττ	→ /t/	Βρεττανία (*Britain*)	/t/ as in tent

SOME OTHER REMARKS

1   The following six words have two different spellings: one with the final letter -ν and one without.

αυτή   αυτήν   *her* (personal pronoun)
τη   την   *the/her* (article, personal pronoun)
ένα   έναν   *one* (indefinite article, numeral)
το   τον   *the* (article)
δε   δεν   *not* (negative particle)
μη   μην   *don't* (negative particle)

The grammatical rules for this are as follows:

Keep the final -v	Drop the final -v
(α) when the following word starts with a vowel (β) when the following word starts with one of the following consonants: κ, π, τ γκ, μπ, ντ τσ, τζ ξ, ψ	(α) when the following word starts with a consonant other than the ones listed on the left, that is: β, γ, δ, ζ, θ, λ, μ, ν, ρ, σ, φ, χ

2 When the final letter **-v** in a word is followed by a new word starting with **κ, ξ, π, τ** or **ψ** then the two words sound as one and the corresponding combinations create the following sounds:

ένα<u>ν</u> <u>κ</u>αφέ	→ ν + κ → /ng/	→ /ena<u>ng</u>afe/	*a coffee*
το<u>ν</u> <u>ξ</u>έρω	→ ν + ξ → /ngz/	→ /to<u>ngz</u>ero/	*I know him*
δε<u>ν</u> <u>π</u>άω	→ ν + π → /nb/	→ /de<u>nb</u>ao/	*I don't go*
στη<u>ν</u> <u>Τ</u>ήνο	→ ν + τ → /nd/	→ /sti<u>nd</u>ino/	*to Tinos*
τη<u>ν</u> <u>ψ</u>άχνω	→ ν + ψ → /nbz/	→ /ti<u>nbz</u>ahno/	*I look for her*

Try to ask a native speaker to say them at a normal speed and pay attention to these sound combinations.

THE GREEK SOUND SYSTEM

Stress: the greater volume of a syllable or vowel. The word 'Luton' has a stress, or simply has more volume, on the first syllable **Lu-** than on the second syllable **-ton**. That primary stress appears in Greek by an accent mark above the stressed vowel; **Λούτον** (Λού-τον).

Volume, length and pitch are the three characteristics of the stressed syllable or vowel. The accent mark can appear on the last syllable: **εποχή** (*epoch*); on the second last syllable: **μέτρο** (*metre*) or on the third last syllable: **τονόμετρο** (*tonometre*).

Intonation: a statement in Greek is changed into a question by changing the pitch of voice without changing the sequence of words:

Έχετε πέντε σπίτια.	*You have five houses.*
Έχετε πέντε σπίτια;	*Have you got five houses?*

By changing the pitch of the voice in the statement or question the phrase can actually mean: **You have** (and nobody else) five houses, or you have **five** (and not six or seven or ten) houses, or you have five **houses** (and not apartments, flats, rooms or something else)!

Punctuation

English		Greek	
full stop/period	.	τελεία	.
comma	,	κόμμα	,
colon	:	άνω και κάτω τελεία	:
quotes	" "	εισαγωγικά	" " / « »
exclamation mark	!	θαυμαστικό	!
question mark	?	ερωτηματικό	;
dots	...	αποσιωπητικά	...
semicolon	;	άνω τελεία	.
parenthesis	( )	παρένθεση	( )
brackets	[ ]	αγκύλες	[ ]
dashes	– –	παύλες	– –

PRACTICE MAKES PERFECT

Before the end of this section there are some exercises for you to practise your introductory knowledge. When in doubt you can check your answers in the 'Key to the exercises' section at the back of the book.

1   Here is a Greek scoreboard with some matches from the English premiere league. Do you recognise some teams?

2 This list shows car sales in Greece in January and February of 1996. Do you recognise some car makes?

ΠΩΛΗΣΕΙΣ ΑΥΤΟΚΙΝΗΤΩΝ ΙΑΝΟΥΑΡΙΟΥ-ΦΕΒΡΟΥΑΡΙΟΥ '96

ΜΑΡΚΑ	ΠΩΛΗΣΕΙΣ ΙΑΝΟΥΑΡΙΟΥ	ΠΟΣΟΣΤΟ %	ΠΩΛΗΣΕΙΣ ΦΕΒΡΟΥΑΡΙΟΥ	ΠΟΣΟΣΤΟ %
ΤΟΓΙΟΤΑ	1.282	12,4	575	7,6
ΦΙΑΤ	1.154	11,2	1.050	13,9
ΦΟΛΚΣΒΑΓΚΕΝ	895	8,7	674	8,9
ΝΙΣΑΝ	758	7,3	366	4,8
ΟΠΕΛ	542	5,2	408	5,4
ΣΕΑΤ	532	5,1	241	3,2
ΣΟΥΖΟΥΚΙ	490	4,7	340	4,5
ΧΙΟΥΝΤΑΪ	472	4,6	400	5,3
ΣΙΤΡΟΕΝ	466	4,5	475	6,3
ΠΕΖΟ	458	4,4	295	3,9
ΑΛΦΑ ΡΟΜΕΟ	423	4,1	322	4,3
ΡΟΒΕΡ	418	4,0	350	4,6
ΦΟΡΝΤ	386	3,7	349	4,6
ΡΕΝΟ	251	2,4	293	3,9
ΛΑΝΤΣΙΑ	224	2,2	261	3,5
ΜΕΡΣΕΝΤΕΣ	221	2,1	123	1,6
ΑΟΥΝΤΙ	165	1,6	124	1,6
ΜΠΕ-ΕΜ-ΒΕ	163	1,6	115	1,5

3 *Get Shorty* is a funny American film with some famous names as leading actors. Can you name them? Could you also list the cinemas where this film was showing?

4 Below is a list of tall and short actresses or singers. Do you recognise the names? Some of the names are Cindy Crawford, Julia Roberts, Janet Jackson and Madonna! Good luck!

Στα ψηλά...

1,85 μ.	Μπρουκ Σηλντς
	Ούμα Θέρμαν
	Τζέρυ Χωλ
1,82 μ.	Ελ Μακφέρσον
	Κιμ Μπάσιντζερ
	Σιγκούρνι Γουήβερ
	Μπριγκίτε Νίλσεν
	Τζίνα Ντέιβις
1,77 μ.	Ντάρυλ Χάνα
	Νικόλ Κίντμαν
	Πριγκίπισσα Νταϊάνα
1,76 μ.	Σίντυ Κρώφορντ
	Κέλυ Μακγκίλις
	Μαράια Κάρεϋ
1,73 μ.	Τζούλια Ρόμπερτς
	Λιζ Χάρλεϋ

...και στα χαμηλά

1,50 μ.	Ντόλυ Πάρτον
1,55 μ.	Κάιλι Μινόγκ
	Μπέτυ Μίντλερ
1,58 μ.	Μαντόνα
1,60 μ.	Λιζ Τέιλορ
	Πάμελα Άντερσον
	Τίνα Τάρνερ
	Πάτσυ Κέντζιτ
	Σίντυ Λόπερ
1,61 μ.	Τζάνετ Τζάκσον
1,62 μ.	Ντριου Μπάριμορ
1,65 μ.	Μαίρυλιν Μονρόε
	Μπριζίτ Μπαρντώ

5 If you like tennis you will probably have no serious difficulties in making out the names of world-known tennis players. How many can you list? Can you also make out any names of the countries in brackets?

Οι καλύτεροι στο ταμπλό του ΟΠΕΝ των ΗΠΑ

Το ΟΠΕΝ των ΗΠΑ αρχίζει σήμερα
(Σε παρένθεση, η θέση στην παγκόσμια κατάταξη)

ΑΠΛΟ ΓΥΝΑΙΚΩΝ		ΑΠΛΟ ΑΝΔΡΩΝ	
1 Στέφι Γκραφ *(Γερμανία)*	(1)	1 Αντρέ Αγκάσι *(ΗΠΑ)*	(1)
2 Μόνικα Σέλες *(ΗΠΑ)*	(1*)	2 Πιτ Σάμπρας *(ΗΠΑ)*	(2)
3 Αράντχα Σάντσες *(Ισπανία)*	(2)	3 Τόμας Μούστερ *(Αυστρία)*	(3)
4 Κοντσίτα Μαρτίνεθ *(Ισπανία)*	(3)	4 Μπόρις Μπέκερ *(Γερμανία)*	(4)
5 Γιάνα Νοβότνα *(Τσεχία)*	(4)	5 Μάικλ Τσανγκ *(ΗΠΑ)*	(5)
6 Μαρί Πιρς *(Γαλλία)*	(5)	6 Γκόραν Ιβάνισεβιτς *(Κροατία)*	(6)
7 Κιμίκο Ντάτε *(Ιαπωνία)*	(6)	7 Γεβγένι Καφέλνικοφ *(Ρωσία)*	(7)
8 Μανταλένα Μαλέεβα *(Βουλγαρία)*	(7)	8 Μίκαελ Στιχ *(Γερμανία)*	(8)
9 Γκαμπριέλα Σαμπατίνι *(Αργεντινή)*	(8)	9 Τόμας Ένκβιστ *(Σουηδία)*	(9)
10 Λίντσεϊ Ντάβενπορτ *(ΗΠΑ)*	(9)	10 Γουέιν Φερέιρα *(Ν. Αφρική)*	(10)

* Βαθμολογήθηκε για τα πρώτα έξι της τουρνουά

The Acropolis, Athens

6 Both newspaper clips about *Born Yesterday* and *Batman Forever* feature famous actors. Can you list some of them? Can you also name some cinemas where *Born Yesterday* was showing?

1
ΓΕΙΑ ΣΟΥ!
Hi!

In this unit you will learn how to

- ask for and give personal information
- introduce people
- use Greek greetings

 ——————— **Dialogues** ———————

1 Πώς σας λένε; / *What's your name?*

Tim and Mary Johnson are a young British couple both with one-year job assignments in Greece. Tim works for Westminster Bank and Mary is an archaeologist for the British Archaeological Society. Listen to the conversations they have at a party in their early days in Athens.

Mary	Γεια σας! Πώς σας λένε;
Jean-Pierre	Γεια σας! Με λένε Jean-Pierre Depardieu.
Mary	Πώς;
Jean-Pierre	Jean-Pierre Depardieu.
Mary	Αα! Και από πού είστε;
Jean-Pierre	Είμαι από τη Γαλλία.
Mary	Από ποιο μέρος;
Jean-Pierre	Από το Παρίσι. Εσείς;
Mary	Από την Αγγλία. Από το Λονδίνο.

Words and expressions

Γεια σας! *Hello! Hi!*	**είμαι** *I am*
πώς *how (what)*	**τη(ν)** *the* (f)
πώς σας λένε; *what's your name?*	**η Γαλλία** *France* (f)
(lit. *'How are you called?' or*	**ποιο** *which*
'How do they call you?') (fm./pl.)	**το μέρος** *place* (n)
με λένε *my name is*	**το** *the* (n)
Αα! *Aha! (Oh, I get it!)*	**το Παρίσι** *Paris*
και *and*	**εσείς** *you? (How about you?)*
από *from*	**η Αγγλία** *England* (f)
πού *where*	**το Λονδίνο** *London* (n)
είστε *you are*	

2 Τι γλώσσες μιλάτε; / *What languages do you speak?*

Tim meets Domenico at the party; he's trying to find out how many languages Domenico speaks.

Tim	Γεια σας! Πώς σας λένε;
Domenico	Domenico Di Capo.
Tim	Τι γλώσσες μιλάτε;
Domenico	Ιταλικά.
Tim	Μόνο Ιταλικά;
Domenico	Μόνο Ιταλικά.
Tim	Αα!

Words and expressions

τι *what*	**μιλάτε** *you speak*
γλώσσες *languages* (f)	**μόνο** *only*
Ιταλικά *Italian* (language)	

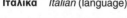

3 Είσαι Ιταλός; / *Are you Italian?*

Listen to the conversation and try to get the gist before reading the dialogue below and looking at the key words.

Mary	Γεια σου! Είσαι Ιταλός;
Antonio	Ναι, είμαι!
Mary	Από ποια πόλη;
Antonio	Από το Μιλάνο, αλλά τώρα μένω στην Αθήνα.
Mary	Εγώ είμαι από το Λονδίνο. Ξέρεις Αγγλικά;

GREEK

Antonio	Όχι! Δυστυχώς! Μόνο Ιταλικά και τώρα ... Ελληνικά!
Mary	Πώς σε λένε;
Antonio	Αντόνιο. Εσένα;
Mary	Μαίρη ή Μαρία.
Antonio	Ωραία! Γεια σου Μαίρη.
Mary	Γεια σου Αντόνιο.

Words and expressions

ο Ιταλός   *Italian* (n) (origin)
ποια   *which*
η πόλη   *town* (f)
το Μιλάνο   *Milan* (n)
αλλά   *but*
τώρα   *now*
μένω   *I live*
στην   *in*
η Αθήνα   *Athens* (f)
εγώ   *I* (first person)
Αγγλικά   *English* (language)
όχι   *no*

ξέρεις   *you know (*here, *do you know?)*
δυστυχώς   *unfortunately, I am sorry but ...*
Ελληνικά   *Greek* (language)
πώς σε λένε;   *What's your name?* (infm./sing.)
Αντόνιο   *Tony (Anthony)*
εσένα   *you*
ή   *or*
ωραία   *good, nice, wonderful*
σου   *to you/you* (sing.)

——— Points of language interest ———

ΓΕΙΑ ΣΟΥ! / HI!

You have already seen the use of **γεια σου!** (informal, for people you know) and **γεια σας!** (formal, for people you don't know, or for addressing more than one). They are both expressions used every day by young and old people alike. The word **γεια** comes from **υγεία** (*health*) and the expression actually means *health to you!* There are three other meanings of this expression: *goodbye* – when leaving, *bless you* – when sneezing and *cheers!* – when drinking!

καλημέρα

Although **γεια σου, γεια σας** or simply **γεια** could be used throughout the day, Greeks use other greetings and farewells during the day, such as **καλημέρα** (*good morning*), **καλό μεσημέρι** (*have a nice siesta!*) **καλό απόγευμα** (*have a nice afternoon*), **καλησπέρα** (*good evening*), **καλό βράδυ** (*have a nice evening*) and **καληνύχτα** (*good night*). There is no other greeting besides **καλημέρα** to show the difference that 'good morning' and 'good day' have in English.

In formal greetings you may hear **χαίρετε** (*hello*) and in certain regions the repeated form **χαίρετε! χαίρετε!** The answer is also **χαίρετε** although sometimes you might hear both expressions together as an answer **χαίρετε! γεια σας!** The formal greeting **αντίο** (*goodbye*) tends to be used less and less. It is still used however to mean a 'final goodbye'. The table below shows their use as greetings, farewells and their corresponding replies.

GREETINGS	FAREWELLS	REPLIES
γεια!	γεια!	γεια!
γεια σου!	γεια σου!	γεια σου!
γεια σας!	γεια σας!	γεια σας!
καλημέρα!	καλημέρα!	καλημέρα!
—	καλό μεσημέρι!	καλό μεσημέρι!*
καλησπέρα!	—	καλησπέρα!
—	καλό απόγευμα!	καλό απόγευμα!*
—	καλό βράδυ!	καλό βράδυ!*
—	καληνύχτα!	καληνύχτα!*

*You could also say ευχαριστώ, επίσης (*thanks, likewise*).

Grammar notes

1 Είσαι Ιταλός; / *Are you Italian?*

It is easy to ask a question in Greek; just remember that the pitch of your voice goes up. **Είσαι Ιταλός** means *you are Italian* when the pitch of your voice goes *down* at the end, and *are you Italian?* when the pitch of your voice goes *up* at the end. The cassette would help here. You will be pleased to know that there are no changes in word order as in English, such as *you are – are you?* or additions in forming questions like *'you love me – do you love me?'*

The English semicolon (;) is the question mark (?) in written Greek. The Greek semicolon is a mark we do not use in English; it is a raised full-stop! as in ·.

Notice the statement and the question forms of the verb **είμαι** (*I am*).

είμαι	*I am*	είμαι;	*am I?*
είσαι	*you are* (infm)	είσαι;	*are you?* (infm)
είναι	*he / she / it is*	είναι;	*is he / she / it?*
είμαστε	*we are*	είμαστε;	*are we?*
είσαστε / είστε	*you are* (fm)	είσαστε / είστε;	*are you?* (fm)
είναι	*they are*	είναι;	*are they?*

You use **είσαι** when talking to one person that you know well, or when he or she is younger than you. However, when you use **είσαστε** or **είστε** to one person, it is probably out of respect (with an older person, higher social status and so on) or when you address more than one person.

Other languages also have different forms of formal and informal address for *you are*: 'tu est' and 'vous êtes' in French, or 'du bist' and 'sie sind' in German. Both forms **είσαστε** and **είστε** are used interchangeably by different speakers without changing the meaning. In Greek as in most languages you could answer a question fully or incompletely. Notice the following example and the four possible answers:

Είσαι Ιταλός; *Are you Italian?* Ναι, είμαι Ιταλός. *Yes, I am Italian.*
                                     Ναι, είμαι. *Yes, I am.*
                                     Ναι. *Yes.*

                                     Or even a silent answer by tilting your head forward a couple of times.

Soon you will meet other ways of saying 'yes' such as **μάλιστα, αμέ** and **πως!** with their corresponding uses.

The opposite of **ναι** (*yes*) is **όχι** (*no*). There is a frequent confusion to the ears of many foreigners due to the sound value of yes that actually sounds like no! Notice also the head nodding that usually accompanies a Greek *yes* or *no*!

2 Ξέρεις Αγγλικά; / *Do you know English?*

Verbs (i.e. words expressing an action or state such as 'go, be, eat') are conjugated in Greek. This means that you put endings after the stem of the verb. (The stem is the simplest form of a word, i.e. without any ending, such as **μεν-** (*live*), and **ξερ-** (*know*). The function of an ending is to identify who you are talking about. Notice below the different forms of two frequent verbs: **μένω** (*I live*) and **ξέρω** (*I know*).

μέν-ω	*I live*	ξέρ-ω	*I know*
μέν-εις	*you live*	ξέρ-εις	*you know*
μέν-ει	*he / she/ it lives*	ξέρ-ει	*he / she / it knows*
μέν-ουμε	*we live*	ξέρ-ουμε	*we know*
μέν-ετε	*you live*	ξέρ-ετε	*you know*
μέν-ουν	*they live*	ξέρ-ουν	*they know*

Here are two examples you saw in the dialogues earlier in this unit:

Αλλά τώρα μένω στην Αθήνα.   *But now I live in Athens.*
Ξέρεις Αγγλικά;   *Do you know [speak] English?*

3 Ο Αντόνιο και η Μαίρη / *[The] Antonio and [the] Mary*

'The' (the definite article) has more than one translation in Greek. There are three forms of definite article: **o** for masculine nouns; **η** for feminine nouns, and **το** for neuter nouns.

All nouns will appear in the **Word and expressions** boxes with the appropriate definite article. For example:

ο Ιταλός (m)   *the Italian* (m)
η πόλη (f)   *the city* (f)
το μέρος (n)   *the place* (n)

Greek articles are also used with proper names, so that Mary is **η Μαίρη** in Greek, rather than simply **Μαίρη**. Likewise there are articles in front of city names such as:

η Αθήνα   *[the] Athens* (f)
το Λονδίνο   *[the] London* (n)

Do not try to understand everything starting from the very first unit. Guide yourself and your studies more through intuition rather than analytical thinking; linguistic gaps will fall into place in due time.

☑ ——— Practice makes perfect ———

1 The following are situations you are likely to encounter in Greece:

(*a*) You have just been introduced to a Greek. Ask her name.

(*b*) You have just seen a friend in the street. Say hello and ask him how he is.

(*c*) You have just met your boss in the street. Say hello and ask her how she is.

(*d*) You meet a Greek colleague in the hotel where you are staying. At the various times of day, how would you say: 'good morning', 'good evening' or 'good night'?

(*e*) You are so confused that you want to say: 'I'm sorry, I don't speak Greek.' How would you say that?

(*f*) You have just arrived in Greece and you want to find people who speak English. How would you ask: 'Do you speak English?'

2 Match each question to its most appropriate answer.

(*a*) Ξέρετε Γαλλικά;   (i) Από το Μιλάνο.
(*b*) Είστε Ιταλός;   (ii) Όχι, από την Ιταλία.
(*c*) Είσαι από την Αγγλία;   (iii) Ναι, ξέρω.
(*d*) Από ποια πόλη;   (iv) Όχι, δεν είμαι.

3 Rearrange these lines to make up a dialogue:

(*a*) Μαρία Πέτρου.
(*b*) Όχι, μόνο Ελληνικά.
(*c*) Καλημέρα, πώς σας λένε;
(*d*) Μιλάτε Αγγλικά;

4 Complete the dialogue using the information in italics.

Ο Νίκος   Γεια σας! Πώς σας λένε;
You   (*a*) *Say your name.*
Ο Νίκος   Από πού είστε;
You   (*b*) *State the country that you are from.*
Ο Νίκος   Από ποιο μέρος;

You	(c) *State the city/town you come from.*
ο Νίκος	Τι γλώσσες μιλάτε;
You	(d) *Say which language(s) you speak.*

5 Ίδιο ή διαφορετικό; / *Similar or different?* Have you recognised some words in Unit 1? Could you match up the words in the list on the left with those on the right? The words in brackets might help you further.

(a)	με	(i)	*health* (hygiene)
(b)	λέξεις	(ii)	*languages* (polyglot)
(c)	υγεία	(iii)	*only* (monopoly)
(d)	γλώσσες	(iv)	*metropolis*
(e)	μόνο	(v)	*night*
(f)	πόλη	(vi)	*morning*
(g)	διαφορετικό	(vii)	*different*
(h)	νύχτα	(viii)	*words* (lexicon)
(i)	μέρα	(ix)	*I am*
(j)	είμαι	(x)	*me*

6 Audio crossword – Listen to the following conversation and fill in the missing word. The shaded vertical word means 'Greece'. If you don't have the cassette try to fill in the gaps from the words in the box below.

Mary	Γεια σου (a) _____.
Robert	Γεια σου Μαρία.
Mary	Να σου συστήσω την (b) _____.
Robert	Γεια σου (b) _____! Είσαι (c) _____;
Helen	Ναι, είμαι. Εσύ;
Robert	Εγώ είμαι από την (d) _____.
Helen	Από ποιο μέρος;
Robert	Από το Λίβερπουλ. Το ξέρεις;
Helen	Όχι, (e) _____ το ξέρω!
Robert	Εσύ, από πού (f) _____;
Helen	Από τη Θεσσαλονίκη.

είσαι	δεν	Ελληνίδα
Ελένη	Αγγλία	Ρόμπερτ

Ρόμπερτ   Robert (m)
Να σου συστήσω   let me
   introduce . . . to you
το Λίβερπουλ   Liverpool (n)

δεν το ξέρω   I don't know it
η Θεσσαλονίκη   Thessaloniki /
   Salonica (f)

7 Spelling and pronunciation – Listen to the following list of words on your cassette and write each one below its corresponding sound. If you don't have the cassette, use the words in the box below.

/a/   /e/
_____   _____
_____   _____
_____   _____
_____   _____

λένε	αλλά	ναι	με
να	από	ξέρω	σας

8 Listen to dialogue 3 in this unit again and fill in the missing words. If you don't have the cassette try to fill in the gaps from the words in the box.

Mary   Γεια σου! (a) _____ Ιταλός;
Antonio   Ναι, (b) _____!
Mary   Από ποια (c) _____;
Antonio   Από το Μιλάνο, (d) _____ τώρα μένω στην Αθήνα.
Mary   Εγώ είμαι από το Λονδίνο. (e) _____ Αγγλικά;
Antonio   Όχι! Δυστυχώς ! (f) _____ Ιταλικά και τώρα . . .
             Ελληνικά!
Mary   Πώς σε λένε;
Antonio   Αντόνιο. (g) _____;
Mary   Μαίρη ή Μαρία.
Antonio   (h) _____! Γεια σου Μαίρη.
Mary   Γεια σου Αντόνιο.

ωραία	πόλη	εσένα	είσαι
αλλά	είμαι	μόνο	ξέρεις

—— **Λίγο ακόμα!** *A little bit more!* ——

The extra dialogue below will add some useful phrases to your vocabulary. Try to get the gist of the conversation first before looking up the **Words and expressions**. This should prepare you for real situations where you understand some of the conversation, but not all of it.

Στο ξενοδοχείο 'Απόλλων' / At the 'Apollo' hotel

Two friends meet Mary in the hotel lobby. They have an informal conversation. Marie-Sofie is from Γαλλία (*France*) and Gabi is from Γερμανία (*Germany*).

Mary	Γεια σας! Εδώ μένετε;
Marie-Sofie	Ναι και όχι! Εγώ μένω εδώ. Η Γκάμπι όχι.
Mary	Πού μένεις Γκάμπι;
Gabi	Μένω στο ξενοδοχείο 'Ακρόπολις'.
Mary	Πού είναι το ξενοδοχείο 'Ακρόπολις';
Gabi	Είναι κοντά αλλά δεν ξέρω πού. Μένω με μία άλλη Γερμανίδα.
Mary	Αα! Εσύ Μαρί-Ζοφί, μένεις με άλλη Γαλλίδα;
Marie-Sofie	Ναι, μένω με την Μονίκ από το Παρίσι.
Mary	Αα! Ωραία! Γεια σας λοιπόν!
Marie-Sofie	Γεια σου !
Gabi	Γεια σου, Μαρία!

εδώ	*here*	άλλη	*other / another*
στο	*at the*	μια άλλη	*another*
το ξενοδοχείο	*hotel* (n)	η Γερμανίδα	*German woman*
κοντά	*near*	η Γαλλίδα	*French woman*
με	*with*	εσύ	*you*
μιά	*one / a*	λοιπόν	*then / well*

9 Σωστό (✓) ή λάθος (✗); / True or false? Mark (T) for true, and (F) for false.

(*a*) Η Μαρί-Ζοφί μένει στο ξενοδοχείο 'Ακρόπολις'.

(*b*) Η Γκάμπι μένει με μία Γερμανίδα.

(*c*) Η Μονίκ δεν είναι από τη Γαλλία.

(*d*) Το ξενοδοχείο 'Απόλλων' είναι κοντά στο ξενοδοχείο 'Ακρόπολις'.

10 Tick the most appropriate answer to the phrases you hear: if you don't have the cassette match the most appropriate answer to the four phrases listed below.

(a) i Ναι και όχι.
    ii Γεια σας λοιπόν.
(b) i Μένω στο ξενοδοχείο 'Ακρόπολις'.
    ii Μένω με μία άλλη Γερμανίδα.
(c) i Είναι κοντά αλλά δεν ξέρω πού.
    ii Ωραία! Γεια σας λοιπόν!
(d) i Γεια σας!
    ii Γεια σου!

Phrases:
(a) Εδώ μένετε;
(b) Πού μένεις Γκάμπι;
(c) Πού είναι το ξενοδοχείο 'Ακρόπολις';
(d) Γεια σας λοιπόν!

——— Beyond language! ———

PERSONAL QUESTIONS

Be prepared to meet people who are brought up to ask many personal questions – from the very first moment you are introduced. Most Greeks don't differentiate between 'What's your name?' and 'How much money do you earn?'! You could easily be asked the following questions, maybe not on your first day in Greece and some are only asked by friends or acquaintances but you have to be prepared.

How much do you weigh?
Are you married?
How many children do you have?
How old are you?
I think you look fatter! Have you put on weight?
How much did you pay for your car / house, (etc.)?
How old is your husband / wife?

Just remember that these are cultural questions and not intended to make you feel uncomfortable. A difficult way out is to say: **Δεν ξέρω** (*I don't know*) – a statement that could actually raise their eyebrows. What they really want to hear is a specific answer to this kind of question. Of course, you don't have to give them a correct answer!

PROXIMITIES

When you are in Greece, you will notice that you have very little personal space: queues at concert halls, bus stops or banks are not particularly orderly. To understand Greek queuing habits you have to experience them! Queuing in Greece actually means 'jumping the queue' elsewhere although is considered bad manners by many Greeks who would not hesitate to say so if you try it.

Η ΕΥΡΩΠΗ / EUROPE

When you first meet people abroad you will need to know some countries and cities. Study the map of Europe (Ευρώπη) below. You can probably recognise and identify countries from international car stickers.

Από πού είσαι / είστε;　　　**Από ποιο μέρος;**
　　　　　　　　　　　　　　　Από ποια πόλη;

από την Ελλάδα	**GR**	από την Αθήνα
από την Αγγλία (Μεγάλη Βρετανία)	**GB**	από το Λονδίνο
από την Ισπανία	**E**	από τη Μαδρίτη
από την Ιταλία	**I**	από τη Ρώμη
από τη Γαλλία	**F**	από το Παρίσι
από τη Γερμανία	**D**	από το Βερολίνο
από την Ελβετία	**CH**	από τη Ζυρίχη
από τη Σουηδία	**S**	από τη Στοκχόλμη

Some useful words:

Ελλάδα *Greece*
Ευρωπαϊκή Ένωση *European Union*
Ευρώπη *Europe*

That is the end of Unit 1. You have just started this trip so, hang on! There are many more units to come – raising questions and giving answers, finding mysteries and clearing up misunderstandings as well as deciphering omens! But remember, this is a lively course from start to finish – both linguistically and culturally.

Have a nice trip! ΚΑΛΟ ΤΑΞΙΔΙ!

2
ΤΙ ΚΑΝΕΙΣ;

How are you doing?

In this unit you will learn how to

- engage in 'small talk'
- enquire about each other's health
- converse about common daily activities
- talk about what jobs people have
- count from 1–10

Dialogues

1 Τι κάνεις; / How are you doing?

Mary Johnson meets her Greek colleague (Γιώργος Παπαδόπουλος) at the Greek Archaeological Society lounge.

Mary   Γεια σας κύριε Παπαδόπουλε! Τι κάνετε;
Γιώργος   Γεια σου Μαίρη. Τι κάνεις;
Mary   Καλά, καλά. Ευχαριστώ, εσείς;
Γιώργος   Κι εγώ καλά είμαι. Λίγο κουρασμένος, αλλά γιατί μου μιλάς στον πληθυντικό;
Mary   Δεν ξέρω! Δεν ξέρω καλά Ελληνικά. Είναι λάθος;
Γιώργος   Όχι, δεν είναι λάθος ... αλλά είμαστε συνάδελφοι. Όλοι με φωνάζουν Γιώργο.
Mary   Εντάξει Γιώργο ...

Words and expressions

κύριε *Mr*	**μου μιλάς** *you speak to me*
τι *what / how*	**μιλάς** *you speak*
κάνετε *you do, you are doing*	**πληθυντικό** *plural* (m)
(pl./pol. form)	**μιλάς στον πληθυντικό** *you talk in*
κάνεις *you do, you are doing*	*a formal way*
(sing./fam. form)	**το λάθος** *mistake* (n), *false*
καλά *well, fine, good, OK*	**συνάδελφοι** *colleagues* (m/f)
ευχαριστώ *thank you*	**όλοι** *everyone* (lit. *all the people*)
εσείς *you* (pl./pol.)	**φωνάζουν** *they call*
κουρασμένος *tired*	**όλοι με φωνάζουν** *everybody calls*
γιατί; *why?*	*me (people call me)*
λίγο *a little (bit)*	**εντάξει** *all right, OK*

2 Τι κάνετε; / How are you?

Mary strikes up a conversation in a corridor at the Polyglot Institute (Πολύγλωττο Ινστιτούτο) with the director Γιάννης Αντωνίου.

Mary   Καλημέρα κύριε Αντωνίου! Τι κάνετε;
Γιάννης   Καλημέρα Μαρία. Είμαι καλά, εσύ πώς είσαι σήμερα;
Mary   Καλά, έχω όμως πέντε μαθήματα σήμερα!
Γιάννης   (*laughing*). Πω! πω! Ποιος κάνει το πρόγραμμα σου;
Mary   Εσείς κύριε Αντωνίου!
Γιάννης   Α, ναι! Το ξέχασα!

Words and expressions

εσύ *you* (sing./fam.)	**πω! πω!** *Wow!*
πώς είσαι; *how are you?*	**ποιος** *who*
σήμερα *today*	**το πρόγραμμα** *schedule*
έχω *I have*	(lit. *programme*)
όμως *but, though*	**ποιος κάνει το πρόγραμμα σου;**
πέντε *five*	*Who makes your schedule?*
μαθήματα *classes* (n), *lessons,*	**το ξέχασα!** *I forgot that!*
courses	**ξέχασα** *I forgot*

3 Πώς είσαι; / *How are you?*

Domenico DiCapo, an archaeologist (αρχαιολόγος), meets Μαριάννα Αγγέλου (Marianne Angelou) a Greek archaeologist who spent three months in Italy last year. They meet at the National Archaeological Musuem (Εθνικό Αρχαιολογικό Μουσείο).

Marianne	Γεια σου Ντομένικο. Χαίρομαι που σε ξαναβλέπω. Πώς είσαι;
Domenico	Γεια σου Μαριάννα. Δεν το πιστεύω! Σε ξαναβλέπω στην Αθήνα. Πώς πας; Είσαι καλά;
Marianne	Είμαι πολύ καλά. Εσύ πώς είσαι;
Domenico	Καλά, πολύ καλά!
Marianne	Πόσες μέρες είσαι στην Αθήνα;
Domenico	Έχω τρεις μέρες στην Αθήνα... Νομίζω τέσσερις... Χμ! Δε θυμάμαι.

Words and expressions

χαίρομαι *I am glad*	**πολύ καλά** *very well, pretty good*
ξαναβλέπω *I see again*	**πόσες;** *how many?*
χαίρομαι που σε ξαναβλέπω *I am glad to see you again*	**έχω τρεις μέρες στην Αθήνα ...** *I have been in Athens for three days*
πιστεύω *I believe*	**η ημέρα** *day* (f)
δεν το πιστεύω! *I don't believe that!*	**νομίζω** *I think*
	τέσσερις *four*
πώς πας; *How are you doing? How's everything?*	**χμ!** *hm!*
	θυμάμαι *I remember*

—— Points of language interest ——

ΤΙ ΚΑΝΕΙΣ; / HOW ARE YOU DOING?

Possibly the most frequent Greek question! It is used throughout the day and along with **καλά** and **πολύ καλά**, is the most frequent 'formula question' and 'formula answer'. **Κάνετε** is the plural and polite form of the verb **κάνω**. This question has two different meanings:

How are you doing?
What are you doing?

The question *How are you?* and its answer *Very well, thank you* are, as in English, a formula question / answer (something we say but do not necessarily mean!). In Greek you probably won't hear ευχαριστώ at the end of the reply.

Τι κάνεις; and τι κάνετε; are only two ways of enquiring about somebody's health; here are some examples of other ways commonly used:

Singular (Informal) Plural (Formal)

Τι κάνεις;	Τι κάνετε;	*How are you doing?*
Πώς είσαι;	Πώς είστε;	*How are you?*
Πώς πας;	Πώς πάτε;	*How's everything with you?*

You will hear other ways of asking this question in later units; here are some common answers:

καλά	*well*	όχι πολύ καλά	*not very well*
πολύ καλά	*very well*	ας τα λέμε καλά	*I guess I'm all right!*
έτσι κι έτσι	*so, so*		

ΚΑΛΗΜΕΡΑ ΚΥΡΙΕ ΑΝΤΩΝΙΟΥ! /
GOOD MORNING, MR ANTONIOU!

Mr, Mrs and Miss, preceding a name, are ο κύριος, η κυρία and η δεσποινίδα in Greek; the corresponding contracted forms are κ., κα, and δίδα. (Ms does not have a Greek equivalent yet!) These forms change when you address that person directly. There are some exceptions to this rule of course. Notice the difference in the following examples:

Ο κ. (κύριος) Παπάς είναι κουρασμένος.	*Mr Papas is tired.*
Κύριε Παπά, τι κάνετε;	*How are you doing Mr Papas?*
Ο κ. (κύριος) Παπαδόπουλος είναι κουρασμένος.	*Mr Papadopoulos is tired.*
Κύριε Παπαδόπουλε τι κάνετε;	*How are you doing Mr Papadopoulos?*
Ο κ. (κύριος) Παπαδόπουλος είναι κύριος!	*Mr Papadopoulos is a gentleman!*

The ending of the family name usually denotes the place of origin:	The endings of women's names are slightly different:
Παπαδόπουλος – from the Peloponese	κα Παπαδοπούλου
Παπαδάκης – Crete	κα Παπαδάκη
Μαρκάτος – Cephalonia	κα Μαρκάτου
Ματσούκας – Epirus	κα Ματσούκα
Μαύρος – Northern Greece	κα Μαύρου
Μαυρίδης and Ελμαλόγλου – Asia Minor and Anatolia.	κα Μαυρίδη and κα Ελμαλόγλου (actually the only one with no change)

There are two common Greek prefixes **Χατζη-** as in **Χατζηδημητρίου** and **Παπα-** as in **Παπαδημητρίου** that actually denote an ancestor's profession: **Παπάς** means *priest,* for instance.

ΧΙΛΙΑ ΕΥΧΑΡΙΣΤΩ! / MANY THANKS!

One thousand thanks! **Ευχαριστώ** (*thank you*) and **ευχαριστώ πολύ** (*thanks a lot*) are the two most common expressions thanking someone.

Παρακαλώ (*You're welcome*) and **τίποτα** (*don't mention it*) are the two most common answers to them. **Παρακαλώ** is a common word in Greek; it has many meanings depending on context. Note the following:

Please when asking for something.
Hello when answering the phone.
Come in when answering the door.
What can I do for you? in a shop.
Take a seat pointing to a chair.
What did you say? or *Pardon?* asking someone to repeat something.

ΟΙ ΑΡΙΘΜΟΙ 1 – 10 / THE NUMBERS 1 – 10

1 ένα/μία or μια	6 έξι
2 δύο	7 επτά/εφτά
3 τρία/τρείς	8 οκτώ/οχτώ
4 τέσσερα/τέσσερις	9 εννέα/εννιά
5 πέντε	10 δέκα

The numbers 1, 3 and 4 have two different forms because of grammatical rules. The numbers 7, 8 and 9 have two different forms because of phonetic rules. Study them and learn them by heart.

Grammar notes

1 Εσύ, πώς είσαι σήμερα; / *How are you today?*

Personal pronouns (words like *I*, *you*, *he*, *they*) are part of English verbs since they define who is doing or receiving the action. Although Greek has equivalent corresponding words they are mostly used for emphasis.

Εσύ, τι κάνεις εδώ;   *You (and nobody else!), what are you doing here?*

In this example, the form κάνεις of the verb κάνω discloses the personal pronoun *you*. Study and learn the following personal pronouns:

Singular		Plural	
εγώ	*I*	εμείς	*we*
εσύ	*you*	εσείς	*you*
αυτός	*he* (m)	αυτοί	*they* (m/m+f)
αυτή	*she* (f)	αυτές	*they* (f)
αυτό	*it* (n)	αυτά	*they* (n)

They has three forms for the masculine, feminine and neuter cases.

As mentioned in Unit 1, all nouns – words such as **κύριος** (*gentleman*), **ημέρα** (*day*), **ξενοδοχείο** (*hotel*) – have the corresponding masculine, feminine or neuter article in the **Words and expressions**.

ο κύριος – masculine
η ημέρα – feminine
το ξενοδοχείο – neuter

The indefinite article (*a* or *an* in English) also shows the gender:

ένας κύριος   *a gentleman*
μία ημέρα   *a day*
ένα ξενοδοχείο   *a hotel*

The words **ένας** (m), **μία (μια)** (f) and **ένα** (n) can also be used as the numeral one:

ένα ξενοδοχείο   *a hotel* or *one hotel*

Further explanations will clear some other points in the following units.

2 Τι κάνετε; / *How are you doing?*

The verb **κάνω** (*I do*) is one of the most frequently used verbs, along with **έχω** (*I have*) and **είμαι** (*I am*). It has many different meanings depending on the context.

κάνω	I do
κάνεις	you do
κάνει	he / she / it does
κάνουμε	we do
κάνετε	you do
κάνουν	they do

Τι κάνετε;	*How* are you doing?
Τι κάνετε εδώ;	*What* are you doing here?
Τι δουλειά κάνεις;	*What do you do?* (lit. *What job* (δουλειά) (*f*) *do you do?*)
Ποιος κάνει το πρόγραμμα;	*Who makes the schedule?*
Πόσο κάνει;	*How much is it?*

What is worth mentioning here is that although Greek verbs are conjugated (you add different endings to the stem – see Unit 1) all verbs have the same ending forms in the present tense. The various forms of the present tense in English such as *I do*, *I am doing* are translated by one single form in Greek.

	Simple present (on a regular basis)	**Present continuous** (now)
(εγώ) μένω	*I live/I stay*	*I am living / I am staying*
(εγώ) ξέρω	*I know*	——
(εγώ) κάνω	*I do/I make*	*I am doing / I am making*
(εγώ) φωνάζω	*I call*	*I am calling*
(εγώ) μιλάω	*I speak*	*I am speaking*

Remember that rather than under-
standing everything from the begin-
ning, it is best to guide yourselves
through intuition and patience
rather than word for word transla-
tions, and anxiety. Leave some
questions for later! Everything will
be clearer and start making more
sense in due time.

Ξέρει κανείς εγγλέζικα, παιδιά;

 ———— **Practice makes perfect** ————

1   The following are situations you are likely to encounter in Greece:

(a) You are asked about your health. Tell them that you are very well.

(b) You want to ask: *'How about you?'* (fam. and pol. form)

(c) You would like to enquire about κ. Μαύρος's health. How
    would you ask?

(d) You are asked to join a group of people. Tell them that you are
    a little bit tired.

(e) In the beginning you will forget a lot of things! How could you
    say *'Oh, I forgot that!'*?

(f) How could you tell someone that you have only been in Athens
    for two, three, four and five days?

2   Match each question with the most appropriate answer.

(a) Τι κάνεις;   (i) Είμαι καλά, ευχαριστώ!
(b) Είναι λάθος;   (ii) Νομίζω έξι.
(c) Τι κάνετε κύριε Αντωνίου; (iii) Όχι, δεν είναι.
(d) Πόσες μέρες είσαι εδώ;   (iv) Καλά εσύ;

3   Rearrange these lines to make up a dialogue.

(a) Καλά, πολύ καλά. Εσύ;
(b) Δεν ξέρω. Έχω έναν πόνο (ο πόνος = *pain* (m))
(c) Πώς πας; Είσαι καλά;

(*d*) Πού;
(*e*) Εδώ!

4 Complete the following dialogue:

Γιώργος Γεια σας! Πώς σας λένε;
You (*a*) *William Jones, but everybody calls me Bill.*
Γιώργος Α! Ωραία! Από πού είστε;
You (*b*) *From England, but why are you speaking to me in formal language?*
Γιώργος Δεν ξέρω. Δε σας ξέρω καλά! Από ποιο μέρος είστε;
You (*c*) *From Liverpool. How about you?*
Γιώργος Από τη Θεσσαλονίκη. Πόσες μέρες είστε στην Ελλάδα;
You (*d*) *I think only two or three days.*

5 Ίδιο ή διαφορετικό; / Similar or different? Match the list on the left with the list on the right.

(*a*) όλοι	(i)	institute
(*b*) πρόγραμμα	(ii)	national (ethnic)
(*c*) πολύγλωττου	(iii)	museum
(*d*) ινστιτούτο	(iv)	centre
(*e*) άγγελος	(v)	schedule (programme)
(*f*) εθνικό	(vi)	archaeological
(*g*) αρχαιολογικό	(vii)	all (everyone)
(*h*) μουσείο	(viii)	polyglot
(*i*) κέντρο	(ix)	pain
(*j*) πόνο	(x)	angel

6 Puzzle – Can you recognise some words you have already learned? Find as many words as you can – horizontally, vertically and diagonally – of two, three, four and five letters.

Ο	Ε	Σ	Υ	Π
Μ	Η	Χ	Μ	Ε
Ω	Ν	Ο	Ω	Ν
Σ	Π	Α	Σ	Τ
Κ	Υ	Ρ	Ι	Ε

7 Spelling and pronunciation – Listen to the following list of words on your cassette and write each one below its corresponding sound. If you don't have the cassette use the words in the box at the top of page 44.

/i/   /o/

___   ___
___   ___
___   ___
___   ___

κύριε	κοντά	μόνο	είναι
πώς	όμως	τρεις	στην

8   Listen to dialogue 3 in this unit again and fill in the missing words.
    If you don't have the cassette try to fill in the gaps from the words
    in the box below.

Marianne   Γεια σου Ντομένικο. (*a*) _____ που σε
               ξαναβλέπω. Πώς (*b*) _____;
Domenico   Γεια σου Μαριάννα. Δεν το (*c*) _____! Σε
               ξαναβλέπω στην Αθήνα. Πώς πας ; (*b*) _____
               καλά;
Marianne   (*d*) _____ πολύ καλά. Εσύ (*e*) _____ (*b*) _____;
Domenico   Καλά, πολύ καλά.
Marianne   (*f*) _____ μέρες (*b*) _____ στην Αθήνα;
Domenico   Έχω τρεις μέρες στην Αθήνα ... (*g*) _____
               τέσσερις . . . Χμ! Δε (*h*) _____ .

θυμάμαι	νομίζω	είμαι	πώς
χαίρομαι	πιστεύω	είσαι	πόσες

—— Λίγο ακόμα! / *A little bit more!* ——

1 Πάλι στο ξενοδοχείο 'Απόλλων' / *At the 'Apollo' hotel again*

Γιώργος Παπαδόπουλος is supposed to meet his colleague Mary Johnson at the lobby of the hotel. She is not there so he asks the receptionist (ρεσεψιονίστας).

Γιώργος	Συγγνώμη, η κα Johnson εδώ μένει;
Receptionist	Μάλιστα, εδώ μένει.
Γιώργος	Μπορείτε να τη φωνάξετε; Με λένε Γιώργο Παπαδόπουλο.
Receptionist	Μισό λεπτό. Μπορώ να δω αν το κλειδί είναι εδώ . . . Δεν είναι εδώ άρα είναι στο δωμάτιο της. . . . Σε λίγο . . .
Γιώργος	Γεια σου Μαίρη. Τι κάνεις; Είσαι καλά;
Mary	Γεια σου Γιώργο. Είμαι καλά αλλά λίγο κουρασμένη. Έχω τρεις μέρες στην Αθήνα μόνο, αλλά δεν κοιμάμαι καθόλου!
Γιώργος	Θα πάμε σινεμά ή όχι;
Mary	Δεν ξέρω . . . δε νομίζω . . . είμαι μάλλον πολύ κουρασμένη . . .

Words and expressions

πάλι	*again*	**το δωμάτιο**	*the room* (n)
μπορείτε να	*are you able to, can you*	**της**	*her*
την	*her*	**στο δωμάτιό της**	*in her room*
μισό λεπτό	*just a minute*	**καθόλου**	*at all*
αν	*if*	**θα πάμε;**	*shall we go?*
το κλειδί	*key* (n)	**το σινεμά**	*cinema* (n)
άρα	*then*	**μάλλον**	*rather/probably*

9 Σωστό (✓) ή λάθος (✗); / True or false? Mark (T) for true and (F) for false.

(*a*) Ο κ. Παπαδόπουλος είναι στο ξενοδοχείο 'Απόλλων'.

(*b*) Η κα Johnson είναι στο λόμπυ (*lobby*).

(c) Η κα Johnson είναι στο δωμάτιο της.
(d) Η κα Johnson θα πάει (*will go*) σιμενά.

Beyond language

Η ΚΑ JOHNSON ΕΔΩ ΜΕΝΕΙ;

It has already been mentioned that **κύριος** (**κ.**), **κυρία** (**κα**) and **δεσποινίδα** (**δίδα**) are used as courtesy titles in Greek. **Κύριος** (**κ**) has two forms: **κύριος** when you talk indirectly about someone; and **κύριε** when you address someone directly.

Δόκτωρ ή Διδάκτωρ (**Δρ.**) (*Doctor/Dr.*) is a title attached to the name of medical doctors or professionals with a PhD, EdD, or LLD. **Μεσιέ** or **Μαντάμ** as *Monsieur* and *Madame* in French are heard less and less by the new generation. What is interesting and different is the use of **κ.**, **κα** or **δίδα** with the first name of a person only, (such as **κ. Γιώργος** *Mr George*) as a semi-formal form that does not exist in English.

ΠΩ, ΠΩ!

Interjections are words that give flavour and emphasis in a statement or question. The translations of these probably wouldn't help you much. It is better that you use your imagination and try them out. In the first two units you came across: **Αα! Πω, πω! Χμ! Μπα!** that denote understanding, admiration, uncertainty, and surprise in the corresponding contexts. As this list will increase in the units to come, start to look for these interjections.

Η ΓΕΩΓΡΑΦΙΑ ΤΗΣ ΕΛΛΑΔΑΣ / THE GEOGRAPHY OF GREECE

The map opposite shows the major geographical areas of Greece. Study it and become familiar with places and names – especially the one(s) you are planning to visit! Note below the different geographical divisions in Greece.

Διαμερίσματα	*Regions*	**Κοινότητες**	*Communities*
Νομοί	*Prefectures*	**Οικισμοί**	*Settlements*
Επαρχίες	*Districts, Provinces*	**Πληθυσμός**	*Population*
Δήμοι	*Municipalities*		

ⓐ		ATTICA – SARONIC – GULF ISLANDS	ⓗ	THESSALY
ⓑ		CYCLADES	ⓘ	EUBOEA-SPORADES
ⓒ		DODECANESE	ⓙ	CENTRAL GREECE
ⓓ		THE NORTH EAST AEGEAN ISLANDS	ⓚ	IONIAN ISLANDS
ⓔ		THRACE-SAMOTHRACE	ⓛ	PELOPONNESE
ⓕ		MACEDONIA	ⓜ	CRETE
ⓖ		EPIRUS		

3

ΕΛΑ ΝΑ ΠΙΟΥΜΕ ΕΝΑ ΟΥΖΑΚΙ!

Let's have a glass of ouzo!

In this unit you will learn how to

- order drinks in a place
- ask for local drinks
- enquire about Greek coffee
- count from 11 – 20

 **Διάλογοι**

1 Έλα να πιούμε ένα ουζάκι! / Let's have a glass of ouzo!

Γιώργος Παπαδόπουλος invites Mary Johnson to join him for a drink in a local ouzeri-taverna (ουζερί–ταβέρνα).

Γιώργος	Μαίρη, έλα να πιούμε ένα ουζάκι στης 'Αλεξάνδρας'.
Mary	Πού είναι της 'Αλεξάνδρας';
Γιώργος	Είναι κοντά στο πάρκο Παναθήναια, ένα πολύ όμορφο μεζεδοπωλείο.
Mary	Μεζεδοπωλείο . . . τι είναι αυτό; Δεν καταλαβαίνω.
Γιώργος	Μεζεδοπωλείο είναι μία ταβέρνα με πολλούς μεζέδες . . . και πολύ ούζο.
	. . . Σε λίγο . . . στης Αλεξάνδρας . . .
Σερβιτόρος	Τι θα πάρετε παρακαλώ;

— 48 —

Γιώργος Δύο ουζάκια και μία ποικιλία.
Σερβιτόρος Αμέσως!

Λέξεις και εκφράσεις

έλα come / let's go	**μεζέδες** appetizers (m), snacks,
στης at	cold or hot starters
έλα να πιούμε let's go and have	**η ταβέρνα** tavern (f)
[lit. (you) come and (we) drink)	**πολλούς** many
το πάρκο park (n)	**ο σερβιτόρος** waiter (n) (actually
Παναθήναια a park's name in	the servant)
Athens	**θα πάρετε** will you have
η Αλεξάνδρα Alexandra (f) (here =	**η ποικιλία** an assorted appetizers
the name of an avenue and tavern)	platter
όμορφο beautiful	**αμέσως** straight away
το μεζεδοπωλείο (inf) tavern	
offering a large number of appetizers	

2 Ούζο με νερό! / *Ouzo with water!*

Γιώργος Παπαδόπουλος talks about culture with his colleague Mary Johnson at Alexandra's.

Mary Πώς πίνετε το ούζο στην Ελλάδα;
Γιώργος Σκέτο, με πάγο ή με νερό.
Mary Ούζο με νερό! Αυτό είναι! Βάλε μου λίγο νερό.
Γιώργος Ορίστε! Πίνετε ούζο στην Αγγλία;
Mary Ναι, έχω μία φίλη που της αρέσει το ούζο. Πίνει συνήθως ούζο με λεμονάδα.
Γιώργος Ουφ! Ούζο με λεμονάδα! Απαίσιο!
Mary Όχι είναι θαυμάσιο! Μου αρέσει πολύ. Στην Αγγλία πίνουμε επίσης Μεταξά σκέτο ή με κόκα κόλα.
Γιώργος Μεταξά με κόκα κόλα! Φτάνει! Δε θέλω να ακούσω άλλο πια . . .

Λέξεις και εκφράσεις

πίνετε you drink	**με πάγο** on the rocks (lit. with ice)
σκέτο straight	**το νερό** water (n)

αυτό είναι! *that's it! this is it!* **βάλε** *pour / give* **ορίστε** *here you go!* **που** *that* **της αρέσει** *she likes* **συνήθως** *usually* **η λεμονάδα** *lemonade* (f) **ουφ!** *phew!* **απαίσιο** *awful* (adj.)	**θαυμάσιο** *marvellous* (adj.) / *wonderful* **επίσης** *also* **Φτάνει!** *That's enough!* **ακούσω** *hear* **Δεν θέλω να ακούσω άλλο πια!** *I don't want to hear any more (any longer)!*

3 Πρωινό στο 'Αμέρικα'! / Breakfast in 'America'!

Gabi, Marie-Sofie and Domenico have breakfast in 'America' the breakfast room of the Apollo Hotel.

Σερβιτόρος Είστε έτοιμοι;
Marie-Sofie Όχι, μας φέρνετε τον κατάλογο παρακαλώ;
Σερβιτόρος Ναι, βέβαια, αμέσως.
   . . . Σε λίγο . . .
Σερβιτόρος Είστε έτοιμοι τώρα;
Marie-Sofie Θέλουμε δύο πρωινά 'κοντινένταλ' και δύο ομελέτες
   με ζαμπόν. Ένα γαλλικό καφέ, ένα τσάι και δύο
   χυμούς πορτοκάλι.
Σερβιτόρος Θέλετε το τσάι με λεμόνι ή γάλα;
Gabi Τσάι με λεμόνι, ευχαριστώ.
Domenico Φέρτε μας λίγο βούτυρο και μαρμελάδα επίσης.
Marie-Sofie Και φρυγανιές ή ψωμί . . .
Σερβιτόρος Αμέσως . . . αμέσως! . . . Ουφ!

Λέξεις και εκφράσεις

έτοιμοι *ready* **φέρνετε** *you bring* **μας φέρνετε = φέρτε μας** **(Could you) bring us** **ο κατάλογος** *menu* (m) / (lit. *catalogue / list*) **το πρωινό** *breakfast* (n)	**κοντινένταλ** *continental* **ομελέτες** *omelettes* **το ζαμπόν** *ham* (n) **ο καφές** *coffee* (m) **το τσάι** *tea* (n) **ο χυμός** *juice* (m) **το πορτοκάλι** *orange* (n)

το λεμόνι *lemon* (n)	φρυγανιές *toast*
το γάλα *milk* (n)	το ψωμί *bread* (n)
το βούτυρο *butter* (n)	ουφ! *I've had it! Enough! No more!*
η μαρμελάδα *marmalade* (f)	*phew!*

—— **Χρήσιμα γλωσσικά σημεία** ——

ΜΕΖΕΔΟΠΩΛΕΙΟ ΕΙΝΑΙ ΜΙΑ ΤΑΒΕΡΝΑ ΜΕ ΠΟΛΛΟΥΣ ΜΕΖΕΔΕΣ / 'MEZEDOPOLIO' IS A TAVERN WITH SEVERAL APPETIZERS

Μεζεδοπωλείο is an informal tavern offering a large selection of appetizer platters to accompany ouzo, retsina or beer. The word itself denotes -πωλείο (*selling*) and μεζέδες (*appetizers*).

Greek appetizers include τζατζίκι (*tzatziki*) – a yoghurt, cucumber and garlic dip; ταραμοσαλάτα (*tarama salada*) – egg-fish dip; κεφτέδες (*keftethes*) – meat-balls; τυρόπιτα (*cheese pie*); and σπανακόπιτα (*spinach pie*).

Taverns (ταβέρνα) also offer a large selection of appetizers and local specialities. These are very informal places and many outdoor tavernas are open from early spring to late autumn. Restaurants (εστιατόριο or ρεστοράν) often demand a more formal attire. Eating out in a ταβέρνα or εστιατόριο is usually a very informal event in Greece anyway. You will find specialised taverns like a fish tavern (ψαροταβέρνα) or assorted-meat tavern (χασαποταβέρνα), or even ψησταριά offering a selection of charcoal-grilled meats.

ΕΛΛΗΝΙΚΟΣ ΚΑΦΕΣ/ GREEK COFFEE

Coffee drinking is a social event in Greece that takes place at any time of day. Ελληνικός (*Greek coffee*) is also called βυζαντινός (Byzantine coffee) or τούρκικος (*Turkish coffee*), but

το "ΜΙΚΡΟ ΚΑΦΕ"

ΚΑΦΕ · ΤΥΡΟΠΙΤΤΕΣ · ΚΡΟΥΑΣΑΝ · ΣΑΝΤΟΥΙΤΣ · ΟΥΖΟΠΙΚΟΙΛΙΕΣ

ΙΟΥΛΙΑΝΟΥ 19 - ΑΘΗΝΑ   ☎ 82 32 780

nowadays the distinction of **σκέτος** (*no sugar*), **μέτριος** (*one spoon of sugar*) and **γλυκός** (*two spoons of sugar*) is sufficient for ordering.

Two companies dominate the Greek coffee industry: Loumidis (**Λουμίδης**) and Bravo (**Μπράβο**).

In most places you can also order **καπουτσίνο** (*capuccino*) or **εσπρέσσο** (*espresso*), **Βιεννουά** (*viennois*) or **γαλλικός**, (*French coffee*) and **ζεστή σοκολάτα** (*hot chocolate*), or **κακάο ρόφημα** (*cocoa drink*). **Νες καφέ** (*instant coffee*), **ζεστός** (*hot*) or **φραπέ** (*iced-coffee*) are very popular as well. **Τσάι** (*tea*) is readily available in most places but **κρύο τσάι ή τσάι με παγάκια** (*iced tea*) is rarely found in Greece.

ΟΙ ΑΡΙΘΜΟΙ 11 – 20 / THE NUMBERS 11 – 20

11 έντεκα	16 δεκαέξι
12 δώδεκα	17 δεκαεπτά
13 δεκατρία/δεκατρείς	18 δεκαοκτώ/δεκαοχτώ
14 δεκατέσσερα/δεκατέσσερις	19 δεκαεννέα/δεκαεννιά
15 δεκαπέντε	20 είκοσι

Γραμματικές παρατηρήσεις

1 Δύο ουζάκια και μία ποικιλία! / *Two glasses of ouzo and a platter of assorted appetizers*

Did you notice in the first dialogue of this unit the plural form?:

δύο ουζάκια   *two glasses of ouzo*

And the singular form:

ένα ουζάκι   *one glass of ouzo*

You will start noticing these different plural forms of nouns.

Even in English there are many different ways of expressing plural nouns; such as car-cars, box-boxes, knife-knives, ox-oxen, sheep-sheep. Here are some common plurals of some of the nouns you have already seen in Greek:

Masculine

ο μεζές-οι μεζέδες	*the snack-snacks*
ο πάγος-οι πάγοι	*the ice-ices*
ο κατάλογος-οι κατάλογοι	*the menu-menus*

Feminine

η αγάπη-οι αγάπες	*the love-loves*
η ποικιλία-οι ποικιλίες	*the assorted platter-platters*
η λεμονάδα-οι λεμονάδες	*the lemonade-lemonades*

Neuter

το λεμόνι-τα λεμόνια	*the lemon-lemons*
το πρωινό-τα πρωινά	*the breakfast-breakfasts*
το ούζο-τα ούζα	*the ouzo-ouzos*

---

2 Έχω μία φίλη . . . / *I have a friend . . .*

Gender (identifying masculine, feminine or neuter!) enables you to give more precise information in a statement whereas in English you cannot be as precise. See these examples:

Έχω **ένα φίλο** στην Αγγλία.	*I have a friend in England.*
Έχω **μία φίλη** στην Αγγλία.	*I have a friend in England.*

What's obvious from this example is that in English you have to ask in order to distinguish between a male or female friend; in English 'friend' is generic whereas in Greek you use either **φίλο(ς)** (*male friend*) or **φίλη** (*female friend*).

3 Ένα πολύ όμορφο μεζεδοπωλείο / *A very nice little taverna*

A noun determines and requires an agreement with everything that precedes it: this is the noun-pronoun relationship.

Μεζεδοπωλείο is a neuter noun (i.e. **το μεζεδοπωλείο**); look at the following examples of the neuter noun and pronoun relationships:

Μεζεδοπωλείο	*taverna* (n)
ένα/το μεζεδοπωλείο	*a/the little taverna*
ένα/το όμορφο μεζεδοπωλείο	*a/the nice little taverna*
ένα/το πολύ όμορφο μεζεδοπωλείο	*a/the very nice little taverna*

And for a masculine noun:

Φίλος	*friend* (m)
ένας/ο φίλος	*a/the friend*
ένας/ο όμορφος φίλος	*a/the nice (handsome) friend*
ένας/ο πολύ όμορφος φίλος	*a/the nice (handsome) friend*

And for a feminine noun:

Φίλη	*friend* (f)
μία/η φίλη	*a/the friend*
μία/η όμορφη φίλη	*a/the nice (beautiful) friend*
μία/η πολύ όμορφη φίλη	*a/the nice (beautiful) friend*

ΜΑΓΕΥΤΙΚΟΣ ΑΜΛΕΤ

ΕΣΤΙΑΤΟΡΙΟ - ΜΠΑΡ
ΑΛΕΞΑΝΔΡΟΣ Λ. ΚΑΡΑΜΠΑΣ

ΙΩΑΝΝΙΝΑ Τ.Κ. 452 21 - ΓΙΩΣΕΦ ΕΛΙΓΙΑ & ΑΕΤΟΡΑΧΗΣ 10 ΤΗΛ.: (0651) 73755-56

'Magic Hamlet' is the name of a restaurant in Ioannina

☑ — Η πρακτική μας κάνει καλύτερους —

1 The following are situations you are likely to encounter in Greece.

   (a) You are in a **μεζεδοπωλείο**. Order a glass of ouzo and a platter of assorted appetizers.

   (b) You are tasting ouzo for the first time: give your impression by saying 'Excellent' or 'Awful'.

(c) You are having a drink with a friend. How could you say 'I like it a lot' or 'I don't like it much'?

(d) You are ordering a glass of ouzo. How would you say 'straight up' or 'on the rocks'?

(e) You are in a coffee shop. How could you ask for the menu?

(f) 'Tea with milk' is what you like. Ask for it.

2   Match each question with the most appropriate answer.

(a) Τι είναι μεζεδοπωλείο;   (i) Ένα ούζο και μία ποικιλία.
(b) Τι θα πάρετε;   (ii) Όχι, με γάλα.
(c) Είστε έτοιμοι;   (iii) Μία ταβέρνα με μεζέδες.
(d) Θέλετε τσάι με λεμόνι;   (iv) Όχι, ακόμα!

3   Rearrange these lines to make up a dialogue.

(a) Τρία Μεταξά τότε.
(b) Ναι, βέβαια.
(c) Ναι, βέβαια.
(d) Έχετε Μεταξά 7 επτά αστέρων (*stars*);
(e) Μου φέρνετε τον κατάλογο παρακαλώ;
(f) Ναι, βέβαια.

4   Complete the following dialogue.

Σερβιτόρος Τι θα πάρετε παρακαλώ;
You   (a) *Could you bring us the menu, please?*
Σερβιτόρος Σε λίγο... Είστε έτοιμοι;
You   (b) *Yes, an iced-coffee and an instant coffee.*
Σερβιτόρος Τίποτα άλλο;
You   (c) *Nothing else for the time being. Thanks.*
Σερβιτόρος Αμέσως! Σε λίγο...
You   (d) *Could you bring us the bill, please?*
Σερβιτόρος Αμέσως!

5   Crossword puzzle: The shaded vertical word stands for 'Right away!' – often said by Greek waiters – but do they actually mean it?

(a) coffee
(b) marmalade
(c) coffee without sugar
(d) instant coffee
(e) how/what
(f) cinema

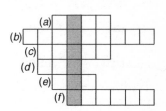

6 Ίδιο ή διαφορετικό; / Similar or different? Have you recognised more words in Unit 3? Match the list on the left with the list on the right.

(a)	βούτυρο	(i)	friend
(b)	καφέ	(ii)	chocolate
(c)	πάρκο	(iii)	tavern
(d)	μαρμελάδα	(iv)	catalogue / menu / list
(e)	σοκολατίνα	(v)	omelettes
(f)	κατάλογος	(vi)	coffee
(g)	λεμόνι	(vii)	butter
(h)	φίλος/φίλη	(viii)	park
(i)	ομελέτες	(ix)	marmalade
(j)	ταβέρνα	(x)	lemon

7 Listen to dialogue 3 of this unit again and fill in the missing words. If you don't have the cassette try to fill in the gaps from the words in the box below.

Σερβιτόρος Είστε (a) _____ ;

Marie-Sofie Όχι, μας (b) _____ τον κατάλογο, παρακαλώ;
Σερβιτόρος Ναι, (c) _____, αμέσως.
. . . Σε λίγο . . .
Σερβιτόρος Είστε έτοιμοι τώρα;
Marie-Sofie Θέλουμε δύο (d) ——— 'κοντινένταλ' και δύο (e) _____ με ζαμπόν.
Ένα γαλλικό καφέ, ένα τσάι και δύο (f) _____ πορτοκάλι.
Σερβιτόρος Θέλετε το τσάι (g) _____ λεμόνι (h) _____ γάλα;
Gabi Τσάι με λεμόνι, ευχαριστώ.
Domenico (i) _____ μας λίγο βούτυρο και μαρμελάδα επίσης.
Marie-Sofie Και φρυγανιές ή (j) _____ . . .
Σερβιτόρος Αμέσως . . . αμέσως! . . . Ουφ!

βέβαια	έτοιμοι	φέρτε	και	με
ομελέτες	χυμούς	πρωινά	ή	ψωμί

— Λίγο ακόμα! / *A little bit more!* —

Στο καφέ 'Νέον' / *At the 'Neon' café*

Γιώργος Παπαδόπουλος, Domenico
Di Capo and Mary Johnson have
just arrived at 'Neon' – a café in
the centre of Athens.

Γιώργος	Τι θα πάρουμε παιδιά;
Domenico	Εγώ λέω να πάρουμε ούζο και μία μεγάλη ποικιλία.
Mary	Πάλι ούζο! Εγώ θέλω να πιω ουίσκι σήμερα. Ένα 'Cutty Sark' με παγάκια.
Γιώργος	Κι εγώ θέλω μία μπύρα. Μία Heineken ή μία Amstel.
Domenico	Τότε εγώ θα πάρω ένα ουζάκι και μια μικρή ποικιλία. Γιατί είμαστε στην Ελλάδα;
Mary	Καλά λες! Να πάρουμε ένα μπουκάλι ρετσίνα . . . έχουν ρετσίνα εδώ;
Γιώργος	. . . Δε νομίζω. Εδώ είναι καφέ-μπαρ. Ας ρωτήσουμε όμως . . .

Λέξεις και εκφράσεις

το καφέ	(here) cafe (n)	**μεγάλος/ -η/ -ο**	large (adj)
το μπαρ	bar (n)	**πάλι**	again
λέω	I'm suggesting/saying	**πιω**	I drink

GREEK

θέλω να πιω *I would like to have a* (drink)	**γιατί** *because*
το ουίσκι *whisky* (n)	**καλά λες!** *you're right! you're talking sense!* (lit. *well you are saying*)
σήμερα *today*	
με παγάκια *with ice cubes*	**το μπουκάλι** *bottle* (n)
η μπύρα *beer* (f)	**η ρετσίνα** *resin wine* (f)
μικρος/ -ή/ -ό *small*	**ας ρωτήσουμε** *let's ask*

8 Σωστό (✓) ή λάθος (✗); / True or false? Mark (T) for true and (F) for false.

(a) Όλοι θέλουν ούζο με ποικιλία.
(b) Η κα Johnson θέλει μια μπύρα.
(c) Ο κ. DiCapo θέλει ένα ουίσκι.
(d) Ο κ. Παπαδόπουλος θέλει μια ρετσίνα.

9 Tick the most appropriate answer to the phrases you hear. If you don't have the cassette match the most appropriate answer to the four phrases listed below.

(a) i Θέλω να πιω ουίσκι σήμερα.
 ii Θέλω μία μπύρα.
(b) i Ένα 'Cutty Sark' με πάγο.
 ii Εγώ λέω να πάρουμε ούζο.
(c) i Ούζο και μία μεγάλη ποικιλία.
 ii Μία Heineken ή μία Amstel.
(d) i Ας ρωτήσουμε όμως.
 ii Ουζάκι και μία μικρή ποικιλία.

Phrases:
(a) Πάλι ούζο!
(b) Εγώ θέλω να πιω ουίσκι σήμερα.
(c) Κι εγώ θέλω μια μπύρα.
(d) Εδώ είναι καφέ μπαρ.

Πέρα από τη γλώσσα!

THE SOCIAL FUNCTION OF COFFEE SHOPS AND OUZERI

It is said that Greeks always find time for a morning, afternoon, or evening coffee or a glass of ouzo in a **καφενείο**, **ζαχαροπλαστείο** or **ουζερί**. These places serve as meeting places for students, businessmen, lovers, unemployed and pretty much everybody else – young or old: people study, talk business, cuddle, read the newspaper, talk about politics or football matches, and generally watch the world go by! A cup of coffee or a glass of ouzo can last two, three or four hours.

You can find a **καφενείο** in every neighbourhood in larger cities and always in the centre (**κέντρο**) or square (**πλατεία**) of smaller towns or by the sea front (**παραλία**) in fishing villages. The Greek culture has evolved around the daily activities that take place in **καφενεία**, **ζαχαροπλαστεία** or **ουζερί**.

GREEK NATIONAL DRINKS

You have probably heard of or tasted Greek ouzo. There are many small producers. Connoisseurs can tell the difference and foreigners prefer some brand names to others.

Metaxa brandy is another national drink, and it comes in three-, five- or seven-star bottles.

Besides several brand names wine (**κρασί**) comes in white (**άσπρο**), red (**κόκκινο**) or rosé (**ροζέ**). You should try retsina (**ρετσίνα**) – the resinated wine that Greeks promote in all *ouzeri* or taverns.

Ouzo 12, Ouzo Tsantalis (Τσάνταλη), Ouzo Mitilinis (Μυτιλήνης), Retsina Kourtaki (Κουρτάκη), Retsina Markopoulou (Μαρκόπουλου), κρασί Hatzimihali (Χατζημιχάλη), Papaioannou (Παπαϊωάννου), Boutari (Μπουτάρη) or Cambas (Καμπάς) are some of the many good Greek drinks. You must try them to find out which you prefer!

4
ΚΑΛΗ ΟΡΕΞΗ!
Bon appetit!

In this unit you will learn how to

- order food in a restaurant
- ask for local food
- enquire about eating habits in Greece
- count from 21–100

 ——————————— **Διάλογοι** ———————————

1 Έχετε μουσακά; / *Have you got moussaka?*

Tim Johnson joins a colleague, Γιάννης Δημητρίου, for lunch. They go to Φίλοιστρον a trendy street-café at Θησείο (Thiseo) facing the Acropolis.

Tim	Δεν καταλαβαίνω τίποτα! Είναι όλα στα Ελληνικά!
Γιάννης	Έλα τώρα! Είναι όλα στ' Αγγλικά!
Tim	Βέβαια! Βέβαια! Τζατζίκι; Ταραμοσαλάτα; Μελιτζανοσαλάτα; Τι είναι αυτά;
Γιάννης	Εντάξει! θα παραγγείλω εγώ για σένα. Να πάρουμε μια ποικιλία από τους ουζομεζέδες που έχουν.
Tim	Εγώ θέλω μουσακά!
Γιάννης	Δεν έχουν μουσακά εδώ. Μισό λεπτό. Έχετε μουσακά;

Σερβιτόρα	Όχι! Έχουμε μόνο ό,τι λέει ο κατάλογος.
Γιάννης	Ωραία! Τότε θέλουμε μία ταραμοσαλάτα, μία τυρόπιτα, πιπεριές γεμιστές, ντολμαδάκια και σουτζουκάκια. Α! και μία σαλάτα εποχής.
Σερβιτόρα	Μάλιστα. Θα πιείτε κάτι;
Γιάννης	Tim, θέλεις ρετσίνα ή ένα καραφάκι ούζο;
Tim	Μάλλον ένα καραφάκι κι ένα μπουκάλι νερό.

Λέξεις και εκφράσεις

καταλαβαίνω *understand*
τίποτα *nothing/anything*
όλα *everything*
Έλα τώρα! *Come on now!*
το τζατζίκι *yogurt-cucumber dip* (n)
η ταραμοσαλάτα *egg-fish salad/dip or caviar salad* (f)
η μελιτζανοσαλάτα *aubergine salad/dip* (f)
θα παραγγείλω εγώ για σένα *I will place the order for you*
να πάρουμε *let's have*
ο μουσακάς *the moussaka* (m) (layers of aubergine, potatoes and minced meat topped with bechamel sauce)

ντολμαδάκια *rice, or rice and minced meat wrapped in vine leaves*
πιπεριές γεμιστές *green peppers filled with rice, or rice and minced meat*
ότι λέει ο κατάλογος *whatever is on the menu* (lit. *whatever the menu says*)
σουτζουκάκια *spicy meat-balls in tomato sauce*
η εποχή *season* (f)
θα πιείτε κάτι; *Will you have anything to drink?* (lit. *will you drink anything?*)
το καραφάκι *small bottle of ouzo*
το μπουκάλι *bottle* (n)

2 Σουβλάκι ή γύρος; / Souvlaki or gyros?

Tim and Mary have discovered one souvlaki place in the centre of Athens and they often go there for a snack.

Tim	Γεια σας!
Ταμείας	Γεια σας! Τι θα πάρετε;
Tim	Ένα σουβλάκι Λωξάντρας, μία πατάτες και δύο μπύρες.
Ταμείας	Μπύρα σε ποτήρι ή μπουκάλι;
Tim	Μπύρα μπουκάλι. Έχετε Heineken;
Ταμείας	Μόνο Amstel.
Tim	Εντάξει δύο Amstel. Πόσο κάνουν;
Ταμείας	Χίλιες οκτακόσιες πενήντα δραχμές (1850 δρχ).
Tim	Ορίστε, ευχαριστώ.
Ταμείας	Καλή σας όρεξη!

Λέξεις και εκφράσεις

ο/η ταμείας the cashier (m/f)	μία πατάτες an (order) of chips
το σουβλάκι chunks of pork meat	(French fries)
on a stick (n)	ορίστε! here you are! here you go!
ο γύρος usually a combination of	καλή σας όρεξη bon appetit (to
pork and lamb meat thinly sliced	you)!
το ποτήρι glass (n)	

3 Στον πάγκο / At the counter

Tim is trying to place the order but he can't quite understand one question.

Υπάλληλος	Απ' όλα;
Tim	Τι; Τι είπατε;
Υπάλληλος	Θέλετε απ'όλα μέσα
	στην πίτα;
Tim	Δεν καταλαβαίνω.
Υπάλληλος	(απορρημένος)
	Θέλετε τζατζίκι,
	κρεμμύδι, ντομάτα;
Tim	Α! ναι, ναι!
Υπάλληλος	Και στα δύο; Και
	στο καλαμάκι και
	στο γύρο;
Tim	(απορρημένος) Ναι, ναι(;!).

Λέξεις και εκφράσεις

ο πάγκος   the counter (m)
απ'όλα   everything on it?
Τι είπατε;   What did you say?
Μέσα   on (the pitta) [lit. inside the
  pitta]
η πίτα or η πίττα   pitta bread
απορρημένος/ -η/ -ο   confused
το κρεμμύδι   the onion (n)
η ντομάτα   the tomato (f)
και στα δύο;   in both?
και ... και ...   both . . . and . . .

— 62 —

—— Χρήσιμα γλωσσικά σημεία ——

ΤΖΑΤΖΙΚΙ; ΤΑΡΑΜΟΣΑΛΑΤΑ; ΜΕΛΙΤΖΑΝΟΣΑΛΑΤΑ; / TZATZIKI? EGG-FISH SALAD? AUBERGINE SALAD?

Greece has a rich and ethnic cuisine with many famous dishes. For someone who is not a native it is simply a matter of taste; some dishes might taste delicious and others might never be tried again! Our advice is to try to see what goes best with your palate and stomach! Below there is a handy list of **ουζομεζέδες** (*ouzo snacks*). Have a go!

Η τρελή γαρίδα

ΤΙΜΟΚΑΤΑΛΟΓΟΣ - PRICE LIST

ΣΑΛΑΤΕΣ / SALADS		*ΦΑΓΗΤΑ / MAIN DISHES*	
Λάχανο Cabbage	300	Καλαμαράκια Squid	800
Μαρούλι Lettuce	300	Λουκάνικο Χωριάτικο Spiced Sausage	750
Ρώσικη Russian salad	350	Μπιφτέκι Hamburger Patty	800
Τονοσαλάτα Tuna Salad	500	Γαρίδες σαγανάκι Fried Shrimps	800
Φέτα Feta cheese	400	Πατάτες Τηγανιτές French fries	500
Σαγανάκι Fried cheese	500	Ποικιλία Assorted appetizers	600

ΕΝΑ ΣΟΥΒΛΑΚΙ ΚΙ ΕΝΑ ΓΥΡΟ! / A SOUVLAKI AND A GYRO!

A **σουβλάκι** (souvlaki) is usually chunks of pork meat on a stick.

A **καλαμάκι** (kalamaki) is a stick of pork meat.

A **γύρος** (gyro) [literally meaning spinning or turning around] is actually a combination of layers of pork and lamb meat rotating on a spit and when cooked it is thinly sliced.

Σουβλάκι is mostly served on a stick with a slice of bread (**ψωμί**) and **γύρος** on pitta (**πίτα** or **πίττα**) with tomatoes (**τομάτες**), onions (**κρεμμύδια**) and tzatziki (**τζατζίκι**). There are several souvlakia and gyro stands in cities such as London, New York, Sydney and Melbourne where Greek communities flourish, but also in many smaller places and, of course, all over Greece.

Here is a souvlaki place menu:

ΣΟΥΒΛΑΚΙΑ

Καλαμάκι πίττα... 220 δρχ.
Μπιφτέκι πίττα... 220 δρχ.
Λουκάνικο πίττα... 250 δρχ.
Γύρος πίττα........... 230 δρχ.

ΤΗΣ ΩΡΑΣ   Γύρος κοτ. πίττα...250 δρχ.

Κοκορέτσι(μερίδα)........... 850 δρχ.
Μπιφτέκι (μερίδα)........... 750 δρχ.
Γεμιστό μπιφτέκι (μερ.)1000 δρχ.
Γύρος (μερίδα)................... 900 δρχ.
Γύρος κοτόπουλο (μερ.)1000 δρχ.
Κοτόπουλο λεμονάτο στα
  κάρβουνα (το κιλό).......1900δρχ.
Κοτόπουλο σούβλας στα
  κάρβουνα (το κιλό)....1900δρχ.
Κοτόπουλο(μερίδα)........... 750 δρχ.

Λέξεις και εκφράσεις

το κοτόπουλο *chicken* (n)	**το λουκάνικο** *sausage* (n)
η μερίδα *order (of something)*	**το κοκορέτσι** *lamb (entrails) on a spit* (n)
το μπιφτέκι *hamburger* (n) (in	**γεμιστό** *stuffed*
different sizes and shapes: longer,	**λεμονάτο** *cooked in lemon*
thinner, or identical to a hamburger)	**στα κάρβουνα** *on charcoal*
της ώρας *cook to order*	**η σούβλα** *spit* (f)

ΟΙ ΑΡΙΘΜΟΙ 21 – 100

21	είκοσι ένα	50	πενήντα
22	είκοσι δύο	60	εξήντα
23	είκοσι τρία	70	εβδομήντα
30	τριάντα	80	ογδόντα
31	τριάντα ένα	90	ενενήντα
40	σαράντα	100	εκατό

ΚΑΛΗ ΟΡΕΞΗ! / BON APPETIT!

This saying is to wish someone a good meal. During meals you might hear **γεια σου!**, or **γεια σας!**, or **γεια μας!** (*cheers*) when raising and/or clinking glasses. An interesting expression with no English equivalent is **καλή χώνεψη!** at the end of a meal meaning 'have a good digestion!'.

Γραμματικές παρατηρήσεις

1 Δεν έχουν μουσακά εδώ / They don't have moussaka here

The verbs **είμαι** (*to be*) and **έχω** (*to have*) are the most frequent verbs in many languages. The verb **έχω** is 'regular' meaning that it has regular endings like other verbs you have already learned, such as **ξέρ-ω, μέν-ω** or **καταλαβαίν-ω** among others.

έχ-ω	*I have*
έχ-εις	*you have*
έχ-ει	*he / she / it has*
έχ-ουμε	*we have*
έχ-ετε	*you have*
έχ-ουν	*they have*

2 Έχετε μουσακά; / Do you have moussaka?

You might have noticed some different spellings of certain words; for example **μουσακά** (*moussaka*) and **εποχής** (*of season*) in this unit. They have appeared as **ο μουσακάς** (adding an **-ς**) and **η εποχή** (deleting the final **-ς**). Greek is an inflectional language (subject to several changes in stems, prefixes, endings, and so on) and so there are many slightly different forms of nouns. There is often more than one singular or plural form in Greek. Here are some examples:

Case			Singular			
Nominative	ο *the*	μουσακάς *moussakas*	η *the*	εποχή *season*	το *the*	λεπτό *minute*
Genitive	του *of the*	μουσακά *moussakas*	της *of the*	εποχής *season*	του *of the*	λεπτού *minute*
Accusative	το(ν) *(in) to the*	μουσακά *moussakas*	την *(in) to the*	εποχή *season*	το *(in) to the*	λεπτό *minute*

Don't be alarmed by the number of different articles and endings: the wrong choice does not make a lot of difference when used in context because a careful listener will understand. With frequent use of the language, these will become second nature to you. It is better to use the language even incorrectly rather than waiting for the time to use it perfectly. Start using the language, and don't be afraid of it!

3 Εγώ θέλω μουσακά! / I want moussaka!

In English the word order of a sentence is constant: subject before verb, and verb before object, for example I-*subject*, want-*verb* and moussaka-*object*. To add emphasis in English you change the intonation whereas in Greek you can change the word order. Here are some examples to show how many variations of word order are correct for one sentence:

Εγώ θέλω μουσακά!   ⎫
Εγώ μουσακά θέλω!   ⎪
Θέλω εγώ μουσακά!   ⎬   I want moussaka!
Θέλω μουσακά εγώ!   ⎪
Μουσακά εγώ θέλω!   ⎪
Μουσακά θέλω εγώ!   ⎭

Another example:

Εγώ καλά είμαι.
Εγώ είμαι καλά. *I am OK/well* (see Unit 2)

☑ – Η πρακτική μας κάνει καλύτερους –

1 The following are situations you are likely to encounter in Greece.

   (*a*) Say 'bon appetit' to someone at the beginning of a meal, and 'good digestion' as they finish their meal.

   (*b*) You are not sure whether a restaurant has a specific dish or not. How could you ask for an aubergine salad, an assorted platter of appetizers, a snack for ouzo or moussaka?

   (*c*) Ask for the menu, and the bill!

   (*d*) How would you ask: 'Will you have anything to drink?'?

   (*e*) How could you ask for a small bottle of ouzo 'Mitilinis'?

   (*f*) How do you say: 'Come on now!'?

   (*g*) And the question: 'How much are they?'?

2 Match each question with its most appropriate answer.

   (*a*) Τι είναι αυτά;   (i) Δύο μπύρες και μία κόκα κόλα.
   (*b*) Έχετε γύρο;   (ii) Δεν είπα τίποτα!
   (*c*) Τι θα παραγγείλετε;   (iii) Βεβαίως! Απ'όλα;
   (*d*) Τι είπατε;   (iv) Ποικιλία και ουζομεζέδες.

3 Rearrange these lines to make up a dialogue.

(a) Τίποτα! Μόνο νερό! Ευχαριστούμε.
(b) Τι θα πιείτε;
(c) Τι θα πάρετε;
(d) Μία σαλάτα εποχής.
(e) Είστε έτοιμοι;
(f) Βέβαια!

4 Complete the following dialogue.

Σερβιτόρος Τι θα πάρετε παρακαλώ;
You (a) The menu, please.
Σερβιτόρος Σε λίγο . . . . . Είστε έτοιμοι τώρα;
You (b) Yes. Have you got any veal chops?
Σερβιτόρος Δυστυχώς όχι. Μόνο χοιρινή μπριζόλα σήμερα.
You (c) OK! A pork chop, a moussaka, and a seasons salad.
Σερβιτόρος Θα πιείτε τίποτα;
You (d) A small bottle of ouzo. What kinds of ouzo do you have?
Σερβιτόρος 12, Τσάνταλη ή Μυτιλήνης.
You (e) A small bottle of Mitilinis.
Σερβιτόρος Τίποτα άλλο;
You (f) Nothing else for the time being.

5 Ίδιο ή διαφορετικό; / Similar or different? You are in a Pizza Hut in Greece. Look at the menu overleaf. Can you recognise some ingredients below before you place your order?

(a) πράσινες πιπεριές   (i) pepperoni
(b) τόνος   (ii) fresh tomato
(c) μπέικον   (iii) green peppers
(d) πεπερόνι   (iv) tuna
(e) φρέσκια τομάτα   (v) bacon

You have finally decided on a Cheese Lover's salad. What will you get?

(f) μοτσαρέλλα   (vi) Monterrey Jack
(g) τσένταρ   (vii) mozzarella
(h) μοντερέυ τζακ   (viii) green salad
(i) πράσινη σαλάτα   (ix) Chef's salad
(j) σαλάτα σεφ   (x) cheddar

PIZZA SPECIALITIES

| | ΜΙΚΡΟ | ΜΕΣΑΙΟ | ΟΙΚΟΓΕΝΕΙΑΚΟ |

SUPREME: Μοτσαρέλλα, πεπερόνι, μοσχάρι, πράσινη πιπεριά, κρεμμύδι και μανιτάρια. 1.590   2.780   3.980

SUPER SUPREME: Μοτσαρέλλα, χοιρινό με μπαχαρικά, πεπερόνι, μοσχάρι, ζαμπόν, πράσινη πιπεριά, κρεμμύδι, μαύρες ελιές και μανιτάρια. 1.590   2.780   3.980

CHICKEN SUPREME: Μοτσαρέλλα, κοτόπουλο, κρεμμύδι, πράσινη πιπεριά και μανιτάρια. . . 1.590   2.780   3.980

CHEESE LOVER'S: Η πίτσα με το σπέσιαλ μείγμα μας από 3 τυριά, μοτσαρέλλα, τσέντταρ, μοντερέυ τζακ, συν δύο από τα υλικά που προτιμάτε. . 1.590   2.780   3.980

GREEK LOVER'S: Μοτσαρέλλα, φρέσκια τομάτα, φέτα, μαύρες ελιές, πράσινη πιπεριά, κρεμμύδι, ρίγανη, πεπερόνι, μανιτάρια και το σπέσιαλ μείγμα μας από 3 τυριά. 1.590   2.780   3.980

6   **Crossword puzzle**. Χωριάτικη σαλάτα is probably the most popular salad in Greece. It is a tossed salad consisting of:

(a)   olives
(b)   feta cheese
(c)   tomatoes
(d)   onions
(e)   peppers
(f)   cucumbers
(g)   vinegar
(h)   oil

Fill in the crossword with the Greek names of these ingredients.

7   Listen to dialogue 3 in this unit again and fill in the missing words. If you do not have the cassette try to fill in the gaps from the words provided below. Several of the words are used more than once.

Υπάλληλος   Απ'όλα;
Tim   Τι; Τι (a) _____;
Υπάλληλος   (b) _____ απ'όλα (c) _____ στην πίτα;
Tim   Δεν (d) _____.
Υπάλληλος   (απορρημένος) (b) _____ τζατζίκι, κρεμμύδι, (e) _____;

Tim	Α, ναι, ναι!
Υπάλληλος	Και στα δύο; (*f*) _____ στο καλαμάκι (*f*) _____ στο γύρο;
Tim	(απορρημένος) Ναι, ναι (;!).

ντομάτα	μέσα	είπατε
καταλαβαίνω	και	θέλετε

—— Λίγο ακόμα! ——

Ordering at Goody's

Three friends are trying to order burgers at Goody's.

Υπάλληλος	Έχετε εξυπηρετηθεί;
Νίκος	Όχι. Θα ήθελα ένα χάμπουργκερ με τυρί, τηγανητές πατάτες και μία κόκα κόλα μικρό μέγεθος.
Γιάννης	Εγώ θέλω να ρωτήσω κάτι. Τι έχει το Greenburger μέσα;
Υπάλληλος	Έχει αγγουράκι πίκλα, κρεμμύδι, ντομάτα, πράσινη σαλάτα και dressing.
Γιάννης	Εντάξει, ένα Greenburger γεύμα για μένα με 7up και ένα club σάντουϊτς για την Τόνια.
Υπάλληλος	Δεν έχουμε 7up μόνο Sprite.
Γιάννης	Εντάξει, Sprite τότε . . .

Λέξεις και εκφράσεις

έχετε εξυπηρετηθεί; *have you been helped/served? have you been waited on?*
το χάμπουργκερ *hamburger* (n)
ο Νίκος *Nick* (m)
το τυρί *cheese* (n)
τηγανητές πατάτες *french fries, chips* (lit. *fried potatoes*)
μικρός/ -ή/ -ό *small*
το μέγεθος *size* (n)

εγώ θέλω να ρωτήσω κάτι *I'd like to ask something.* (lit. *I want to ask something*)
θέλω *I want/ I'd like*
το αγγουράκι *small cucumber* (n)
η πίκλα *pickle* (f)
το γεύμα *meal* (n)
το σάντουϊτς *sandwich* (n)
η Τόνια *Tonia/Antonia* (f. name)

8 Σωστό (✓) ή λάθος (✗); True or false? Mark (T) for true and (F) for false.

(a) Ο Νίκος θέλει ένα χάμπουργκερ γεύμα.
(b) Ο Γιάννης θέλει ένα club σάντουϊτς.
(c) Η Τόνια θέλει ένα Greenburger.
(d) Ο Νίκος θα πιει μία κόκα κόλα μικρό μέγεθος.
(e) Η Τόνια δε θα πιει τίποτα.
(f) Ο Γιάννης δε θα πιει 7up.

—— Πέρα από τη γλώσσα! ——

ΕΝΑ ΣΟΥΒΛΑΚΙ ΚΙ ΕΝΑ ΓΥΡΟ! / A SOUVLAKI AND A GYRO!

Both **σουβλάκι** and **γύρο** are in fierce competition with American fast-food. Hamburger places are everywhere in Greece nowadays. International fast-food chains stand next to Greek fast-food restaurants such as *Corner's*, *Goody's*, *Neon's*, *Lebel's*, *Pitta Pan* and *Hambo*.

ΠΡΩΙΝΟ ΣΤΟ ΑΜΕΡΙΚΑ! / BREAKFAST IN AMERICA!

The three meals in Greece are **πρωινό** (*breakfast*), **μεσημεριανό** (*lunch*) and **βραδινό** (*dinner*). **Πρωινό** is often simply a cup of coffee! So you won't find many nice breakfast places in Greece offering continental or English breakfast, except in tourist areas during the summer.

Greeks still enjoy a heavy lunch and a nap during their afternoon siesta before returning to work. The fast pace of the modern business world has changed a lot of that and nowadays a light lunch, such as sandwiches or salad, frequently replaces a heavier meal. Dinner is still the most enjoyable meal of the day. After a hard-working day many Greeks go out to have dinner. **Ταβέρνες** (*taverns*) are a daily option whereas more expensive restaurants (**εστιατόρια**) serve for special occasions. Dinner is usually the largest meal of the day, starting late around 9 pm, and it can last for two or three hours!

ΕΝΑ ΚΑΡΑΦΑΚΙ ΟΥΖΟ! / A SMALL CARAFE OF OUZO!

You have already met several words ending in **-άκι** such as **καραφάκι**, **αγγουράκι**, **ουζάκι**, or **σουβλάκι**. These words are not in a dictionary because they are the diminutive form. Here are some more examples:

η καράφα	*carafe* (f)	το καραφάκι	*small carafe*
το αγγούρι	*cucumber* (n)	το αγγουράκι	*small cucumber*
το ούζο	*ouzo* (n)	το ουζάκι	*small ouzo*
η σούβλα	*spit* (f)	το σουβλάκι	*small souvlaki* (on a stick / skewer)

The three diminutive endings mostly used in Greek are: **-άκι**, **-ούλα**, and **-ίτσα**. These correspond roughly to the English endings of *-let* and *-ing*: book-book*let*, drop-drop*let*, duck-duckl*ing*.

These endings imply something 'smaller' or 'younger' especially in names such as **Άννα** (*Anne*) becomes **Αννούλα** (*little/young Anne*, *Annette*). They might also be used as a term of endearment, such as **Αννούλα** or **Νούλα** (for an older *Anne*). They are also used affectionately without implying 'lesser', for example **καφέ** (*coffee*) becomes **καφεδάκι**; **κρασί** (*wine*) becomes **κρασάκι**; or **μπύρα** (*beer*) becomes **μπυρίτσα**.

Mykonos

5

ΚΑΤΑΛΑΒΑΙΝΕΙΣ ΕΛΛΗΝΙΚΑ;

Do you understand Greek?

In this unit you will revise and consolidate how to

- use Greek greetings
- introduce yourself or others
- talk about common daily activities
- order drinks and food
- count from 1 – 100
- name some cities, countries and languages

☑ Ασκήσεις εμπέδωσης / *Consolidation exercises*

1 The following are situations you are likely to encounter in Greece:

(a) You are tasting Greek coffee for the first time. Give your impression by saying: 'It's excellent!' or 'It's awful!'.

(b) Ask for the 'menu' or the 'bill'.

(c) Ask for a medium, sweet or black Greek coffee.

(d) Ask for a 'tea with milk' or 'tea with lemon'.

(e) A friend tells you 'Έλα να πιούμε ένα ουζάκι'. What will you do?

(f) A friend asks you 'Πάμε σε μια ψαροταβέρνα;' Where does he or she want you to go?

(g) You would like a light breakfast. Ask for some toast with butter and marmalade.

(h) You look tired. Say to a friend that you are tired because you didn't sleep at all.

(i) You have been asked: 'Θα πάμε σινεμά ή όχι'. What does it mean and how could you possibly answer?

(j) Someone asks you: 'Πού μένετε τώρα;'. What does he or she want to know? How will you answer?

2   Rearrange these lines to make a dialogue.

(a) Και πού μένεις;

(b) Δεν είμαι πολύ καλά σήμερα.

(c) Γιατί; Τι έχεις;

(d) Εγώ μένω με τη Μονίκ από το Παρίσι. Πάμε για ένα ουζάκι;

(e) Δεν το πιστεύω. Έχεις μόνο δύο μέρες στην Αθήνα και . . .

(f) Πώς πας; Είσαι καλά;

(g) Το ξέρω . . . αλλά χαίρομαι που είμαι εδώ.

(h) Ναι. Νομίζω είναι καλό για τον πόνο.

(i) Έχω εδώ ένα πόνο.

(j) Τώρα μένω με μία άλλη Γερμανίδα στο κέντρο. Εσύ;

3   Singular or plural?

You have learned lots of words in the singular and plural forms in the first four units. Can you complete the list on the right?

Singular	Plural
(a) ?	μπουκάλια
(b) γλώσσα	?
(c) χυμός	?
(d) φρυγανιά	?
(e) ?	κατάλογοι
(f) δωμάτιο	?
(g) ?	μέρες
(h) ουζάκι	?
(i) μεζές	?
(j) ?	ποικιλίες
(k) ομελέτα	?
(l) ούζο	?
(m) ?	μαθήματα
(n) ?	συνάδελφοι

4   Masculine, feminine or neuter?

You have probably realised how important it is to know the articles of Greek nouns. Test your memory by putting the words from the box overleaf into the correct column. To help you, there are five of each gender.

πρόγραμμα   λάθος   ξενοδοχείο   πόλη

μέρα   νύχτα   ταξίδι   πόνος

μουσείο   καφές   ταβέρνα   κατάλογος

χυμός   τυρόπιτα   μεζές

Masculine	Feminine	Neuter
ο	η	το
●	●	●
●	●	●
●	●	●
●	●	●
●	●	●

5 Greek spelling!

Could you fill out a form with your personal details in Greek? Have you ever tried to spell out your particulars phonetically in Greek? You could have **ΣΜΙΘ** for Smith, or **ΤΖΟΝΣΟΝ** for Johnson, or even **ΣΤΗΒΕΝΣ** for Stevens and **ΜΠΕΡΝΣ** for Berns! If not, why don't you try to fill out the forms?

Ονοματεπώνυμο _____

_____

Διεύθυνση _____

_____

Αθηναίος

Στην καρδιά της Αθήνας
και της γεύσης

Επάγγελμα _____

Ημερομηνία επίσκεψης _____

Σταδίου 22 & Εδουάρδου Λω

_____

ΣΤΟΙΧΕΙΑ ΣΥΜΜΕΤΕΧΟΝΤΟΣ

☐☐☐☐☐☐☐☐☐☐☐☐☐☐☐☐☐☐☐☐☐☐☐

ΕΠΩΝΥΜΟ :

☐☐☐☐☐☐☐☐☐☐☐

ΟΝΟΜΑ :

☐☐☐☐☐☐☐☐☐☐☐   ☐☐☐☐

ΔΙΕΥΘΥΝΣΗ :   *ΑΡΙΘΜΟΣ :*

☐☐☐☐☐☐☐☐☐☐☐   ☐☐☐☐

ΠΕΡΙΟΧΗ :   *Τ.Κ. :*

☐☐☐☐☐☐☐   ☐☐☐☐☐☐☐☐☐

ΤΗΛ. ΟΙΚΙΑΣ :   *ΤΗΛ. ΕΡΓΑΣΙΑΣ :*

☐☐☐☐☐☐☐☐   ☐☐☐☐☐☐☐☐☐

ΕΠΑΓΓΕΛΜΑ :   *ΕΠΑΓΓΕΛΜΑ ΣΥΖΥΓΟΥ :*

▬▬ ΓΙΑ ΕΓΚΥΡΗ ΣΥΜΜΕΤΟΧΗ ΣΑΣ, ΣΥΜΠΛΗΡΩΣΤΕ ΚΑΙ ΤΙΣ ΔΥΟ ΠΛΕΥΡΕΣ ▬▬

6   Countries

Below is a list of 28 countries. Can you make out the names for Great Britain, Ireland, Australia, France and Spain? How many more can you recognise before looking at the key?

(a) ΑΥΣΤΡΑΛΙΑ	(k) ΙΡΛΑΝΔΙΑ	(t) ΟΛΛΑΝΔΙΑ
(b) ΑΥΣΤΡΙΑ	(l) ΙΣΠΑΝΙΑ	(u) ΟΥΓΓΑΡΙΑ
(c) ΒΕΛΓΙΟ	(m) ΙΤΑΛΙΑ	(v) ΠΟΡΤΟΓΑΛΙΑ
(d) ΓΑΛΛΙΑ	(n) ΚΥΠΡΟΣ	(w) ΣΙΓΓΑΠΟΥΡΗ
(e) ΓΕΡΜΑΝΙΑ	(o) ΛΟΥΞΕΜΒΟΥΡΓΟ	(x) ΣΟΥΗΔΙΑ
(f) ΓΙΒΡΑΛΤΑΡ	(p) ΜΑΡΟΚΟ	(y) ΤΑΥΛΑΝΔΗ
(g) ΔΑΝΙΑ	(q) ΜΕΓ.ΒΡΕΤΑΝΙΑ	(z) ΤΟΥΡΚΙΑ
(h) ΕΛΒΕΤΙΑ	(r) ΝΟΡΒΗΓΙΑ	(aa) ΦΙΝΛΑΝΔΙΑ
(i) ΕΣΘΟΝΙΑ	(s) Ν. ΑΦΡΙΚΗ	(bb) ΧΟΝΓΚ ΚΟΝΓΚ
(j) ΗΝ.ΑΡ. ΕΜΙΡΑΤΑ		

7 Ordering a souvlaki

You are with some friends at the ΠΙΤΤΑ ΠΑΝ (Pitta Pan) souvlaki place somewhere in Greece. Why don't you order the following:

- one item under ΠΙΤΤΑ ΠΑΡΑΔΟ-ΣΙΑΚΗ (traditional pitta),

- two items under ΠΙΤΤΑ ΧΩΡΙΑΤΙΚΗ (Villager's pitta),

- three items under ΕΛΛΗΝΙΚΕΣ ΝΟΣΤΙΜΙΕΣ (Greek specialities)

- one small and two large bottles of beer!

TIMOΛOΓION

ΠΙΤΤΑ ΠΑΝ
σουβλάκι

ΑΠΟ ΤΟ 1993

το παραδοσιακό...

ΠΙΤΤΑ ΠΑΡΑΔΟΣΙΑΚΗ ΜΕ:

ΣΟΥΒΛΑΚΙ Καλαμακι		280
ΣΟΥΤΖΟΥΚΑΚΙ		270
ΓΥΡΟ		290

ΠΙΤΤΑ ΧΩΡΙΑΤΙΚΗ ΜΕ:

ΣΟΥΒΛΑΚΙΑ Τεμαχια 2		480
ΣΟΥΤΖΟΥΚΑΚΙΑ Τεμαχια 2		460
ΜΕΡΑΚΛΙΔΙΚΗ ΓΕΜΙΣΗ		480
ΓΥΡΟ		540
ΚΟΤΟΠΟΥΛΟ Σπιτικον		540

ΕΛΛΗΝΙΚΕΣ ΝΟΣΤΙΜΙΕΣ
(ΜΕΡΙΔΑ)

ΣΟΥΤΖΟΥΚΑΚΙΑ Σμυρνεϊκα		940
ΜΠΙΦΤΕΚΙ πολιτικο		940
ΣΕΦΤΑΛΙΕΣ κυπριακες		1150
ΓΥΡΟΣ πιττα παν		1180
ΚΟΤΟΠΟΥΛΟ Σουβλιστο		1280

ΠΑΤΑΤΕΣ Τηγανιτες		270
ΣΑΛΑΤΑ χωριατικη		780

ΑΝΑΨΥΚΤΙΚΟΝ

ΜΙΚΡΟ		240
ΜΕΓΑΛΟ		290

ΜΠΥΡΑ ΒΑΡΕΛΙΣΙΑ

ΜΙΚΡΟ		330
ΜΕΓΑΛΟ		490

...σύντομα και στην
δική σας γειτονιά

ΒΙΚΤΩΡΙΑ : Πλ. Βικτωρίας & Κυριακού 6. Τηλ. 8253041
ΟΜΟΝΟΙΑ : Πλ. Ομονοίας 19 Ε. Τηλ. 5241248

8 Reading Greek

Here are two descriptive illustrations from daily Athenian life.
Could you make out and decipher their messages?

9 Guesswork

Here is a list of the ten largest cities in the world now and a projection of the ten largest cities in 2015 (see page 78). The numbers represent millions of inhabitants. (Source: United Nations.) Can you make out the names of the cities and the countries?

ΟΙ 10 ΠΟΛΥΠΛΗΘΕΣΤΕΡΕΣ ΠΟΛΕΙΣ			
Σε εκατομμύρια κατοίκους			
1995		**2015**	
Τόκιο (Ιαπωνία)	26,8	Τόκιο (Ιαπωνία)	28,7
Σάο Πάολο (Βραζιλία)	16,4	Βομβάη (Ινδία)	27,4
Νέα Υόρκη (ΗΠΑ)	16,3	Λάγος (Νιγηρία)	24,4
Πόλη του Μεξικού	15,6	Σαγκάη (Κίνα)	23,4
Βομβάη (Ινδία)	15,1	Τζακάρτα (Ινδονησία)	21,2
Σαγκάη (Κίνα)	15,1	Σάο Πάολο (Βραζιλία)	20,8
Λος Άντζελες (ΗΠΑ)	12,4	Κάρατσι (Πακιστάν)	20,6
Πεκίνο (Κίνα)	12,4	Πεκίνο (Κίνα)	19,4
Καλκούτα (Ινδία)	11,7	Ντάκα (Μπαγκλαντές)	19,0
Σεούλ (Νότιος Κορέα)	11,6	Πόλη του Μεξικού	18,8

Πηγή: Ηνωμένα Έθνη

10 Foreign languages

Greeks often ask 'Τι γλώσσες μιλάτε;'. Here is an advertisement for language-learning courses. Tick all the languages you recognise.

ΓΛΩΣΣΕΣ ΠΟΥ ΜΠΟΡΕΙΤΕ ΝΑ ΜΑΘΕΤΕ ...

☐ Αγγλικά για Business
☐ Αγγλικά για αρχαρίους
☐ Αγγλικά για προχωρημένους
☐ Αραβικά
☐ Αφρικάνικα
☐ Γαλλικά για αρχαρίους
☐ Γαλλικά για προχωρημένους
☐ Γερμανικά για αρχαρίους
☐ Γερμανικά για προχωρημένους
☐ Δανέζικα

☐ Ελληνικά για ξένους
☐ Εβραϊκά
☐ Ιαπωνικά
☐ Ινδονησιακά
☐ Ινδικά
☐ Ιρλανδικά
☐ Ισλανδικά
☐ Ισπανικά
☐ Ισπανικά Λατιν. Αμερικ.
☐ Ιταλικά
☐ Κινέζικα

☐ Κορεάτικα
☐ Μαλαισιακά
☐ Νορβηγικά
☐ Ολλανδικά
☐ Πολωνικά
☐ Πορτογαλικά
☐ Ρωσσικά
☐ Σερβοκροάτικα
☐ Σουηδικά
☐ Ταϋλανδικά
☐ Φινλανδικά

11 Counting from 1 – 100

Learn the numbers of your telephone number, your house number,
your postal code, your age and any other number that may be useful.
For practice here is a list of animals, the number of hours they sleep,
and the number of years they live. So, go ahead and practise:

HOW MANY HOURS DO THEY SLEEP?

ΕΛΕΦΑΝΤΕΣ / ELEPHANTS
ΚΑΜΗΛΟΠΑΡΔΑΛΕΙΣ /
  GIRAFFES
ΔΕΛΦΙΝΙΑ / DOLPHINS
ΑΛΟΓΑ / HORSES
ΑΓΕΛΑΔΕΣ / COWS
ΑΝΘΡΩΠΟΙ / MEN
ΛΙΟΝΤΑΡΙΑ / LIONS
ΓΑΤΕΣ / CATS
ΝΥΧΤΕΡΙΔΕΣ / BATS

ΕΛΕΦΑΝΤΕΣ	☾ (4)
ΚΑΜΗΛΟΠΑΡΔΑΛΕΙΣ	☾ (4)
ΔΕΛΦΙΝΙΑ	☾ ○ (5)
ΑΛΟΓΑ	☾ ☾ (5)
ΑΓΕΛΑΔΕΣ	☾ ☾ (6)
ΑΝΘΡΩΠΟΙ	☾ ☾ (8)
ΛΙΟΝΤΑΡΙΑ	☾ ○ ☾ ○ (11)
ΓΑΤΕΣ	☾ ○ ☾ ○ ☾ (13)
ΝΥΧΤΕΡΙΔΕΣ	○ ○ ○ ○ ○ (19)

HOURS PER DAY

HOW LONG DO THEY LIVE?

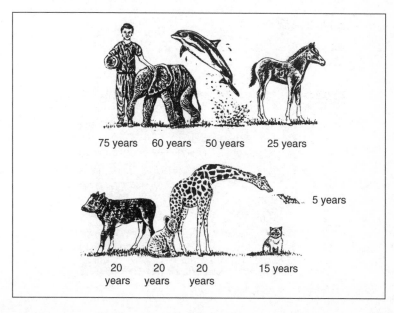

75 years   60 years   50 years   25 years

5 years

20 years   20 years   20 years   15 years

12 Listening comprehension

Listen to the last dialogue of unit 4 again and fill in the missing words. If you don't have the cassette try to fill in the gaps from the words provided below.

Υπάλληλος	Έχετε (*a*) _____;
Νίκος	Όχι. Θα ήθελα ένα χάμπουργκερ με τυρί, τηγανιτές (*b*) _____ και μία κόκα κόλα μικρό (*c*) _____.
Γιάννης	Εγώ θέλω να (*d*) _____ κάτι. Τι έχει το Greenburger μέσα;
Υπάλληλος	Έχει αγγουράκι πίκλα, (*e*) _____, ντομάτα, πράσινη (*f*) _____ και dressing.
Γιάννης	Εντάξει, ένα Greenburger γεύμα για (*g*) _____ με 7up και ένα club σάντουϊτς για την Τόνια.
Υπάλληλος	Δεν (*h*) _____ 7up μόνο Sprite.
Γιάννης	Εντάξει, Sprite τότε . . .

έχουμε	πατάτες	μένα	σαλάτα
ρωτήσω	μέγεθος	εξυπηρετηθεί	κρεμμύδι

Poseidon's Temple, Sounion, Greece

6
ΠΟΥ ΕΙΝΑΙ Η ΑΚΡΟΠΟΛΗ;

Where is the Acropolis?

In this unit you will learn how to

- ask for directions
- understand simple instructions about directions
- find your way around the centre of Athens
- count from 101–1000

 ———————— Διάλογοι ————————

1 Πού είναι η Ακρόπολη; / *Where is the Acropolis?*

Tim and Mary Johnson are having some difficulties finding the way to the Acropolis of Athens.

Tim	Συγγνώμη, πού είναι η Ακρόπολη;
Αθηναίος	Πάτε με τα πόδια ή με λεωφορείο;
Tim	Με τα πόδια. Είναι μακριά;
Αθηναίος	Όχι δεν είναι μακριά. Είναι όμως τουλάχιστον δέκα (10) λεπτά με τα πόδια.
Mary	Εντάξει δε μας πειράζει να περπατάμε! Μας αρέσει να κάνουμε βόλτες με τα πόδια. Είναι καλή γυμναστική.
Αθηναίος	Τότε, μείνετε σ'αυτόν το δρόμο μέχρι τις Στήλες του Ολυμπίου Διός. Στο φανάρι στρίψτε δεξιά και

στο τέλος της ανηφόρας θα δείτε την Ακρόπολη.

Mary	Δεξιά ή αριστερά;
Αθηναίος	Στα δεξιά σας.
Tim	Ευχαριστούμε πολύ.
Mary	Γεια σας!

Λέξεις και εκφράσεις

ο **Αθηναίος** *Athenian* (m)
συγγνώμη *excuse me*
πάτε με τα πόδια; *are you going on foot?*
με λεωφορείο *by bus*
μακριά *far*
τουλάχιστον *at least*
δε μας πειράζει να περπατάμε *we don't mind walking*
ρωτάω-ρωτώ *I ask*
μιλάω-μιλώ *I speak*
περπατάω-περπατώ *to walk*
μας αρέσει *we like*
να κάνουμε βόλτες *to take a stroll*

η γυμναστική *exercise* (f)
(f) (lit. *gymnastics*)
μείνετε *stay*
μέχρι *until*
Στήλες του Ολυμπίου Διός
Temple of Zeus (lit. *Olympus Zeus' Columns*)
στο φανάρι *at the traffic-lights*
στρίψτε *turn*
δεξιά *right*
στο τέλος *at the end*
η ανηφόρα *uphill* (f)
θα δείτε *you will see*
αριστερά *left*
στα δεξιά σας *on your right*

2 Συγγνώμη πού είναι οι Στήλες του Ολυμπίου Διός; / *Excuse me where is the Temple of Olympus Zeus?*

Tim and Mary are wondering if they have taken a wrong turn. They ask for directions again.

Tim	Με συγχωρείτε, ξέρετε πού είναι οι Στήλες του Ολυμπίου Διός;
Αθηναία	Ναι βέβαια, είστε πολύ κοντά. Στρίψτε στην πρώτη γωνία δεξιά και θα δείτε τις Στήλες του Ολυμπίου Διός μπροστά σας.
Tim	Δεν καταλαβαίνω καλά Ελληνικά. Μιλάτε λίγο πιο σιγά;
Αθηναία	Ναι βέβαια. Στη γωνία, δεξιά. Δεξιά καταλαβαίνετε; Μετά οι Στήλες είναι κοντά, πολύ κοντά, καταλαβαίνετε;
Tim	Ναι, ναι, καταλαβαίνω. Ευχαριστώ . . . Σε λίγο . . .

Mary Συγγνώμη, πού είναι οι Στήλες του Ολυμπίου Διός;
Περαστικός Νά! Δε βλέπετε; Εδώ μπροστά σας!

Λέξεις και εκφράσεις

η Αθηναία *the Athenian* (f)	**μπροστά σας!** (directly) *in front of*
ο περαστικός *passer-by* (m)	*you*
με συγχωρείτε *I'm sorry/*	**πιο σιγά** *slower*
excuse me	**στη γωνία** *on the corner*
πρώτη *first*	**νά!** *there!*
η γωνία *corner* (f)	**Δε βλέπετε;** *Can't you see?*
μπροστά *in front*	

3 Μπροστά στην Ακρόπολη / *In front of the Acropolis*

Tim and Mary are right next to the Acropolis entrance.

Mary Συγγνώμη, πού είναι η είσοδος για την Ακρόπολη;
Αθηναίος Εκεί πάνω! Ανεβείτε αυτά τα σκαλοπάτια. Στο τέλος θα δείτε την είσοδο.
Mary Είναι μακριά; Είμαστε ήδη πολύ κουρασμένοι . . .
Αθηναίος Όχι. Είστε πολύ κοντά. Είστε μπροστά στην Ακρόπολη. Απλά δεν μπορείτε να δείτε την είσοδο από εδώ.
Tim Τι είπατε;
Αθηναίος Η είσοδος για την Ακρόπολη είναι πίσω από αυτά τα δέντρα. Είστε μόνο πενήντα (50) μέτρα από την είσοδο.
Mary Ωραία! Επιτέλους φτάσαμε! Δεν αντέχω την πολύ ζέστη στην Αθήνα.
Αθηναίος Αλήθεια! Κάνει πολύ ζέστη . . .

Λέξεις και εκφράσεις

η είσοδος *entrance* (f)	**το σκαλοπάτι** *step* (n)
εκεί *there*	**κουρασμένος** *tired*
εκεί πάνω! *over there!*	**απλά** *simply*
ανεβείτε *go up*	**από εδώ** *from here*

πίσω από *behind*	**φτάσαμε** *we arrived*
αυτά τα δέντρα *these trees*	**αντέχω** *I stand*
το δέντρο *tree* (n)	**δεν αντέχω την πολύ ζέστη** *I*
πενήντα (50) *fifty*	*can't stand too much heat*
μέτρα *metres*	**αλήθεια!** *really!/that's true!*
επιτέλους! *at last!*	**κάνει πολύ ζέστη** *it is very hot*

—— Χρήσιμα γλωσσικά σημεία ——

ΜΕ ΤΑ ΠΟΔΙΑ Ή ΜΕ ΛΕΩΦΟΡΕΙΟ; /
ON FOOT OR BY BUS?

These means of transport are all useful in and around Athens:

μɛ τα πόδια   *on foot*
μɛ το λɛωφορɛίο   *by bus*
μɛ το τρόλɛϊ   *by trolley-bus*
μɛ το πούλμαν   *by coach*
μɛ το τρένο   *by train*
μɛ την βάρκα   *by boat*
μɛ το πλοίο   *by ship*
μɛ το καράβι   *by ship*
μɛ το αɛροπλάνο   *by plane*
μɛ το ποδήλατο   *by bicycle*
μɛ το μηχανάκι   *by motorcycle*

Years ago you would have gone

μɛ το γαϊδούρι   *by donkey*
μɛ το άλογο   *by horse*

Travelling by taxi (**μɛ το ταξί**) is another popular and still inexpensive way of travelling in Greece, but in Athens this can be an unforgettable experience because:

● a taxi won't always stop when you hail one. You have to shout your destination point as the taxi slows down!
● you often have to share a taxi with other passengers!
● a taxi might not take you exactly where you want to go, but drop you off at the closest point en route!

In other cities and in smaller towns the taxi situation is a little bit better with taxi stands at designated and central points, but usually there are not enough taxis to cope with the high-season influx of tourists.

ΜΕΙΝΕΤΕ Σ'ΑΥΤΟΝ ΤΟ ΔΡΟΜΟ /
STAY ON THAT STREET

Have a look at this vocabulary which is essential to giving or understanding directions.

you (informal)	you (formal)	
έλα	ελάτε	*come*
ανέβα	ανεβείτε	*go up*
κατέβα	κατεβείτε	*go down*
μείνε	μείνετε	*stay*
στρίψε	στρίψτε	*turn*
πήγαινε	πηγαίνετε/πηγαίντε	*go*
πάνε	πάντε	*go*
συνέχισε	συνεχίστε	*continue, carry on*
δείξε	δείξτε	*show*

ΠΟΥ ΕΙΝΑΙ; / WHERE IS IT?

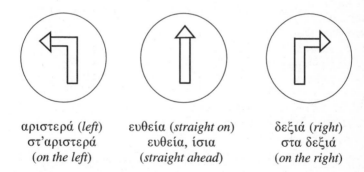

αριστερά (*left*)   ευθεία (*straight on*)   δεξιά (*right*)
στ'αριστερά   ευθεία, ίσια   στα δεξιά
(*on the left*)   (*straight ahead*)   (*on the right*)

ΠΟΥ ΕΙΝΑΙ Η ΑΚΡΟΠΟΛΗ; / WHERE IS THE ACROPOLIS?

Πού είναι	ο Παρθενώνας; (m)	*Where is the Parthenon?*
	ο σταθμός;	*the station?*
	η Ακρόπολη; (f)	*the Acropolis?*
	η πλατεία;	*the square?*
	το κέντρο; (n)	*the centre?*
	το σχολείο;	*the school?*

ΣΤΟ ΦΑΝΑΡΙ / AT THE TRAFFIC LIGHTS

στο φανάρι	*at the traffic lights*
στο σταυροδρόμι	*at the crossroads*
στο βάθος	*at the end* (of a corridor)
στο τέλος	*at the end* (of a street)
στο κέντρο	*at the centre* (of a town/city)

εδώ	*here*	εκεί	*there*
πάνω	*over*	κάτω	*below*
εδώ πάνω	*over here*	εδώ κάτω	*down here*
εκεί πάνω	*over there*	εκεί κάτω	*down there*

ΣΤΗΝ ΠΡΩΤΗ ΓΩΝΙΑ / AT THE FIRST CORNER . . .

. . . στρίψτε **στην** πρώτη γωνία (f)	*. . . turn at the first corner*
δεύτερη	*second*
τρίτη	*third*
τέταρτη	*fourth*
πέμπτη	*fifth*
. . . στρίψτε **στον** πρώτο δρόμο (m)	*. . . turn in to the first street*
δεύτερο	*second*
τρίτο	*third*
τέταρτο	*fourth*
πέμπτο	*fifth*
	. . . turn in to the
. . . στρίψτε **στο** πρώτο στενό (n)	*first back street*
δεύτερο	*second*
τρίτο	*third*
τέταρτο	*fourth*
πέμπτο	*fifth*

Notice the effect of the three genders on the spelling of the ordinal numbers. If you are trying to find your way around Athens, or another city or town, you will find these phrases very useful. You will also find it useful to become familiar and learn most of the names of places and shops on the next page. By the way, church is **εκκλησία** in Greek.

Post Office | Bank | Police Station | Church | Fire Station | Hotel

Restaurant | Coffee Shop | Department Store | Florist's | Camera (Photographic) Shop | Supermarket

Fish Shop | Greengrocer's | Butcher's | Beauty Salon | Hospital | Chemist

🔊 —— Γραμματικές παρατηρήσεις ——

1 Στρίψτε στην πρώτη γωνία / *Turn at the first corner*

There is a specific verb form used to give commands, such as *go!*, *come here!*, *ask (me anything!)*. This is called the 'imperative'; it is best to learn these in context. Remember that the verb form distinguishes between *you* (informal), ending usually in -ε or -α, and *you* (formal), ending always in -τε.

You have already seen some verbs in the imperative form earlier in this unit (page 85). Here are some more:

you (informal)	**you** (formal)	
βάλε	βάλτε	*pour*
φέρε	φέρτε	*bring*
ας (άσε)	άστε	*let*

2 Καταλαβαίνετε; / *Do you understand?*

How are you getting on with Greek verbs? Are you familiar with the structures of Greek verbs? Here is a summary of some of the basic notions mentioned in previous units:

- **Rule 1** Don't look for words like *I, you* or *they*. Example:
  Είστε μπροστά στην Ακρόπολη.
  Είστε instead of **εσείς είστε** (*you are*)
  (Revise Unit 2, Grammar note 1).

- **Rule 2** Don't look for questions starting with *do* or *does*. Example:
  Καταλαβαίνετε;
  instead of **Εσείς καταλαβαίνετε** you simply use **καταλαβαίνετε;**
  (*Do you understand?*)
  (Revise Unit 1, Grammar note 1).

- **Rule 3** Don't look for different verb forms distinguishing between *I stand* or *I am standing*; use the simple present. Example:
  Δεν αντέχω την πολύ ζέστη στην Αθήνα: (*I am not/can't standing/stand too much heat in Athens.*)
  Αντέχω can be *I stand* or *I am standing*.
  (Revise Unit 2, Grammar note 3.)

- **Rule 4** **Δε/Δεν** gives the negative form. Examples:
Δε βλέπετε:	*You don't see.*
Δεν καταλαβαίνω:	*I don't understand.*
Δεν αντέχω άλλο πια!	*I can't stand it any longer.*

  Don't confuse **όχι** (*no*) with **δεν** (*not*) preceding verbs:
  Όχι, δεν καταλαβαίνω: (*No, I do not understand.*)

- **Rule 5** Different endings make a difference!
  Group I: **Καταλαβαίνω** is a regular Greek verb. Practise and become familiar with the different forms of the verb.

Καταλαβαίνω	I understand
Καταλαβαίνεις	you understand
Καταλαβαίνει	he/she/it understands
Καταλαβαίνουμε	we understand
Καταλαβαίνετε	you understand
Καταλαβαίνουν	they understand

- **Rule 6** Verbs ending in **-άω**.
  Group II: You have already met some verbs ending in **-άω** such as **περπατάω** (*to walk*), **ρωτάω** (*to ask*), **μιλάω** (*to talk, to speak*). The endings of these verbs differ from verbs such as **καταλαβαίνω** (*to understand*), **αντέχω** (*to stand*), **κάνω** (*to do*) (Group I) – these are Group II. What is worth noting here is that these verbs have a 'full' form and a 'contracted' form: the meaning does not change but, in terms of frequency, the 'contracted' form is the one most commonly used. Practise and become familiar with the different forms of these verbs. The verb **μιλάω(ώ)** is a good example:

'full' form	'contracted' form	
μιλάω	μιλώ	*I speak*
μιλάεις	μιλάς	*you speak*
μιλάει	μιλά	*he/she/it speaks*
μιλάμε	μιλάμε	*we speak*
μιλάτε	μιλάτε	*you speak*
μιλάνε	μιλάνε/μιλούν	*they speak*

3 Οι αριθμοί 101 – 1000 / *The numbers 101 – 1000*

100	εκατό
102	εκατόν δύο
151	εκατόν πενήντα ένα
200	διακόσια/διακόσιοι/διακόσιες
300	τριακόσια/τριακόσιοι/τριακόσιες
400	τετρακόσια/τετρακόσιοι/τετρακόσιες
500	πεντακόσια/πεντακόσιοι/πεντακόσιες
600	εξακόσια/εξακόσιοι/εξακόσιες
700	επτακόσια/επτακόσιοι/επτακόσιες
800	οκτακόσια/οκτακόσιοι/οκτακόσιες
900	εννιακόσια/εννιακόσιοι/εννιακόσιες
1000	χίλια/χίλιοι/χίλιες

▓ — Η πρακτική μας κάνει καλύτερους —

1 The following are situations you are likely to encounter in Greece.

(*a*) You would like to attract the attention of a passer-by. How could you say: 'I'm sorry' or 'Excuse me'?

(*b*) How would you ask: 'Where is the Apollo Hotel'?

(*c*) You want to know if it is far or close by. How would you ask 'Is it far?' or 'Is it close by?'

(*d*) What are the English equivalents of the words **δεξιά**, **ευθεία**, **αριστερά** and **ίσια**?

(*e*) Which forms of transport are related to: **τρόλεϊ**, **λεωφορείο**, **ταξί**?

(*f*) A friendly local person has just given you instructions to get to where you want to go. How would you say 'goodbye' and thank him for the advice?

(*g*) You have some trouble following the directions given by another person; how would you say: 'I don't understand Greek well. [Can you] speak a little bit slower?'

2 Match each question with the most appropriate answer.

(*a*) Είναι μακριά ο Παρθενώνας; (i) Ναι, είναι κοντά.

(*b*) Είναι κοντά η Ακρόπολη; (ii) Όχι, δεν είναι μακριά.

(c) Πού είναι το Ερέχθειο;   (iii) Το Ερέχθειο είναι στην
                                     Ακρόπολη.
(d) Τι είναι το Ερέχθειο;   (iv) Δεν ξέρω.

3 Rearrange these lines to make a dialogue:

(a) Πού πάτε;
(b) Πάμε μία βόλτα στο κέντρο της Αθήνας.
(c) Πάτε με τα πόδια;
(d) Όχι, πάμε με το αυτοκίνητο;
(e) Αυτό δεν είναι καλή γυμναστική.
(f) Το ξέρουμε, αλλά δεν πειράζει!

4 Complete the dialogue using the information in italics.

Αθηναίος Συγγνώμη, πού είναι η πλατεία;
You   (a) *Stay on this street.*
Αθηναίος Και μετά;
You   (b) *Then, turn left at/into the third back street.*
Αθηναίος Και μετά, πού να πάω;
You   (c) *Then, continue straight on. The square is on the right.*
Αθηναίος Ευχαριστώ πολύ.
You   (d) *You're welcome!*

5 Ίδιο ή διαφορετικό; / Similar or different? Can you match the list on the left with the list on the right? Sometimes the associations might not be so obvious or so precise as expected.

(a) πόδια   (i)   auto(mobile)
(b) κέντρο   (ii)   metres
(c) αυτο(κίνητο)   (iii) foot specialist (podiatrist)
(d) τρίτη γωνία   (iv)   trolley
(e) μέτρα   (v)   gymnastics/exercise
(f) τρένο   (vi)   trigonometry (three corners)
(g) τρόλεϊ   (vii) aeroplane
(h) ταξί   (viii) train
(i) αεροπλάνο   (ix)   centre
(j) γυμναστική   (x)   taxi

6 Practise the different forms of Greek verbs that you have learned so far. Select the correct form to complete the sentence.

(a) Μας αρέσει να _____
    βόλτες.

| κάνετε | κάνουμε | κάνουν |

(b) _____ σ'αυτόν το δρόμο!

Μείνει Μείνετε Μείνουν

(c) Πού _____ η πλατεία;

είμαι είναι είσαι

(d) Δεν _____ να δείτε την είσοδο από εδώ.

μπορείτε μπορεί μπορούμε

(e) Εγώ δεν _____ την ζέστη.

αντέχουμε αντέχει αντέχω

(f) _____ σιγά-σιγά!

(g) Δεν καταλαβαίνω. _____ λίγο πιο σιγά;

κατεβαίνει κατέβα κατεβαίνετε

Μιλά Μιλάει Μιλάτε

7 Listen to dialogue 3 in this unit again and fill in the missing words. If you haven't got the cassette fill the gaps from the words in the box.

Mary   Συγγνώμη, πού είναι η (a) _____ για την Ακρόπολη;

Αθηναίος Εκεί (b) _____ Ανεβείτε αυτά τα σκαλοπάτια. Στο (c) _____ θα δείτε την είσοδο.

Mary   Είναι (d) _____; Είμαστε (e) _____ πολύ (f) _____.

Αθηναίος Όχι. (g) _____ πολύ κοντά. (g) _____ μπροστά στην Ακρόπολη. Απλά δεν (h) _____ να δείτε την είσοδο από εδώ.

Mary   Τι (i) _____;

Αθηναίος Η είσοδος για την Ακρόπολη είναι πίσω από αυτά τα δέντρα. Είστε (j) _____ πενήντα (50) μέτρα από την είσοδο.

Mary   (k) _____! Επιτέλους φτάσαμε! Δεν (l) _____ την πολύ (m) _____ στην Αθήνα.

Αθηναίος Αλήθεια! Κάνει πολύ (m) _____ . . .

μπορείτε	κουρασμένοι	μόνο	αντέχω
ήδη	είσοδος	πάνω	ωραία
μακριά	τέλος	είστε	ζέστη	είπατε

—— Λίγο ακόμα! / *A little bit more!* ——

Πώς μπορούμε να πάμε; / *How can we go?*

Tim and Mary Johnson plan to see some interesting sites in Athens.

Tim   Θέλουμε να δούμε μερικά αξιοθέατα στην Αθήνα. Πώς μπορούμε να πάμε;

Φίλος Πού θέλετε να πάτε;

Mary Μας αρέσει ο Λυκαβητός, η πλατεία Κολωνακίου και το Ζάππειο.

Φίλος Αυτό είναι εύκολο. Μπορείτε να πάτε παντού με τα πόδια. Και είναι καλή γυμναστική, ειδικά πάνω στο Λυκαβητό.

Mary Από πού να ξεκινήσουμε;

Φίλος Από το Ζάππειο. Μπορείτε να δείτε το Ζάππειο και να περπατήσετε μέσα στο πάρκο.

Mary Έπειτα;

Φίλος Γράφω εδώ στο χάρτη πώς να πάτε. Πρώτα στο Ζάππειο και στο πάρκο, μετά στην Πλατεία Κολωνακίου για έναν καφέ. Ίσως μέτριο, ε; Και ύστερα από εδώ (δείχνει στον χάρτη) περπατάτε προς το Λυκαβητό.

Tim   Πολύ ωραία! Θέλεις να έρθεις;

Φίλος Γιατί όχι;

Λέξεις και εκφράσεις

μερικά *some*	**ειδικά** *especially, particularly*
τα αξιοθέατα *sights*	**πάνω** *on the top*
ο Λυκαβητός a hill in the centre of Athens (There are splendid views of the city from the top: reach it by cable car or walk up.)	**από πού να ξεκινήσουμε;** *where to start?*
η πλατεία *square* (f)	**μέσα** *in, inside*
το Κολωνάκι High-class neighbourhood in central Athens (with the most expensive real estate per m²). Full of expensive stores and trendy street cafés and pubs.	**έπειτα** *afterwards, then*
	γράφω *to write*
	ο χάρτης *map* (m)
	ίσως *maybe, perhaps*
	ύστερα *later on*
εύκολο *easy*	**δείχνω** *to show*
παντού *everywhere*	**προς** *to, towards*
	θέλεις να έρθεις; *do you want to come?*

8 Σωστό (✓) ή λάθος (✗); / True or false? Mark (T) for true or (F) for false.

(a) Ο Tim και η Mary θέλουν να δουν μερικά αξιοθέατα.
(b) Τους αρέσει το Ζάππειο μόνο.
(c) Δε μπορούν να πάνε παντού με τα πόδια.
(d) Ο φίλος γράφει στον χάρτη πώς να πάνε.
(e) Ο Tim ρωτάει: 'Θέλεις να έρθεις;'

—— Πέρα από τη γλώσσα! ——

GREEK REFERENCE POINTS WHEN GIVING DIRECTIONS

You will soon realise that Greeks use special reference points when giving directions. These words are very important:

κέντρο	centre	πάνω	uphill
πλατεία	square	κάτω	downhill
εκκλησία	church		
σχολείο	school		
φαρμακείο	pharmacy		

What is worth mentioning here is that everything takes place with non-verbal communication – hands directing you straight on, left or right, (πάνω ή κάτω)! Greeks use maps less and ask questions more often than British people do. Sometimes if you ask a Greek for directions on a map, they look confused or unable to answer.

GREEK PUBLIC TRANSPORT

Olympic Airways (Ολυμπιακή Αεροπορία) is the national carrier with many domestic and international flights.

The Athens Underground (το Μετρό της Αθήνας or Υπόγειος or Ηλεκτρικός) is being extended. The first line connects Piraeus harbour with the northern suburbs of the city.

OLYMPIC AVIATION

ΔΕΛΤΙΟ ΕΠΙΒΙΒΑΣΗΣ
BOARDING PASS

ΑΡΙΘ. ΠΤΗΣ. FLIGHT No	ΗΜΕΡΟΜΗΝΙΑ DATE
807	

Η ΟΛΥΜΠΙΑΚΗ ΑΕΡΟΠΛΟΪΑ
ΣΑΣ ΕΥΧΕΤΑΙ ΚΑΛΟ ΤΑΞΙΔΙ

OLYMPIC AVIATION
WISHES YOU A PLEASANT TRIP

ATR - 72

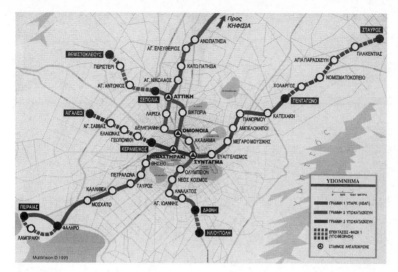

The Athens Metro showing the two new extensions.

ΟΣΕ **Οργανισμός Σιδηροδρόμων Ελλάδας** (*the Greek Interrail Organisation*) connects western Greece with Athens via the **Σταθμό Πελοποννήσου** (*the Peloponnese railway station*) and northern Greece via the Larissa railway station (**Σταθμό Λαρίσσης** or **Λάρισσας**).

Piraeus harbour serves all the Greek islands.

ΟΛΠ **Οργανισμός Λιμένος Πειραιώς** (*Piraeus Port Authority*) runs all the routes.

There is an extensive bus system both inner city (**αστική συγκοινωνία**) and intercity/country-rail (**υπεραστική συγκοινωνία** ΚΤΕΛ). In larger cities you need a bus ticket before you get on the bus whereas elsewhere a conductor will sell you one.

Taxis (**ταξί**) are usually yellow, grey, blue and white depending on the city. Both taxi and bus journeys are not expensive compared with elsewhere in Europe and you are guaranteed a memorable experience that you might, or might not, want to repeat!

7

ΚΑΛΟ ΤΑΞΙΔΙ!

Have a nice trip!

In this unit you will learn how to

- enquire about travelling
- find out more about public transport
- purchase tickets and make reservations
- tell the time
- count from 1,000 – 10,000

 ———————— **Διάλογοι** ————————

1 Σ'ένα ταξειδιωτικό πρακτορείο / *At a travel agency*

Tim and Mary Johnson are planning to go on a trip outside of Athens. They ask a travel agent (**ταξειδιωτικός πράκτορας** or simply **πράκτορας**) about visiting Thessaloniki.

Πράκτορας	Καλημέρα σας! Παρακαλώ καθείστε. Τι θα θέλατε;
Tim	Σκεπτόμαστε να πάμε στη Θεσσαλονίκη κατά την διάρκεια των διακοπών.
Πράκτορας	Πώς θέλετε να πάτε, με αεροπλάνο, τρένο ή λεωφορείο;
Mary	Αυτό είναι το πρόβλημα! Δεν ξέρουμε. Μπορείτε να μας βοηθήσετε;

Πράκτορας	Ναι, ας δούμε πρώτα το αεροπλάνο. Στη Θεσσα-λονίκη πετάει η Ολυμπιακή, η Απόλλων και η Sky Bus. Υπάρχει πτήση κάθε μέρα. Υπάρχουν πτήσεις το πρωί, το μεσημέρι και το βράδυ.
Tim	Πόση ώρα είναι η πτήση;
Πράκτορας	Περίπου πενήντα (50) λεπτά.
Mary	Και πόσο κάνει το εισιτήριο;
Πράκτορας	Τώρα περίπου 25.000 δρχ. με όλες τις εταιρίες.
Mary	Απλή μετάβαση μόνο;
Πράκτορας	Όχι μετ'επιστροφής.

Λέξεις και εκφράσεις

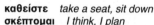

καθείστε *take a seat, sit down*	**περίπου** *around, about, approximately*
σκέπτομαι *I think, I plan*	**το λεπτό** *minute* (n)
Σκεπτόμαστε να πάμε *we are thinking of going*	**πόσο κάνει το εισιτήριο;** *how much is the ticket?*
κατά την διάρκεια (idiom) *during*	**Με όλες τις εταιρίες** *with every airline* (lit. *with all the companies*)
βοηθάω/βοηθώ *I help*	
ας δούμε πρώτα *let's see first*	**η αεροπορική εταιρία** *airline company* (f)
πετάω/πετώ *I fly*	
υπάρχει *there is*	**απλ-ός / -ή /-ό** *simple* (adj)
η πτήση *flight* (f)	**απλή μετάβαση** *one-way, single*
υπάρχουν *there are*	**μετ'επιστροφής** *round trip , return* (lit. *with return*)
πόση ώρα είναι η πτήση *how long is the flight? (lit. how much time is the flight?)*	**διακοπές** *vacation*

ΑΘΗΝΑ ►◄ ΘΕΣΣΑΛΟΝΙΚΗ										
-	09.30	12.30	-		ΠΕΙΡΑΙΑΣ	13.46	16.48	-	-	-
07.00	10.03	13.01	17.00	Υ	ΑΘΗΝΑ	13.16	16.18	19.17	21.19	23.16
07.51	-	-	-		ΟΙΝΟΗ	-	-	18.27	20.29	-
08.32	-	-	-		ΛΕΒΑΔΕΙΑ	-	-	17.46	-	21.47
09.31	12.32	15.29	19.31	Υ	ΛΙΑΝΟΚΛΑΔΙ	10.46	13.47	16.45	18.47	20.46
11.12	14.11	17.09	21.07		ΛΑΡΙΣΑ	09.08	12.09	15.10	17.08	19.09
12.12	15.12	18.11	22.10		ΚΑΤΕΡΙΝΗ	08.08	11.06	14.05	16.04	18.05
12.48	-	18.48	22.45		ΠΛΑΤΥ	07.30	10.29	13.29	-	-
13.16	16.19	19.17	23.14	V	ΘΕΣΣΑΛΟΝΙΚΗ	07.02	10.01	13.00	15.00	17.01

2 Με το τρένο; / *By train?*

25,000 Drs. sounds expensive so they look into taking the train.

Tim	25.000 δρχ. είναι λίγο ακριβά. Ξέρετε τα δρομολόγια του ΟΣΕ;
Πράκτορας	Όχι. Για τα δρομολόγια του ΟΣΕ πρέπει να πάτε

	στα γραφεία του ΟΣΕ, πολύ κοντά από εδώ.
Mary	Πού είναι τα γραφεία του ΟΣΕ;
Πράκτορας	Πάρτε την Πανεπιστημίου ευθεία κάτω. Το δεύτερο στενό είναι η Σίνα. Στρίψτε δεξιά και είναι στα πενήντα (50) μέτρα δεξιά σας.
	... Σε λίγο ...
Tim	Συγγνώμη, πότε έχει τρένο για τη Θεσσαλονίκη παρακαλώ;
Πράκτορας	Μισό λεπτό να δω. Έχει στις δύο και είκοσι (2.20) και κάνει δέκα χιλιάδες (10,000) απλή μετάβαση δεύτερη θέση. Θέλετε να κάνετε κράτηση;
Tim	Δεν ξέρουμε ακόμα. Μου δίνετε ένα πρόγραμμα με τα δρομολόγια για Θεσσαλονίκη;
Υπάλληλος	Πάρτε ένα από απέναντι.
Tim	Ευχαριστούμε.

Λέξεις και εκφράσεις

ακριβά *expensive*	η θέση *class* (f)
το δρομολόγιο *timetable* (n)	η κράτηση *reservation* (f)
πρέπει να πάτε *you have to go*	πάρτε ένα από απέναντι *get one*
το γραφείο *office* (n)	*from across (the room)*
κάνει *costs* (here)	

3 Μήπως με το λεωφορείο; / *By bus perhaps?*

Tim and Mary are still checking their options so they go to the ΚΤΕΛ: travelling by bus is still the most popular way around and the Bus Port Authority is full of people, noises and hubbub.

Tim	Πού είναι το γραφείο πληροφοριών παρακαλώ;
Περαστικός	Μέσα σ'αυτό το κτίριο.
Tim	Ευχαριστώ.
	... Σε λίγο ...
Tim	Γεια σας. Κάθε πότε υπάρχει λεωφορείο για τη Θεσσαλονίκη;
Υπάλληλος	Μισό λεπτό να δω. Υπάρχει ένα που φεύγει σε μισή ώρα (½). Υπάρχουν θέσεις ακόμα. Πόσα εισιτήρια θέλετε;

Tim	Συγγνώμη αλλά δε φεύγουμε σήμερα. Πόση ώρα κάνει το ταξίδι;
Υπάλληλος	Κάνει πεντέμιση (5½) με έξι (6) ώρες. Θέλετε να κρατήσετε θέσεις;
Tim	Πόσο κάνει το εισιτήριο με επιστροφή;
Υπάλληλος	Το απλό είναι επτάμιση χιλιάδες (7.500) και με επιστροφή δέκα χιλιάδες (10.000).
Mary	Πότε πρέπει να κλείσουμε θέσεις;
Υπάλληλος	Μία μέρα πριν.
Tim	Ευχαριστούμε πολύ.
Mary	Ευχαριστούμε.
Υπάλληλος	Τίποτα!

Λέξεις και εκφράσεις

η πληροφορία *information* (f)	πόση ώρα κάνει; *how long does it take?*
γραφείο πληροφοριών *information desk*	το απλό *one-way* (n)
το κτίριο *building* (n)	με επιστροφή *return, round-trip*
κάθε πότε; how often (lit. *every when*)	χιλιάδες *thousands*
φεύγω *I leave*	πριν *in advance* (lit. *before*)
σε μισή ώρα *in half an hour*	τίποτα *not at all, don't mention it!*
η θέση *seat* (f)	(lit. *nothing*)

──── Χρήσιμα γλωσσικά σημεία ────

. . . ΔΕΥΤΕΡΗ ΘΕΣΗ / . . . SECOND CLASS

You have seen two meanings for the word **θέση** (*class*) in dialogue 2, and **θέση** (*seat*) in dialogue 3. Below are different classes for travelling by boat or aeroplane.

πρώτη θέση	*first class*
δεύτερη θέση	*second class*
τρίτη θέση	*third class*
τουριστική θέση	*tourist class*
τρίτη θέση/κατάστρωμα	*deck class*
μπίζνες κλας	*business class*

Θέση can also mean *position*, *post*, *place* or *thesis*.

Most languages have words with more than one meaning. Compare the word *match* in the following contexts:

He went to a football *match*.
He met his *match* in his wife.
This blouse is a good *match* for your skirt!

Other examples from this unit are **πετάω-πετώ** meaning *fly* and *throw*; **λεπτό** meaning *minute* and *thin*.

You will find more examples in units to come, so just note the appropriate meaning in context only.

ΤΙΠΟΤΑ! / NOT AT ALL!

ευχαριστώ	*thank you*
ευχαριστώ πολύ	*thanks a lot*
χίλια ευχαριστώ	*many thanks/*lit. *a thousand thanks*

These are all common and useful expressions. Two possible replies you might hear are:

Παρακαλώ	*You're welcome!*
Τίποτα!	*Not at all! Don't mention it!*

Χίλια συγγνώμη is used when somebody has made a serious mistake – along the lines of *I am terribly sorry* or *I am so sorry*.

ΜΕ ΕΠΙΣΤΡΟΦΗ / ROUND TRIP

When you buy a ticket (**το εισιτήριο**) you will have to specify between **απλό** (*one-way*) and **με επιστροφή** *two-way (return)*.

You might also hear:

μόνο πήγαινε (lit. just going)
απλή μετάβαση (lit. single transfer)
μετά επιστροφής / μετ'επιστροφής/με επιστροφή / μ'επιστροφή
    (lit. with return).

ΔΥΟ ΚΑΙ ΕΙΚΟΣΙ . . . / TWO TWENTY . . .

Telling the time in Greek is not difficult. Have a look back at Unit 4 to revise the numbers: **πέντε** (5), **δέκα** (10), **είκοσι** (20) and **είκοσι πέντε** (25). These are the most frequently used numbers (remember, digital watches use all the numbers):

(1.24) μία και είκοσι τέσσερα
(1.48) μία και σαράντα οκτώ.

Normally, telling the time would be **και** (*past*) from 1–30 and **παρά** (*to*) from 31–59; but **και** is the only word used when telling the time from a digital watch or clock. Look at the diagram about telling the time.

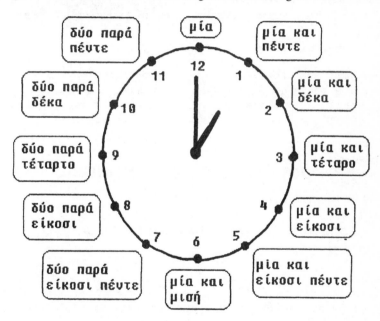

Other important words used in telling time are:

και τέταρτο   *quarter past*
παρά τέταρτο   *quarter to*
και μισή   *half past*
λεπτό/λεπτά   *minute/minutes*
ώρα/ώρες   *hour/hours*
νωρίς   *early*
αργά   *late*

Τι ώρα είναι;   *What time is it?*
Έχετε ώρα;   *Do you have the time?*
Μπορείτε να μου πείτε   *Can you tell me the time?*
  την ώρα;
Ξέρετε τι ώρα είναι;   *Do you know what time it is?*

And if you want to be specific about the time you use **στη μία** (*at one*), and **στις δύο**, **τρεις**, **τέσσερις**, **πέντε** and so on (*at two, three, four, five*). When it is on the dot of an hour, you use **ακριβώς** (*exactly*).

(6.00) έξι η ώρα ακριβώς   *six o'clock exactly (sharp)*
(10.00) δέκα η ώρα ακριβώς *ten o'clock exactly (sharp)*
(12.00) δώδεκα το μεσημέρι *12 o'clock noon*
(12.00) δώδεκα το βράδυ   *12 o'clock midnight*

🔊 —— Γραμματικές παρατηρήσεις ——

1 Μπορείτε να μας βοηθήσετε; / *Can you help us?*

Pay attention to the word order of words like 'us', 'me', 'them' – they come *before* the second verb in Greek and *after* the second verb in English. These are non-subject personal pronouns.

με	*me*	μας	*us*
σε	*you*	σας	*you*
τον	*him* (m)	τους	*them* (m+f)
την	*her* (f)	τις	*them* (f)
το	*it* (m)	τα	*them* (n)

See how these work in the following examples:

Μπορώ να **σε** βοηθήσω.	*I can help **you**.*
Μπορεί να **μας** βοηθήσει.	*He can help **us**.*
Μπορούμε να **τους** βοηθήσουμε.	*We can help **them**.*
Μπορώ να **σας** βοηθήσω;	*Can I help **you**?* (pl. + fm.)
Δεν μπορείτε να **με** βοηθήσετε.	*You cannot help **me**.*

Do not confuse them with words like **εγώ** (*I*), **εσύ** (*you*), **αυτός** (*he*) and so on. These are subject personal pronouns – look back at Unit 2 to remind yourself.

Σε βοηθώ.	*I help you,* or
Εγώ σε βοηθώ.	*I help you.* [lit. I and nobody/ no-one else!]
Μας βοηθούν πολύ.	*They help us a lot,* or
Αυτοί μας βοηθούν πολύ.	*They [and none else] help us a lot.*

2 Ελληνική ορθογραφία / *Greek spelling*

As the Greek language has undergone major shifts in the last 25 years, there is confusion about some spellings and sometimes double standards occur! Don't worry about this; native speakers also have some trouble with spelling many times.

In this unit words like **συγγνώμη** (*excuse me*) or **ταξείδι** (*trip*) could also be spelt **συγνώμη** (only one γ), or **ταξίδι** (only ι instead of ει). These are correct spellings. Other examples are **εταιρεία** or **εταιρία** (*company*), **πίτα** or **πίττα** (*pitta bread*), **μακριά** or **μακρυά** (*far*), **Μανώλης** or **Μανόλης** (*Emmanuel*), and **τρένο** or **τραίνο** (*train*).

3 Στη Θεσσαλονίκη . . . / *? Thessaloniki . . .*

Words such as *on, to, at, in* and so on are called prepositions. Greek prepositions can be characterised as 'simple' (one-word) or 'compound' (two-words). There are four basic 'simple' prepositions:

από	*from, by*
για	*for*
με	*with, by*
σε	*at, in, on, to*

Some compound prepositions are:

απέναντι (από)	*across from, opposite*

μπροστά από	*in front of*
δίπλα σε	*next to*
(ε)πάνω από	*over*
κάτω σε	*down by, down to, under*
μέσα σε	*inside*
έξω από	*outside*

When **σε** is followed by the definite article (words like το, τα, την) it is reduced to **σ-** and the two are written as one word. Some examples:

Είμαι στη (σε + τη) Θεσσαλονίκη.	*I am in Thessaloniki.*
Πάω στη Θεσσαλονίκη.	*I am going to Thessaloniki.*
Ένα εισιτήριο για τη Θεσσαλονίκη.	*A ticket for Thessaloniki.*
Μένω μέσα στη τη Θεσσαλονίκη.	*I live in Thessaloniki.*
Η Ακρόπολη είναι απέναντι από εδώ.	*The Acropolis is across from here.*
Δίπλα στο (σε + το) σχολείο.	*Next to school.*

4 Οι αριθμοί 1001 – 10.000 / *The numbers 1001 – 10,000*

1001	χίλια ένα	5000	πέντε χιλιάδες
1002	χίλια δύο	6000	έξι χιλιάδες
2000	δύο χιλιάδες	7000	επτά χιλιάδες
2001	δύο χιλιάδες ένα	8000	οκτώ χιλιάδες
3000	τρεις χιλιάδες	9000	εννέα χιλιάδες
4000	τέσσερις χιλιάδες	10000	δέκα χιλιάδες

✒ — Η πρακτική μας κάνει καλύτερους —

1 The following are situations you are likely to encounter in Greece. You are at a travel agency and would like to learn some details about a journey. How would you ask:

   (a) Is there a flight every day?
   (b) How long is the flight?
   (c) How much is the flight?
   (d) Is it one way or round trip?

(*e*) Can I make a reservation now?
(*f*) Can I have a timetable?
(*g*) How often? How long? How much?

2 Match each question with the most appropriate answer.

(*a*) Κάθε πότε υπάρχει τρένο;
(*b*) Πότε πρέπει να κλείσουμε θέσεις;
(*c*) Πού είναι το Γραφείο Πληροφοριών;
(*d*) Πόση ώρα είναι η πτήση;

(i) Εκεί πέρα! Δε βλέπεις;
(ii) Δύο ώρες ακριβώς (*exactly*).
(iii) Κάθε μέρα νομίζω.
(iv) Έξι μέρες πριν.

3 Rearrange these lines to make a dialogue.

(*a*) Ξέρετε πόση ώρα κάνει το τρένο;
(*b*) Από πού είστε;
(*c*) Είμαστε από το Λονδίνο, αλλά τώρα μένουμε στην Αθήνα.
(*d*) Συνήθως επτά ώρες.
(*e*) Είμαι από τη Θεσσαλονίκη, αλλά πάω στην Αθήνα. Εσείς από πού είστε;
(*f*) Α! Ωραία! Είμαι πολύ κουρασμένος. Μπορώ να κοιμηθώ (*sleep*);
(*g*) Ναι μπορείτε! Καλό ταξείδι!

4 Complete the dialogue using the information in italics.

Πράκτορας	Καλημέρα σας! Τι θέλετε παρακαλώ;
You	(*a*) *I'd like two tickets for Rhodes.* (Ρόδος (f)).
Πράκτορας	Με το καράβι ή το αεροπλάνο;
You	(*b*) *How much is it by boat?*
Πράκτορας	Τι θέση θέλετε;
You	(*c*) *Second class.*
Πράκτορας	10.500 δρχ. μόνο πήγαινε.
You	(*d*) *And the round trip?*
Πράκτορας	21.000 δρχ. δεύτερη θέση και 14.000 δρχ. κατάστρωμα.
You	(*e*) *How long does it take?*
Πράκτορας	Δεκαοκτώ ώρες.
You	(*f*) *What! 18 hours! I can't stand four hours on a boat!*

5   Ίδιο ή διαφορετικό; / Similar or different? Match the list on the
    left with the list on the right.

(a) ώρα   (i) *problem*
(b) πρόγραμμα   (ii) *thesis*
(c) τόνος   (iii) *tourist*
(d) ντομάτα   (iv) *me*
(e) θέση   (v) *polyglot*
(f) πρόβλημα   (vi) *centre*
(g) τουριστική   (vii) *hour*
(h) με   (viii) *programme*
(i) πολύ   (ix) *tuna*
(j) κέντρο   (x) *tomato*

6   Λέξεις σε κύκλο / Wordspin. Using the central letter and at least
    one other, how many words can you make? And check that you
    know what all the words mean! Here's an example to start you off:
    ΠΟΤΕ.

> **YOUR TARGET:** 5 words – average;
>   10 words – good;
>   15 words – very good;
> and more than 20 words – excellent!

7   Listen to dialogue 3 in this unit again and fill in the missing words.
    If you don't have the cassette try to fill in the gaps from the words
    provided below.

Tim   Πού είναι το γραφείο (*a*) _____ παρακαλώ.
Περαστικός   (*b*) _____ σ'αυτό το κτίριο.
Tim   Ευχαριστώ.
                 . . . Σε λίγο.
Tim   Γεια σας. Κάθε πότε (*c*) _____ λεωφορείο για
                 τη Θεσσαλονίκη;

Υπάλληλος Μισό λεπτό να (d) _____. Υπάρχει ένα που (e)
_____ σε μισή ώρα (½). Υπάρχουν θέσεις
ακόμα. Πόσα εισιτήρια θέλετε;

Tim Συγγνώμη αλλά δεν (f) _____ σήμερα. Πόση
ώρα κάνει το (g) _____;

Υπάλληλος Κάνει πεντέμιση (5½) με έξι (6) ώρες. Θέλετε
να κρατήσετε (h) _____;

Tim Πόσο κάνει το εισιτήριο με (i) _____;

Υπάλληλος Το απλό είναι επτάμιση χιλιάδες (7.500) και με
(i) _____ δέκα χιλιάδες (10.000).

Mary (j) _____ πρέπει να κλείσουμε θέσεις;

Υπάλληλος Μία μέρα (k) _____.

Tim Ευχαριστούμε πολύ.

Mary Ευχαριστούμε.

Υπάλληλος (e) _____!

υπάρχει	ταξίδι	τίποτα	φεύγει
πληροφοριών	επιστροφή	πότε	θέσεις
δω	μέσα	φεύγουμε	πριν

8 Τι ώρα είναι; / What time is it?

(a)	8.15	(f)	1.00	(k)	4.23
(b)	9.25	(g)	7.30	(l)	9.49
(c)	6.50	(h)	2.35	(m)	7.12
(d)	3.30	(i)	4.00	(n)	1.30
(e)	5.45	(j)	7.52	(o)	1.43

9 12.00 η ώρα / 12 o'clock

When it is **δώδεκα το μεσημέρι** (*12 o'clock noon*) **στο Λονδίνο**
(*in London*) what is the time in the following cities?

(a)	Παρίσι;	(Paris)	(f) Ρώμη; (Rome)
(b)	Μαδρίτη;	(Madrid)	(g) Λος Άντζελες; (Los Angeles)
(c)	Αθήνα;	(Athens)	(h) Όσλο; (Oslo)
(d)	Νέα Υόρκη;	(New York)	(i) Θεσσαλονίκη; (Thessaloniki)
(e)	Βερολίνο;	(Berlin)	(j) Πάτρα; (Patras)

Λίγο ακόμα!

1 Στο ταξί / *In the taxi*

A passenger travelling to the airport is having a conversation with a taxi driver.

Ταξιτζής Πού πάτε κύριε;
Επιβάτης Στο αεροδρόμιο παρακαλώ.
Ταξιτζής Στο ανατολικό ή το δυτικό;
Επιβάτης Πάντα τα μπερδεύω! Πάω στη Ρόδο.
Ταξιτζής Στο ανατολικό τότε. Τι ώρα είναι η πτήση σας;
Επιβάτης Στις οκτώ και δέκα (8.10).
Ταξιτζής Α! έχουμε καιρό! Δεν έχει κίνηση σήμερα.
. . . Σε λίγο . . .
Ταξιτζής Φτάσαμε! Μισό λεπτό να σας δώσω τις αποσκευές σας.
Επιβάτης Ευχαριστώ. Τι οφείλω;
Ταξιτζής Δύο χιλιάδες τριακόσιες δραχμές (2.300 δρχ.) ακριβώς.
Επιβάτης Ορίστε δύομιση χιλιάδες (2.500). Κρατήστε τα ρέστα.
Ταξιτζής Ευχαριστώ και καλό ταξείδι.
Επιβάτης Ευχαριστώ, γεια σας.

Λέξεις και εκφράσεις

ο ταξιτζής *taxi/cab driver*	**η κίνηση** *traffic* (f)
ο επιβάτης *passenger* (m)	**η αποσκευή** *luggage/suitcase* (f)
το αεροδρόμιο *airport* (n)	**τις αποσκευές σας** *your luggage*
ανατολικό *eastern* (terminal)	(lit. *the suitcases your*)
δυτικό *western* (terminal)	**οφείλω** *I owe*
μπερδεύω *I mix up/confuse*	**κρατήστε τα ρέστα** *keep the*
ο καιρός *time/weather* (m)	*change*
έχουμε καιρό *there's time/we don't*	
need to rush (lit. *we have time*)	

10 Σωστό (✓) ή λάθος (✗); / True or false? Mark (T) for true and (F) for false.

(a) Έχουν πολύ καιρό να πάνε στο αεροδρόμιο.
(b) Πάνε στο δυτικό αεροδρόμιο.

(*c*) Η πτήση είναι στις οκτώ και τέταρτο.
(*d*) Ο επιβάτης οφείλει δυόμιση χιλιάδες δραχμές.
(*e*) Ο επιβάτης πετάει στη Ρόδο.

——— Πέρα από τη γλώσσα! ———

TRAVELLING IN THE CITY

All buses in larger cities now have a ticket-validating machine on board
On train platforms there are ticket-validating machines – **μηχάνημα**.
Otherwise, there is a conductor (**εισπράκτορας**) on the bus or train.

The **εκδοτήρια εισιτηρίων** (*ticket-issuing booths*) are small, one-
manned, self-standing booths centrally located throughout the city where
single tickets, packs of ten tickets or **μηνιαία κάρτα** (*monthly cards*)
are on sale.

TRAVELLING AROUND GREECE

The main methods of public transport around Greece are:

το λεωφορείο (*bus*)
το πούλμαν (*charter bus, coach* [lit. pullman])
το τρένο (*train*)
το πλοίο/καράβι (*boat*)
το αεροπλάνο (*aeroplane*)

Of course you can also rent a car from one of the many local or interna-
tional car rental firms such as Apollo, Euro Dollar, Ilios Hellas, Avis,
Thrifty, Payless, Budget.

Του Κώστα Μητρόπουλου

Diesel, Unleaded and
Super are over! There
is only expensive,
very expensive and
out-of-this-world
expensive!

You might need to know the road signs when travelling through Greece.

Give way

Traffic lights ahead

No vehicles with flammable load

50 km/hour speed limit

No parking during 'even' months

Ditch ahead

ROAD NETWORK IN GREECE

οδικό δίκτυο *road network*		**με άσφαλτο** *paved*
εθνικός /-ή /-ό *national*		**χωρίς άσφαλτο** *unpaved*
επαρχιακός /-ή /-ό *farm road*		

THE TEN MAJOR CHANGES IN GREECE
BETWEEN 1974 AND 1994

Since the fall of the dictatorship in 1974, Greece has undergone major political, economic and cultural changes. The ten major changes are listed here:

1 EU membership
2 Free elections
3 New constitutional laws
4 Demotic Greek as official language
5 Drastic increase in national debt
6 Smog in Athens
7 End of public radio and television monopoly
8 Terrorism
9 Civil wedding and simplified steps for divorce
10 Cellular telephones

Οι *10* αλλαγές της Μεταπολίτευσης

Δέκα μεγάλες αλλαγές σε δύο δεκαετίες

1 Η ένταξη της χώρας στην ΕΟΚ

2 Η λύση του πολιτειακού με το δημοψήφισμα του '74

3 Το νέο Σύνταγμα, η νομιμοποίηση του ΚΚΕ, η αναγνώριση της Εθνικής Αντίστασης, η ομαλή εναλλαγή στην εξουσία το '81

4 Η καθιέρωση της δημοτικής και του μονοτονικού συστήματος

5 Η έκρηξη του δημόσιου χρέους

6 Το νέφος της Αθήνας

7 Η κατάργηση του κρατικού μονοπωλίου στη ραδιοφωνία και την τηλεόραση

8 Η εμφάνιση της τρομοκρατίας

9 Ο πολιτικός γάμος, η κατάργηση της προίκας και η απλοποίηση της διαδικασίας του διαζυγίου

10 Η κινητή τηλεφωνία

TA NEA

ATHENS AND THE MUNICIPALITY

The newspaper cutting below (from NEA *The News*) reflects people's views on life in Athens:

48% are not happy at all
37% in between
11% probably happy to live in Athens
2% extremely happy in the city!

Delos

8
ΕΧΕΤΕ ΔΩΜΑΤΙΑ;

Do you have any rooms?

In this unit you will learn how to

- enquire about rooms
- make hotel reservations
- check-in or check-out
- state a problem in your room

 ———————— **Διάλογοι** ————————

1 Έχετε δωμάτια; / *Do you have any rooms?*

Tim and Mary are surprised that there are so many tourists and that none of them books accommodation, but expects to find a room on the spur of the moment. This is a typical conversation in this situation.

Ντόπιος	Ψάχνετε για δωμάτια;
Τουρίστας	Ναι. Έχετε δωμάτια;
Ντόπιος	Έχω ένα δωμάτιο για ενοικίαση. Για πόσες μέρες το θέλετε;
Τουρίστας	Για τρεις μέρες. Μπορώ να δω το δωμάτιο;
Ντόπιος	Βέβαια. Ελάτε απ'εδώ! Δεν είναι μακρυά. Έχω αυτοκίνητο. Αυτή είναι η βαλίτσα σας;
Τουρίστας	Ναι.

GREEK

... Σε λίγο ...
Ντόπιος Ορίστε! Νάτο!
Τουρίστας Όχι, δε μου αρέσει! Έχετε κάτι καλύτερο και μεγαλύτερο;
Ντόπιος Έχω άλλο ένα. Είναι πιο ήσυχο αλλά πιο ακριβό.
Τουρίστας Να το δω; Α! Μάλιστα! Αυτό είναι εντάξει. Θα το πάρω.

Λέξεις και εκφράσεις

ψάχνω *I look for*	**καλύτερος, -η, -ο** *better*
το δωμάτιο *room* (n)	**μαγαλύτερος, -η, -ο** *larger*
η ενοικίαση *rent* (f)	**πιο** *more*
για ενοικίαση *for rent*	**ήσυχος, -η, -ο** *quiet*
απ'εδώ *this way!* (lit. *from here*)	**παίρνω** *I take*
το αυτοκίνητο *car* (n)	**θα το πάρω** *I will take it*
η βαλίτσα *suitcase* (f)	**ο ντόπιος** *local person* (m)
νάτο! *here it is!* (also **νά το!**)	**ο τουρίστας** *tourist* (m)
δε μου αρέσει! *I don't like (it)!*	

2 Στη ρεσεψιόν του ξενοδοχείου / At the hotel reception desk

A tourist is asking about room availability at the reception desk of a local hotel. **Υπάλληλος υποδοχής (Υπ.υπ.)** or **Ρεσεψιονίστας** are the words for *receptionist*.

Υπ.υπ. Καλημέρα σας. Παρακαλώ;
Τουρίστρια Καλημέρα σας. Έχετε δωμάτια;
Υπ.υπ. Βεβαίως. Θέλετε μονόκλινο ή δίκλινο;
Τουρίστρια Ένα δίκλινο για σήμερα το βράδυ μόνο. Με φαρδύ κρεβάτι αν έχετε.
Υπ.υπ. Μάλιστα. Μισό λεπτό παρακαλώ. Έχουμε ένα που βλέπει στον κεντρικό δρόμο, έχει θέα αλλά έχει λίγη φασαρία. Επίσης έχουμε άλλο ένα που βλέπει στην εσωτερική αυλή του ξενοδοχείου, είναι πολύ πιο ωραίο και πιο ήσυχο.
Τουρίστρια Νομίζω ότι αυτό με τη θέα θα είναι καλύτερο για εμένα.
Υπ.υπ. Συμπληρώστε αυτή την κάρτα παραμονής και υπογράψτε εδώ παρακαλώ.

Τουρίστρια Ορίστε!
Υπ.υπ. Το δωμάτιο σας είναι το 622 στον έκτο όροφο. Ελάτε να σας πάω. Ο γκρουμ θα σας βοηθήσει με τις βαλίτσες.

Λέξεις και εκφράσεις

η ρεσεψιόν *reception desk* (f)	η αυλή *courtyard* (f)
ο/η υπάλληλος υποδοχής (Υπ.υπ) *receptionist* (m/f)	συμπληρώστε *fill out*
μονόκλινο *single room*	η κάρτα παραμονής *registration card*
δίκλινο *double room*	υπογράψτε *sign*
φαρδύς, -ιά, -ύ *wide*	στον έκτο όροφο *on the sixth floor*
που βλέπει *facing* (lit. that faces/sees)	Ελάτε να σας πάω *I'll take you there* (lit. I'll go you there)
εσωτερικός, -ή, -ό *inner, inside*	ο γκρουμ *bell boy* (m) *(porter)*
	η τουρίστρια *tourist* (f)

3 Έχω κάνει κράτηση / I have made a reservation

Tim and Mary have made a reservation with a central hotel in Thessaloniki. They have just arrived at the hotel.

Tim Καλημέρα σας. Ονομάζομαι Tim Johnson και έχω κάνει κράτηση για τέσσερις ημέρες.
Ρεσεψιονίστας Καλώς ορίσατε κύριε Johnson. Παρακαλώ μπορείτε να συμπληρώσετε την κάρτα παραμονής; Γράψτε τ'όνομά σας, τη διεύθυνση σας και τον αριθμό διαβατηρίου.
Tim Ευχαρίστως. Μπορώ να έχω ένα στυλό;
Ρεσεψιονίστας Ορίστε.
... Σε λίγο ...
Ρεσεψιονίστας Έχετε κάνει κράτηση για ένα δίκλινο. Θέλετε να έχει θέα ή ησυχία;
Mary Είμαστε πολύ κουρασμένοι. Θα προτιμούσαμε ένα δωμάτιο με ησυχία.
Ρεσεψιονίστας OK! Το δωμάτιο σας είναι το 325 στον 3ο (τρίτο) όροφο. Μόλις βγείτε από το ασανσέρ δεξιά. Ορίστε το κλειδί σας και καλή διαμονή!
Mary Ευχαριστούμε, αλλά πού είναι το ασανσέρ;
Ρεσεψιονίστας Συγγνώμη, στο τέλος του διαδρόμου.

Λέξεις και εκφράσεις

ονομάζομαι *my name is (lit. I am called/named)*	**θα προτιμούσαμε** *we would like / prefer*
η κράτηση *reservation* (f)	**μόλις βγείτε από το ασανσέρ** *just as you come out/ step out the lift*
έχω κάνει κράτηση *I have made a reservation*	**το κλειδί** *key* (n)
καλώς ορίσατε! *welcome!*	**καλή διαμονή!** *(have) a good stay!*
γράψτε *write down*	**στο τέλος του διαδρόμου** *at the end of the corridor*
η διεύθυνση *address* (f)	**το τέλος** *end* (n)
ο αριθμός *number* (m)	**ο διάδρομος** *corridor* (m)
το διαβατήριο *passport* (n)	**ο ρεσεψιονίστας** *receptionist* (m)
ο στυλός *pen* (m)	
ευχαρίστως *gladly*	

4 Ώπα! Λείπει η κουρτίνα του μπάνιου! / Oops! The shower curtain is missing!

Mary has called reception to complain about there being no shower curtain. Listen and read a very interesting exchange (more cultural than linguistic . . .).

Ρεσεψιονίστας	Ναι!
Mary	Ναι, είμαι η Mary Johnson από το δωμάτιο 325. Το μπάνιο δεν έχει κουρτίνα . . .
Ρεσεψιονίστας	Μα . . . κανένα μπάνιο δεν έχει κουρτίνα . . .
Mary	Και πώς θα κάνω ντουζ;
Ρεσεψιονίστας	Χωρίς κουρτίνα κα Johnson!(?)
Mary	Χωρίς κουρτίνα; Μα τα νερά;
Ρεσεψιονίστας	Μην στεναχωριέστε καθόλου! Τα νερά φεύγουν σ'ένα λεπτό. Το μπάνιο στεγνώνει γρήγορα-γρήγορα!
Mary	Eh ??? (Απορρημένη κλείνει το τηλέφωνο).

Λέξεις και εκφράσεις

ναι! *hello* (on the phone)	**μα . . . κανένα μπάνιο δεν έχει κουρτίνα** *but . . . none of the bathrooms has a curtain*
το μπάνιο *bathroom/bathtub* (n)	
η κουρτίνα *curtain* (f)	
το ντουζ *shower* (n)	**κάνω ντουζ** *take a shower*

μα τα νερά; *but the water? How about the water?* (lit *the waters*)	**γρήγορα** *fast*
το νερό *water* (n)	**γρήγορα-γρήγορα** *extremely fast*
μη στεναχωριέστε καθόλου! *don't worry at all!*	**απορρημένος, -η, -ο** *confused*
στεναχωριέμαι *I worry*	**κλείνει το τηλέφωνο** *she hangs up (the phone)* (lit. *she closes the phone*)
στεγνώνω *I dry up*	**το τηλέφωνο** *telephone* (n)

—— Χρήσιμα γλωσσικά σημεία ——

ΣΤΗ ΡΕΣΕΨΙΟΝ ΤΟΥ ΞΕΝΟΔΟΧΕΙΟ / AT THE HOTEL RECEPTION DESK

A tourist (**τουρίστας/τουρίστρια**), a visitor or a businessman could find all kinds of accommodation in Greece. Early reservation (**κράτηση**) and confirmation (**επιβεβαίωση**) is essential especially in summer.

Ξενοδοχείο (*hotel*) is listed in six categories by the Greek government. These are listed categories from A to E according to the level of comfort offered. **Μοτέλ** (*motel*): these are located along main motorways on the mainland. **Πανδοχείο** (*inn*), **Πανσιόν** (*boarding house*): these are both types of 'bed and breakfast' – good value, clean and safe accommodation. Students could look up **Ξενόνας Νεότητας** (*youth hostel* for men and women), or the **XAN** (*YMCA* for men only), or **XEN** (*YWCA* for women only).

In small towns and villages you will see signs saying **Ενοικιάζονται δωμάτια** (*rooms to let*), **Επιπλωμένα δωμάτια** (*furnished rooms*), **Επιπλωμένα διαμερίσματα** (*furnished apartments*) and **Μπάνγκαλοουζ** (*bungalows*) – all offer an inexpensive stay in Greece, but it's a good idea to check out the place before deciding to stay or not.

ΣΤΟΝ 3° (ΤΡΙΤΟ) ΟΡΟΦΟ / ON THE 3RD (THIRD) FLOOR

τρίτος (3ος) όροφος	*3rd floor*
δεύτερος (2ος) όροφος	*2nd floor*
πρώτος (1ος) όροφος	*1st floor*
το πατάρι/ο ημιόροφος	*mezzanine*
το ισόγειο	*ground floor*

το ημιυπόγειο	*between cellar and ground floor*
το υπόγειο	*cellar/basement*

Μένω στον τέταρτο (4°) όροφο.	*I live on the fourth floor.*
Αυτό είναι το ισόγειο.	*This is the ground floor.*
Το διαμέρισμα μου είναι	*My flat is in the basement/*
στο υπόγειο.	*cellar.*
Πολλά ζαχαροπλαστεία έχουν	*Many coffee shops have*
πατάρι/ημιόροφο.	*a mezzanine.*

USEFUL HOTEL VOCABULARY

ο γκρούμ *bellboy* (m) *(porter)*	**η σουίτα** *suite* (f)
η καμαριέρα *maid* (f)	**η τουαλέτα** *toilet* (f)
ο/η μάνατζερ *manager* (m + f)	**πρωινό κοντινένταλ** *continental*
ο/η σερβιτόρος *waiter* (m + f)	*breakfast*
(lit. servant)	**πρωινό αμέρικαν** *American*
	breakfast
το ασανσέρ *lift* (n)	**το σέρβις δωματίου** *room service*
το μπάνιο *bathroom* (n)	(n)
η μπανιέρα *bathtub* (f)	**ο τηλεφωνητής** *telephone*
η ρεσεψιόν *reception desk* (f)	*operator* (m)
το φουαγιέ *le foyer* (n)	**το τηλέφωνο** *telephone* (n)
το μπαρ *bar* (n)	**το μίνι-μπαρ** *mini-bar* (n)
το λόμπυ *lobby* (n)	**ο μπουφές** *buffet* (m)
το ντους *shower* (n)	**το ερ-κοντίσιον** *air-condition*
το μπαλκόνι *balcony* (n)	

ΕΝΑ ΔΙΚΛΙΝΟ ΓΙΑ ΣΗΜΕΡΑ ΤΟ ΒΡΑΔΥ ΜΟΝΟ / A DOUBLE BED FOR TONIGHT ONLY

δωμάτιο/-α	room/s	κρεββάτι/-α	bed/s
μονόκλινο	*one bed*	μονό	*single*
δίκλινο	*two beds*	διπλό	*double*
τρίκλινο	*three beds*	φαρδύ	*wide*
τετράκλινο	*four beds*		

So, you could ask:

Θα ήθελα . . .	*I'd like . . .*
Έχετε . . . ;	*Do you have . . . ?*

ένα μονό δωμάτιο	*a single room*
ένα διπλό δωμάτιο	*a double room*
δύο διπλά δωμάτια	*two double rooms*

You can also ask for:

ένα δωμάτιο με δύο κρεβάτια	*a room with two beds*
ένα μονόκλινο	*a single bed*
ένα δίκλινο	*twin beds*

You can also find out if the room is:

με μπάνιο	*with a bath*
με ντους	*with a shower*
με μπαλκόνι	*with a balcony*
με θέα	*with a view*
με τουαλέτα	*with a toilet*

It's nice sometimes to have a choice of position:

μπροστά/στην πρόσοψη	*at the front*
πίσω/στο πίσω μέρος	*at the back*
προς τη θάλασσα	*facing (towards) the sea*
προς την αυλή	*facing (towards) the courtyard*

The phrase **έχω κάνει κράτηση** (*I have made a reservation*) can be substituted by two more frequent phrases:

υπάρχει μία κράτηση στ'όνομα . . .	*there's a reservation in the name of . . .*
έχω κλείσει ένα δωμάτιο για . . .	*I have booked a room for . . .*

Για σήμερα το βράδυ (*for tonight*, lit. for today the night) is a Greek expression. Some other examples are:

σήμερα το πρωί	*this morning*
σήμερα το μεσημέρι	*this afternoon*
σήμερα το απόγευμα	*this evening*

If the speaker asks: **ένα μονό δωμάτιο για σήμερα το βράδυ μόνο**, the two words **μονό** and **μόνο** might confuse you in the same sentence. In English there wouldn't be any confusion because **μονό** is *single* and **μόνο** is *only*. This is one of the phonetic word pairs that you should learn; there are more at the back of the book. For the time being learn the three pairs provided on the next page.

μόνο	only	μονό	single
άλλα	other	αλλά	but
θέα	view	θεά	goddess

 —— **Γραμματικές παρατηρήσεις** ——

1 Το όνομα σας . . . / Your name . . .

In Unit 7 you met **με, σας** (non-subject personal pronouns) and now you're going to learn about 'my', 'your', 'their' – these are possessive pronouns. Note that these pronouns come **after** the noun they modify whereas in English they come **before** the noun.

μου	my	μας	our
σου	your	σας	your
του	his (m)	τους	their (m + f) (m)
της	her (f)	τους	their (f)
του	its (n)	τους	their (n)

Το όνομα μου.	*My name* [lit. the name my(!)]
Η διεύθυνση σου.	*Your address*
Το διαβατήριο του.	*His passport*
Το κλειδί σας.	*Your key*
Τα δωμάτια μας.	*Our rooms*

2 Όχι, δε μου αρέσει! / No, I don't like it!

The Greek verb **μου αρέσει** (*to like*) is quite tricky, but don't be discouraged: have a go at learning the conjugation of this verb. Learn also the contracted forms which are particularly frequent: **μ'αρέσει** for **μου αρέσει** and **σ'αρέσει** for **σου αρέσει**.

Group VI

μου αρέσει	I like
σου αρέσει	you like
του/της αρέσει	he/she likes
μας αρέσει	we like
σας αρέσει	you like
τους αρέσει	they like

Two of the very few other verbs that come close to this verb are **με λένε** (*my name is / I am called / I am named*) from Unit 1, and **με πειράζει** (*I mind / I am bothered*) see Unit 6. See more details on pages 265–7.

με πειράζει	I mind	με λένε	I am called
σε πειράζει	you mind	σε λένε	you are called
τον/την/το πειράζει	he/she/it minds	τον/την/το λένε	he/she/it is called
μας πειράζει	we mind	μας λένε	we are called
σας πειράζει	you mind	σας λένε	you are called
τους πειράζει	they mind	τους λένε	they are called

The verb **μ'αρέσει** (*like*) changes to **μου αρέσουν** or **μ'αρέσουν** and the verb **με πειράζει** to **με πειράζουν** when the noun following is *plural*. Notice the differences in these examples:

Μου αρέσει το ξενοδοχείο.	I like the hotel.
Μου αρέσουν τα ξενοδοχεία.	I like (the) hotels.
Σου αρέσει ο μουσακάς;	Do you like moussaka?
Δεν του αρέσουν οι σαλάτες!	He does not like salads!
Με πειράζει η πολλή ζέστη.	Much heat bothers me.
Ο Γιώργος και η Μαρία με πειράζουν.	George and Mary bother me.
Δε με πειράζει η κόκα κόλα.	I don't mind Coca Cola.

3 Μη στεναχωριέσαι καθόλου! / *Don't worry at all!*

There might be some verbs that you have already seen, but that you still can't conjugate. For example: **θυμάμαι** (*I remember*); **κοιμάμαι** (*I sleep*) – both from Unit 2: **σκέπτομαι** (*I think*) – from Unit 7, and, in this unit **στεναχωριέμαι** (*I worry*) and **ονομάζομαι** (*I am named/my* *name is*). These verbs are conjugated differently from the verb-groups you have seen so far. The four frequent endings of this group are **-αμαι**, **-εμαι, -ομαι** and **-ουμαι**. Here are their full conjugations:

Group V

θυμάμαι	or	θυμούμαι	I remember
θυμάσαι		θυμάσαι	you remember
θυμάται		θυμάται	he/she/it remembers
θυμόμαστε		θυμούμαστε	we remember
θυμόσαστε		θυμάστε	you remember
θυμούνται		θυμούνται	they remember

στεναχωριέμαι	I worry
στεναχωριέσαι	you worry
στεναχωριέται	he/she/it worries
στεναχωριόμαστε	we worry
στεναχωριέστε	you worry
στεναχωριούνται	they worry

σκέπτομαι	I think
σκέπτεσαι	you think
σκέπτεται	he/she/it thinks
σκεπτόμαστε	we think
σκέπτεστε	you think
σκέπτονται	they think

More details on pages 262–4.

◩ — Η πρακτική μας κάνει καλύτερους —

1 The following are situations you are likely to encounter in Greece.

(*a*) Find out if a room is available.

(*b*) Specify what kind of bed you want: single / double?

(*c*) Ask if the hotel has a single room for four nights.

(*d*) Say you want a double room with a shower / bath, quiet / sea view.

(*e*) Ask the price of the room.

(*f*) Tell the receptionist that you have made a reservation.

(*g*) You don't like the room they have given you. How would you say: 'I don't like the room. It is not quiet and it does not have a view'.

2 Match each question with the most appropriate answer.

(*a*) Ψάχνετε για δωμάτια;

(*b*) Έχετε κάνει κράτηση;

(c) Θέλετε να έχει θέα ή ησυχία;
(d) Αυτή είναι η βαλίτσα σας;

  (i) Θα προτιμούσαμε να έχει ησυχία.
 (ii) Ναι. Ορίστε η επιβεβαίωση.
(iii) Ναι. Έχετε δωμάτια;
(iv) Ναι αυτή είναι.

3 Rearrange these lines to make up a dialogue.

(a) Θέλω ένα μεγάλο δωμάτιο με ωραία θέα. Έχετε;
(b) Για πόσες μέρες το θέλετε;
(c) Δεν ξέρω. Σας πειράζει;
(d) Έχετε δωμάτια για ενοικίαση;
(e) Όχι! Θέλετε μικρό ή μεγάλο;
(f) Νομίζω ναι! Ελάτε απ'εδώ!

4 Complete the dialogue using the information in italics.

You   (a) *Hello! My name is Joanna Wilke. I have booked a room for two nights.*

Ρεσεψιόν Καλώς ορίσατε κυρία Wilke. Συμπληρώστε την κάρτα παραμονής σας παρακαλώ. Μπορώ να έχω το διαβατήριο σας;

You   (b) *Here you are! Can I have a pen, please?*

Ρεσεψιόν Ευχαρίστως . . . Θέλετε το δωμάτιο να βλέπει προς το δρόμο ή στο πίσω μέρος;

You   (c) *I don't mind. I am very tired and I would like to sleep right away.*

Ρεσεψιόν Το δωμάτιο σας είναι το 805. Στον όγδοο όροφο.
You   (d) *Where's the lift?*

5 Ίδιο ή διαφορετικό; / Similar or different? Match the list on the left with the list on the right.

(a) μικρό		(i)	*card*
(b) ρεσεψιόν		(ii)	*esoteric (inner – inside)*
(c) τουρίστρια		(iii)	*curtain*
(d) κάρτα		(iv)	*suite*
(e) κεντρικό		(v)	*micro (-economy, -waves)*
(f) εσωτερική		(vi)	*telephone*
(g) κουρτίνα		(vii)	*tourist*
(h) τηλέφωνο		(viii)	*service*
(i) σουίτα		(ix)	*reception*
(j) σέρβις		(x)	*central*

6 Puzzle – Can you recognise some words you have already learned? You can find the words by reading the letter-squares horizontally or vertically. Good luck!

A	Θ	E	Σ	H	T	E	X	E	I
Ξ	E	N	O	Δ	O	X	E	I	O
A	A	T	Y	Ω	M	E	P	E	Σ
P	Θ	A	Π	P	O	T	I	M	Ω
E	A	Ξ	A	A	N	E	P	O	Y
Σ	K	E	Π	T	O	N	T	A	I
Ω	X	I	A	N	A	M	O	N	H

7 Spelling and pronunciation – Listen to the following list of words on your cassette and write each one below its corresponding sound. If you don't have the cassette, use the words in the box below.

/af/   /ef/   /ev/

_____   _____   _____

_____   _____   _____

_____   _____   _____

αποσκευή	γεύμα	γράφω	εύκολο
ευχαριστώ	αυτός	καφές	φεύγω ευθεία

8 Listen to dialogue 4 in this unit again and fill in the missing words. If you don't have the cassette try to fill in the gaps from the words provided in the box on the next page.

Ρεσεψιονίστας   Ναι!

Mary   Ναι, είμαι η Mary Johnson από το (a) _____ 325. Το (b) _____ δεν έχει (c) _____.

Ρεσεψιονίστας   Μα . . . (d) _____ μπάνιο δεν έχει (c) _____.

Mary	Και πώς θα (e) _____ ντους;
Ρεσεψιονίστας	Χωρίς (c) _____ κυρία Johnson!(?)
Mary	Χωρίς (c) _____; Μα τα (f) _____;
Ρεσεψιονίστας	(g) _____ στεναχωριέστε καθόλου! Τα (f) _____ φεύγουν σ'ένα λεπτό. Το μπάνιο (h) _____ γρήγορα-γρήγορα!
Mary	Eh ??? (Απορρημένη κλείνει το τηλέφωνο.)

κάνω	δωμάτιο	κουρτίνα	μπάνιο
κανένα	στεγνώνει	νερά	μη

9 Listen to a receptionist assigning different rooms. Number them 1–10 in the order you hear them. If you don't have the cassette study these numbers in Unit 5.

Το δωμάτιο σας είναι το . . .

	325		747
	421		780
	480		821
	554		825
	557		954

———————— **Λίγο ακόμα!** ————————

Overleaf is an advertisement for **Ξενοδοχείο Φιλιππείον** (*Philips Hotel*) in Thessaloniki. Read about the facilities and the services they offer and then answer the true or false questions in exercise 10 (page 127).

Λέξεις και εκφράσεις

ειδικός /-ή /-ό *special*	**ο Μάρτιος** *March* (m)
η προσφορά *offer* (n)	**η διανυκτέρευση** *(staying)*
3ήμερο *3-day*	*overnight* (f)

HOTEL «ΦΙΛΙΠΠΕΙΟΝ»

στη Θεσσαλονίκη

Τιμές για όλο το χρόνο
(εκτος περιόδου ΔΕΘ)

μονόκλινο
17.500
με πρωινο. buffet

δίκλινο
18.950
με πρωινο. buffet

Στις τιμές συμπεριλαμβανονται ο ΦΠΑ, ο Δημοτικος φορος. χωρις επιπλεον επιβαρύνσεις

◆ Ανακαινισμένα κλιματιζόμενα δωμάτια με mini bar και TV color
◆ Προεδρική σουΐτα 140 τ.μ.
◆ Γραμματειακή υποστήριξη
◆ Αίθουσες Συνεδρίων,Σεμιναρίων με πλήρη κάλυψη
◆ Καφετερία θερινή & χειμερινή
◆ Εστιατόριο με συνεχή λειτουργία. Ζωντανή μουσική κάθε βράδυ το χειμώνα
◆ Αίθουσες εκδηλώσεων
◆ Music Hall θερινό 1000 ατόμων
◆ Music Hall χειμερινό 700 ατόμων
◆ Θερινό Μπάρμπεκιου 300 ατόμων
◆ Φυλασσόμενο Parking
◆ Δωρεάν μετακινήσεις απο & πρός το κέντρο της πόλης με λεωφορείο του Ξενοδοχείου
◆ Εκπτωτική κάρτα με έκπτωση15% στο εστιατόριο & 20% στην καφετερία

ΕΙΔΙΚΗ ΠΡΟΣΦΟΡΑ
για το 3ημερο 25ης Μαρτιου στις τρεις διανυκτερευσεις πληρωνονται οι δυο. με πρωινο και ενα γευμα.

ΓΙΑ ΚΡΑΤΗΣΕΙΣ μέχρι 10/3

ΤΗΛ. (031) 203.320 (20 γραμμές)
FAX. (031) 218.528, 248.504

στις τρεις διανυκτερεύσεις πληρώνονται οι δύο *you stay for three nights you pay for two* (lit. *in three overnights, two are charged (paid)*)	**η αίθουσα** *room/hall* (f)
η τιμή *price* (f)	**αίθουσες συνεδρίων** *conference halls*
ο χρόνος *year* (m)	**το σεμινάριο** *seminar* (n)
για όλο το χρόνο *throughout the year*	**το μπάρμπεκιου** *barbecue* (n)
ανακαινισμένος/-η/-ο *renovated*	**το άτομο** *person* (n)
κλιματιζόμενος/-η/-ο *air conditioned*	**300 άτομα** *300 people, persons*
το συνέδριο *conference* (n)	**φυλασσόμενος/-η/-ο** *guarded*
	δωρεάν *free*
	η μετακίνηση *transport* (f)
	εκπτωτικός/-ή/-ό *discount(ed)*
	εκπτωτική κάρτα *discount card*
	η γραμμή *line* (f)

10 Σωστό (✓) ή λάθος (✗); / True or false? Mark (T) for true and (F) for false.

(*a*) Το μονόκλινο κάνει 17.500 δρχ.

(*b*) Το δίκλινο κάνει 18.950 δρχ.

(*c*) Η τιμή είναι με πρωινό.

(*d*) Η ειδική προσφορά είναι για τρεις διανυκτερεύσεις.

(*e*) Το ξενοδοχείο έχει δέκα (10) τηλεφωνικές γραμμές.

(*f*) Δεν έχει αίθουσες συνεδρίων ή σεμιναρίων.

(*g*) Το ξενοδοχείο έχει εκπτωτική κάρτα.

(*h*) Για κρατήσεις στο (031) 218.528.

——— Πέρα από τη γλώσσα! ———

GREECE COMPARED WITH THE EUROPEAN UNION

The table overleaf compares Greece (**Ελλάδα**) with the European Union (**Ευρωπαική Ένωση**) on several aspects: Greece has 69 road accidents compared with 26 in the EU per 100,000 vehicles; 0.5 telephone breakdowns per year compared to 0.2 in the EU per year, and 5.1 hospital beds compared to 7.8 in the EU per 1,000 patients.

Other issues studied concern digital telecommunications, water supply, sewage system, infant mortality, employment, expenditure on education, higher education, industry, expenditure on research and development.

Η σύγκριση με την Ευρωπαϊκή Ένωση

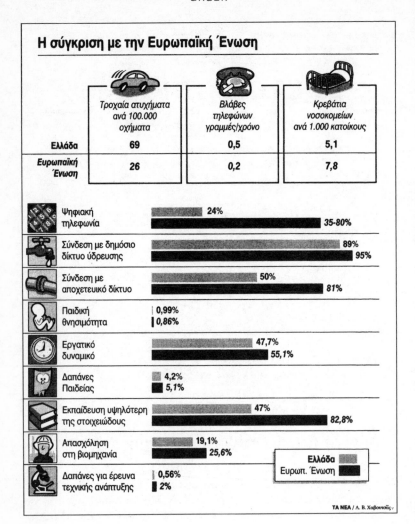

	Τροχαία ατυχήματα ανά 100.000 οχήματα	Βλάβες τηλεφώνων γραμμές/χρόνο	Κρεβάτια νοσοκομείων ανά 1.000 κατοίκους
Ελλάδα	69	0,5	5,1
Ευρωπαϊκή Ένωση	26	0,2	7,8

Ψηφιακή τηλεφωνία — 24% — 35-80%

Σύνδεση με δημόσιο δίκτυο ύδρευσης — 89% — 95%

Σύνδεση με αποχετευτικό δίκτυο — 50% — 81%

Παιδική θνησιμότητα — 0,99% — 0,86%

Εργατικό δυναμικό — 47,7% — 55,1%

Δαπάνες Παιδείας — 4,2% — 5,1%

Εκπαίδευση υψηλότερη της στοιχειώδους — 47% — 82,8%

Απασχόληση στη βιομηχανία — 19,1% — 25,6%

Δαπάνες για έρευνα τεχνικής ανάπτυξης — 0,56% — 2%

Ελλάδα
Ευρωπ. Ένωση

ΤΑ ΝΕΑ / Λ. Β. Χαβουτσᾶς ν

9

ΘΕΛΕΤΕ ΤΙΠΟΤΑ;

How can I help you?

In this unit you will learn how to

● buy things
● enquire about prices
● state preferences
● name fruit and vegetables
● name clothes

Διάλογοι

1 Θα πάμε στο Μινιόν / We will go to Minion

Mary is planning to visit a department store and a colleague of hers decides to join her.

Mary   Χρειάζομαι να κάνω μερικά ψώνια. Θα ήθελα να αγοράσω ένα φόρεμα και μερικά καλλυντικά για μένα κι'ένα πουκάμισο για τον Tim.

Ιωάννα Θέλεις παρέα;

Mary   Θα είναι καλύτερα για μένα αν είσαι μαζί μου. Χρειάζεσαι να αγοράσεις τίποτα;

Ιωάννα Πάντα θέλω! Ίσως δω καμιά καινούργια κρέμα προσώπου και καμιά κολώνια. Η κρέμα μου θα τελειώσει σύντομα.

Mary Πού λες να πάμε;

Ιωάννα Θα πάμε στο Μινιόν. Είναι ένα ωραίο πολυκατάστημα και είναι πολύ κοντά από'δώ.

Mary Ωραία, πάμε!

Ιωάννα Άντε, πάμε!

Λέξεις και εκφράσεις

χρειάζομαι *I need*	**το πρόσωπο** *face* (n)
τα ψώνια *shopping* (pl.)	**η κολώνια** *cologne/perfume* (f)
θα ήθελα *I would like*	**η κρέμα μου θα τελειώσει σύντομα**
το φόρεμα *dress* (n)	*my cream will be running out*
τα καλλυντικά *cosmetics* (pl.)	*shortly*
το πουκάμισο *shirt* (n)	**τελειώνω** *I complete/I end/I run out*
η παρέα *company* (f)	**σύντομα** *shortly/soon*
θέλεις παρέα; *do you want*	**πού λες να πάμε;** *where are you*
company?	*thinking of our going? (lit. where*
καλύτερος/-η/-ο *better*	*are you saying we go?)*
μαζί μου *with me*	**το πολυκατάστημα** *department*
μαζί *together*	*store*
ίσως *perhaps*	**πάμε!** *(let's) go!*
καινούργιος/-α/-ο *new*	**άντε, πάμε!** *OK, let's get going!*
η κρέμα *cream* (f)	

2 Σε ποιον όροφο είναι τα ανδρικά πουκάμισα; / On what floor are the men's shirts?

Ιωάννα Συγγνώμη, σε ποιον όροφο είναι τα ανδρικά πουκάμισα;

Πωλητής Στον τέταρτο, στο τμήμα ανδρικών.

Ιωάννα Mary έλα να πάρουμε το ασανσέρ.

Mary Εγώ θα ανέβω από τις σκάλες. Τα ασανσέρ είναι πολύ μικρά και έχω κλειστοφοβία!

Ιωάννα Εντάξει, πάμε από τις σκάλες. Το Μινιόν έχει κυλιόμενες σκάλες. Τι λες;

Mary Εντάξει.
. . . Σε λίγο . . .

Mary Εδώ είμαστε, φτάσαμε!

Ιωάννα Ναι. Θα ρωτήσω τον πωλητή για ανδρικά πουκάμισα. Συγγνώμη, πού είναι τα ανδρικά πουκάμισα;

Πωλητής	Στο βάθος.
Ιωάννα	Θα βρούμε μεγάλη ποικιλία εδώ. Είμαι σίγουρη. Κοίτα!
Mary	Α, είναι ωραίο αλλά σκούρο. Λίγο πιο ανοικτό.
Ιωάννα	Τι χρώματα φοράει ο Tim;
Mary	Συνήθως ανοιχτά και μονόχρωμα, άσπρο, σιέλ, κίτρινο και καμιά φορά καφέ. Εμένα μου αρέσουν τα ριγέ πουκάμισα αλλά δεν του αρέσουν καθόλου.
Ιωάννα	Τι μέγεθος φοράει;
Mary	Μεσαίο ή το 36 νούμερο.
Ιωάννα	Νά ένα ωραίο. Σ'αρέσει;

Λέξεις και εκφράσεις

ανδρικός/-ή/-ό (something) for men, men's	**κοίτα** look!
το τμήμα section (n)	**κοιτάζω** I look
στο τμήμα ανδρικών at the men's section	**σκούρος/-α/-ο** dark
ανεβαίνω I go up	**ανοικτός/-ή/-ό** light
η σκάλα staircase (f)	**το χρώμα** colour (n)
η κλειστοφοβία claustrophobia (f)	**φοράω(ώ)** I wear
κυλιόμενες σκάλες escalators	**το μονόχρωμο** single colour
κυλιόμενος/-η/-ο rolling, on rollers	**άσπρο** white
τι λες; how about it?	**σιέλ** sky blue
βρίσκω I find	**κίτρινο** yellow
η ποικιλία selection (f)	**καφέ** brown
σίγουρος/-η/-ο sure	**ριγέ** striped
είμαι σίγουρη I'm sure	**το μέγεθος** size (n)
	μεσαίο medium
	το νούμερο number, size (n)

3 Φρούτα ή λαχανικά; / *Fruit or vegetables?*

Tim and Mary buy their fruit, vegetables and flowers in the **λαϊκή αγορά** (*market*) that takes place close to their hotel on Tuesdays. Ιωάννα, Mary's colleague, is visiting them this morning.

Tim	Θα πάμε στη λαϊκή σήμερα;
Mary	Και βέβαια θα πάμε. Είναι Τρίτη σήμερα! Τι θα φάμε αν δεν πάμε;
Ιωάννα	Πω, πω! Μιλάς σαν Ελληνίδα νοικοκυρά! Έχετε λαϊκή αγορά στην Αγγλία;

Mary	Όχι ακριβώς το ίδιο, αλλά κάτι παρόμοιο. Θα φύγουμε τέλος πάντων; . . . Σε λίγο . . .
Πωλητής	Όλα τα κόβω, όλα τα μαχαιρώνω!
Tim	Τι λέει αυτός;
Ιωάννα	Μη σε νοιάζει. Θα πάρετε μήλα;
Mary	Όχι από εδώ. Πιο κάτω είναι πιο φτηνά και πιο καλά. Θα πάρουμε μήλα και πορτοκάλια από τον κυρ Κώστα.
Κυρ Κώστας	Καλημέρα στους ξένους μας!
Tim	Καλημέρα, κυρ Κώστα. Δεν έχετε μεγαλύτερα μήλα σήμερα;
Κυρ Κώστας	Δεν έχω μεγαλύτερα, αλλά είναι Τριπόλεως και είναι νοστιμότατα. Και τα πορτοκάλια, μέρλι που λένε, μέρλι!
Mary	Εντάξει. Δώστε μας ένα κιλό μήλα και δύο κιλά πορτοκάλια. Πόσο είναι;
Κυρ Κώστας	Οκτακόσιες πενήντα (850) δραχμές.
Mary	Ποιος έχει καλά μαρούλια και χόρτα κυρ Κώστα;
Κυρ Κώστας	Εδώ δίπλα μου.

Λέξεις και εκφράσεις

η αγορά   *market* (f)
λαϊκή αγορά   *fruit, vegetable, and flower market* (lit. *popular market*)
η Τρίτη   *Tuesday*
θα πάμε   *we will go*
θα φάμε   *we will eat*
η νοικοκυρά   *housewife* (f)
παρόμοιος/-α/-ο   *similar*
τέλος πάντων   *at last, anyhow*
κόβω   *I cut*
μαχαιρώνω   *I knife/stab*
όλα τα κόβω, όλα τα μαχαιρώνω   common expression of farmers meaning that their produce is of such a good quality that they are willing to cut it in pieces to let you try it

λέω   *I say*
μη σε νοιάζει   *never mind*
το μήλο   *apple* (n)
πιο κάτω   *further down*
το πορτοκάλι   *orange* (n)
κυρ   *Mr*
ο ξένος   *foreigner* (n)
μεγαλύτερος/-η/-ο   *larger*
η Τρίπολη   *Tripolis* (Greek town)
νόστιμος/-η/-ο   *delicious*
μέρλι   *extremely sweet*
που λένε   *as they say, as the rumour goes*
το κιλό   *kilo* (n)
το μαρούλι   *lettuce* (n)
χόρτα   *greens*
δίπλα μου   *next to me*

—— **Χρήσιμα γλωσσικά σημεία** ——

ΣΤΟ ΠΟΛΥΚΑΤΑΣΤΗΜΑ / AT THE DEPARTMENT STORE

Πολυκατάστημα is a compound word: **πολύ** (*many, several*) and **κατάστημα** (*store*) i.e. a *multiple store*, many stores under one roof. Here's some more important vocabulary.

χαρτοφύλακας (ο)	*briefcase*	**πουλόβερ (το)**	*sweater*
		κουστούμι (το)	*suit*
		παλτό (το)	*coat*
λάμπα (η)	*lamp*	**ψάρι (το)**	*fish*
ομπρέλα (η)	*umbrella*	**κρέας (το)**	*meat*
τσάντα (η)	*bag*	**ψυγείο (το)**	*refrigerator*
φωτογραφική μηχανή (η)	*camera*		
φούστα (η)	*skirt*		
κάλτσα (η)	*sock*	**γάντια (τα)**	*gloves*
γραβάτα (η)	*tie*	**χρυσαφικά (τα)**	*jewellery*
βαλίτσα (η)	*suitcase*	**αθλητικά (τα)**	*sporting goods*
		εσώρουχα (τα)	*underwear*
		γλυκά (τα)	*sweets*
βιβλίο (το)	*book*	**φρούτα (τα)**	*fruit*
ράδιο (το)	*radio*	**λαχανικά (τα)**	*vegetables*
ρολόι (το)	*watch, clock*		

ΑΝΟΙΚΤΑ ΚΑΙ ΜΟΝΟΧΡΩΜΑ / LIGHT AND SINGLE-COLOURED

Colours can be distinguished as **ανοικτά χρώματα** (*light colours*) or **σκούρα χρώματα** (*dark colours*). All objects could be:

μονόχρωμος/-η/-ο	*one-colour(ed)*
δίχρωμος/-η/-ο	*two-colour(ed)*
τρίχρωμος/-η/-ο	*three-colour(ed)*
τετράχρωμος/-η/-ο	*four-colour(ed)*
πολύχρωμος/-η/-ο	*multi-colour(ed)*

The printed designs usually are:

ριγέ (*striped*)   καρό (*checked*)   πουά (*spotted/dotted*)
εμπριμέ (*print*)   λουλουδάτο (*flowery/floral*)

The basic colours that most of us know are:

άσπρο *white*	**πράσινο** *green*
μαύρο *black*	**μπλέ** *blue*
κίτρινο *yellow*	**καφέ** *brown*
κόκκινο *red*	**γκρίζο** *grey*
ασπρόμαυρο (άσπρο-μαύρο) *black and white*	

For further colour references these might be useful:

ο ουρανός *sky*	**θαλασσής/-ή/-ί** *sea blue*
ουρανής/-ή/-ί *sky blue*	**το τριαντάφυλλο** *rose*
ο καφές *coffee*	**τριανταφυλλής/-ή/-ί** *pink*
καφετής/-ή/-ί *coffee brown*	**το λάχανο** *cabbage*
η μουστάρδα *mustard*	**λαχανής/-ή/-ί** *cabbage green*
μουσταρδής/-ή/-ί *mustard yellow*	**το βύσσινο** *morello, cherry*
η σοκολάτα *chocolate*	**βυσσινής/-ή/-ί** *burgundy*
σοκολατής/-ή/-ί *chocolate brown*	**το κεραμίδι** *tile*
η κανέλα *cinnamon*	**κεραμιδής/-ή/-ί** *brick red*
κανελής/-ή/-ί *cinnamon*	**το πορτοκάλι** *orange*
η στάχτη *ash*	**πορτοκαλής/-ή/-ί** *orange*
σταχτής/-ή/-ί *ash grey*	**το κυπαρίσσι** *cypress*
η θάλασσα *sea*	**κυπαρισσής/-ή/-ί** *cypress green*

A good way of learning all the colours vocabulary is to use crayons or paints and label the colours in Greek. It's amazing how quickly you can memorise words in this way.

ΣΤΗ ΛΑΪΚΗ ΑΓΟΡΑ / AT THE MARKET

There are fresh produce markets all over Greece – in the cities and the villages alike – selling vegetables (**λαχανικά**) and fruit (**φρούτα**), flowers, clothes, dishes and craft items. Some important vocabulary here is:

ΦΡΟΥΤΑ / FRUIT		**ΛΑΧΑΝΙΚΑ / VEGETABLES**	
το μήλο	*apple*	**το καρότο**	*carrot*
το πορτοκάλι	*orange*	**το σέλινο**	*celery*
το σταφύλι	*grape*	**το μαρούλι**	*lettuce*
το καρπούζι	*water melon*	**το λάχανο**	*cabbage*
το πεπόνι	*yellow melon*	**το κουνουπίδι**	*cauliflower*
το ροδάκινο	*peach*	**το καλαμπόκι**	*corn*
το κεράσι	*cherry*	**το κολοκυθάκι**	*courgette*
η μπανάνα	*banana*	**η πατάτα**	*potato*
η φράουλα	*strawberry*	**η ντομάτα**	*tomato*
η καρύδα	*coconut*	**η μελιτζάνα**	*aubergine, eggplant*
ο χουρμάς	*date*	**ο αρακάς**	*pea*
ο ανανάς	*pineapple*	**ο μαϊντανός**	*parsley*
ο γιαρμάς	*(kind of) peach*	**ο άνιθος**	*dill*

ΕΙΝΑΙ ΤΡΙΤΗ ΣΗΜΕΡΑ! / IT'S TUESDAY TODAY!

The days of the week are:

η Κυριακή	*Sunday*	**η Πέμπτη**	*Thursday*
η Δευτέρα	*Monday*	**η Παρασκευή**	*Friday*
η Τρίτη	*Tuesday*	**το Σάββατο**	*Saturday*
η Τετάρτη	*Wednesday*		

These are all feminine nouns except Saturday which is neuter. You have probably realised the association between **δεύτερος/-η/-ο** (*second*) and **Δευτέρα** (*Monday*) – the second day of the week. Likewise, **Τρίτη** (*third day of the week*), **Τετάρτη** (*fourth day of the week*), **Πέμπτη** (*fifth day of the week*).

Παρασκεύη comes from **παρασκευάζω** (*to prepare*, in a religious context), **Σάββατο** from Sabbath and **Κυριακή** (*day of the Lord*, *day of rest*).

The expressions *on Sunday*, *on Monday* and so on, and the plurals on Sundays, on Mondays etc. become:

την Κυριακή	and τις Κυριακές
την Δευτέρα	τις Δευτέρες
την Τρίτη	τις Τρίτες
την Τετάρτη	τις Τετάρτες
την Πέμπτη	τις Πέμπτες
την Παρασκευή	τις Παρασκευές
το Σάββατο	τα Σάββατα

Most shops are usually open (**ανοικτά/ανοιχτά**)

from 9.00–15.00 τις Δευτέρες, Τετάρτες και Σάββατα,
from 9.00–13.30 and 17.30–20.30 τις Τρίτες, Πέμπτες
and Παρασκευές. (Δευτέρες: Mondays, Τρίτες: Tuesdays, etc.)

Shops are closed (**κλειστά**) **τις Κυριακές**.

Usually shops are open all day, from 9.00 am to 10.00 pm, all week long, including Sundays in the resorts during summer.

🔲 ——— Γραμματικές παρατηρήσεις ———

1 Θα πάρουμε μήλα / *We will buy apples*

You have encountered **θα** (*will*) in the previous units. **Θα** is the marker introducing you to a future action, such as *will eat*, *will go*, *will drive*. Greek verbs can be listed in two categories: those that do change and those that don't for the future tense. Look at the verbs below:

No change			
κάνω	*I do*	θα κάνω	*I will do*
ξέρω	*I know*	θα ξέρω	*I will know*
οφείλω	*I owe*	θα οφείλω	*I will owe*

Verbs that *do* change

τελειώνω	*I finish*	θα τελειώσω	*I will finish*
πηγαίνω	*I go*	θα πάω	*I will go*
βλέπω	*I see*	θα δω	*I will see*
ανεβαίνω	*I go up*	θα ανεβώ/ανέβω	*I will go up*
ρωτάω	*I ask*	θα ρωτήσω	*I will ask*
τρώω	*I eat*	θα φάω	*I will eat*
φεύγω	*I leave*	θα φύγω	*I will leave*
παίρνω	*I take*	θα πάρω	*I will take*

In the second list you'll notice that certain verbs change their form completely. **Βλέπω** becomes **θα δω** and **τρώω** becomes **θα φάω**. These are irregular verbs which have new forms for certain tenses. It's best to learn the new verb forms when they first appear in a dialogue. There is a useful list of Greek verbs at the back of the book.

Here are the future conjugations of two important verbs:

θα κάνω	*I will do*	θα πάρω	*I will take*
θα κάνεις	*you will do*	θα πάρεις	*you will take*
θα κάνει	*he/she/it will do*	θα πάρει	*he/she/it will take*
θα κάνουμε	*we will do*	θα πάρουμε	*we will take*
θα κάνετε	*you will do*	θα πάρετε	*you will take*
θα κάνουν	*they will do*	θα πάρουν	*they will take*

2 Πιο κάτω είναι πιο φτηνά και πιο καλά / *Further down they are cheaper and better*

You have already seen several adjectives. Now have a look at the comparatives.

καλύτερο	*better*	πιο ήσυχο	*quieter*
μεγαλύτερο	*larger*	πιο καλά	*better*
πιο ακριβό	*more expensive*	πιο ανοικτό	*lighter*
πιο κάτω	*further down*	πιο φτηνά	*cheaper*
νοστιμότατα	*most delicious*		

Remember that adjectives have three forms for masculine, feminine and neuter, as well as more than one form for singular or plural. There is a helpful list of adjectives with the different endings at the back of the book.

For now learn the word **πιο** (*more*) with certain adjectives and the ending *-er* with other adjectives:

| πιο ακριβό! | *more expensive* |
| πιο φτηνό | *cheaper* |

Another important word in comparisons is **από** usually meaning *from* but here meaning *than*. Certain adjectives have two comparative or superlative forms – something that does not exist in English. Note the following examples:

μεγάλος/-η/-ο (*large/big*) ⟨ μεγαλύτερος/-η/-ο (*larger/bigger*)
πιο μεγάλος/-η/-ο (*larger/bigger*)

νόστιμος/-η/-ο (*delicious*) ⟨ νοστιμότερος/-η/-ο (*more delicious*)
πιο νόστιμος/-η/-ο (*more delicious*)

The definite articles **ο**, **η**, **το** and all other forms in singular or plural are necessary for the superlative form. Note the examples below:

Ο Γιώργος είναι **καλός**.	*George is good.*
Ο Γιώργος είναι **καλύτερος από** τον Γιάννη.	*George is better than John.*
Ο Γιώργος είναι πιο καλός από το Γιάννη.	*George is better than John.*
Ο Γιώργος είναι **ο καλύτερος**.	*George is the best.*
Η Μαρία είναι **χειρότερη από** την Ελισάβετ.	*Mary is worse than Elisabeth.*
Η Μαρία είναι **η χειρότερη**.	*Mary is the worst.*

The list at the back of the book will be useful when you are unsure about the degree of comparison of the adjective. Some of these are irregular too:

πολύς / πολλή / πολύ (*much*) → περισσότερος/-η/-ο (*more*) and κακός/-ή/-ό (*bad*) → χειρότερος/-η/-ο (*worse*).

3 Τα ασανσέρ είναι πολύ μικρά / *The lifts are very small*

Loan words have neither different forms for the genders or the cases (nominative, genitive or accusative), nor for singular and plural. All the loan words you have already met are neuter! More than 80 % of loan words are also neuter.

το μπαρ	*bar* (English)	**το ασανσέρ**	*lift* (French)
το σάντουϊτς	*sandwich* (English)	**το σινεμά**	*cinema* (French)
το χάμπουργκερ	*hamburger*	**το ζαμπόν**	*ham* (French)
το πουλόβερ	*sweater* (English)	**το γκαράζ**	*garage* (French)
κοντινένταλ	*continental*	**μινιόν**	*minion*

Here's a reminder of how these words conjugate:

the gentleman		*the seaside/beach*		*the lift/elevator*	
ο	τζέντλεμαν	η	πλαζ	το	ασανσέρ
του	τζέντλεμαν	της	πλαζ	του	ασανσέρ
τον	τζέντλεμαν	την	πλαζ	το	ασανσέρ
οι	τζέντλεμαν	οι	πλαζ	τα	ασανσέρ
των	τζέντλεμαν	των	πλαζ	των	ασανσέρ
τους	τζέντλεμαν	τις	πλαζ	τα	ασανσέρ

Many proper names such as **το Λίβερπουλ** (*Liverpool*), **το Λονδίνο** (*London*), **το Παρίσι** (*Paris*) and **το Μιλάνο** (*Milan*) don't have any other form.

☑ – Η πρακτική μας κάνει καλύτερους –

1 The following are situations you are likely to encounter in Greece,

   (*a*) A friend of yours is going shopping. Ask him if he wants your company.

   (*b*) How would you say: 'I need to do some shopping', 'I must do some shopping', or 'I want to do some shopping'?

   (*c*) How would you ask: 'Which floor is the men's/women's/children's (**ανδρικών/γυναικείων/παιδικών**) section/department?'

(d) Ask for: some cologne, face cream, a camera, a skirt, a shirt, a bag, a tie and an umbrella.

(e) You need to buy a skirt or shirt. How would you refer to one, two, three, or a multi-coloured skirt/shirt? How would you also specify the printed design if you want striped, checked or spotted?

(f) You are talking to a sales person. Say that you need something smaller, better and cheaper!

2 Below is a list of colours and items found in a department store, or at a fruit and vegetable market. Match each word with the most appropriate heading.

χαρτοφύλακας   γάντια   σέλινο   ουρανής

κίτρινο   λάχανο   λαχανής   βυσσινής

βύσσινο   φούστα   πορτοκάλι   παλτό

μαύρο   τσάντα   μελιτζάνα

ΧΡΩΜΑΤΑ   **ΠΟΛΥΚΑΤΑΣΤΗΜΑ**   **ΛΑΙΚΗ ΑΓΟΡΑ**

_____	_____	_____
_____	_____	_____
_____	_____	_____
_____	_____	_____
_____	_____	_____

3 Fill in the blanks. There are four colour tests below. Each colour counts for five points to a total of one hundred points (20 × 5 points). Study the colours again if you score less than 75 points!

TEST 1
Traffic lights

red = _____

orange = _____

green = _____

TEST 2
Wine colours

white = _____

red = _____

burgundy = _____

TEST 3
Psychological test: what's the colour of . . .

happiness = _____

health = _____

calmness = _____

energy = _____

TEST 4
The rainbow colours: list all seven colours.

TEST 5
Your extra points!

Do you see things in black and white?

black = _____

white = _____

Your two favourite colours . . .

4 Complete the dialogue using the information in italics.

Ιωάννα	Τι θέλετε παρακαλω;
You	(a) *Ask for one kilo of oranges and two kilos of apples.*
Ιωάννα	Τίποτα άλλο;
You	(b) *Ask if the watermelons are delicious.*
Ιωάννα	Νοστιμότατα! Μέρλι που λένε, μέρλι!
You	(c) *Ask for a small one, not more than five kilos.*
Ιωάννα	Ορίστε. Αυτά;
You	(d) *That's it for the time being. How much are they?*
Ιωάννα	Χίλιες οκτακόσιες. Όλα μαζί.
You	(e) Here you go! Two thousand.
Ιωάννα	Ορίστε τα ρέστα σας.
You	(f) Thanks. Goodbye!

5 Ίδιο ή διαφορετικό; / Similar or different? A friend has given you a list of groceries. Match the list on the left with the one on the right.

(a)	μουστάρδα	(i)	cherry
(b)	μπανάνα	(ii)	carrot
(c)	ανανάς	(iii)	tomato
(d)	καρότο	(iv)	celery
(e)	πατάτα	(v)	banana

(f) σέλινο	(vi) chocolate
(g) κεράσι	(vii) coffee
(h) σοκολάτα	(viii) mustard
(i) καφές	(ix) potato
(j) ντομάτα	(x) pineapple

6 **Spider's web** – Solve the clues from (a)–(f). All are seven-letter words that end in the centre circle. You are trying to find: one fruit, two floors/storeys and three colours. If you put them in the right order, one letter from each word reveals the colour 'green' which is another seven-letter word.

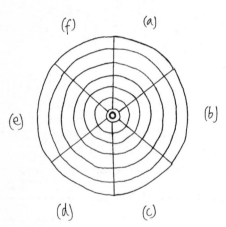

Your clues:

(a)	floor
(b)	colour
(c)	colour
(d)	fruit
(e)	floor
(f)	colour

7 Listen to dialogue 3 in this unit again and fill in the missing words. If you don't have the cassette fill in the gaps from the words provided below.

Tim	Θα πάμε στη λαϊκή σήμερα;
Mary	Και βέβαια θα πάμε. Τι θα (a) _____ αν δεν πάμε;
Ιωάννα	Πω, πω! Μιλάς σαν (b) _____ νοικοκυρά! Έχετε λαϊκή αγορά στην Αγγλία;
Mary	Όχι ακριβώς το (c) _____, αλλά κάτι (d) _____. Θα φύγουμε τέλος (e) _____; . . . Σε λίγο . . .
Πωλητής	Όλα τα κόβω, όλα τα μαχαιρώνω!
Tim	Τι λέει αυτός;
Ιωάννα	Μη σε (f) _____. Θα (g) _____ μήλα;

Mary	Όχι από εδώ. Πιο κάτω είναι πιο (*h*) _____ και πιο καλά. Θα (*i*) _____ μήλα και πορτοκάλια από τον κυρ Κώστα.
Κυρ Κώστας	Καλημέρα στους (*j*) _____ μας!
Tim	Καλημέρα κυρ Κώστα. Δεν έχετε (*k*) _____ μήλα σήμερα;
Κυρ Κώστας	Δεν έχω (*k*) _____, αλλά είναι Τριπόλεως και είναι (*l*) _____. Και τα πορτοκάλια, μέρλι που λένε, μέρλι!
Mary	Εντάξει. (*m*) _____ μας ένα κιλό μήλα και δύο κιλά πορτοκάλια. (*n*) _____ είναι;
Κυρ Κώστας	Οκτακόσιες πενήντα (850) δραχμές.
Mary	Ποιος έχει καλά (*o*) _____ και (*p*) _____ κυρ Κώστα;
Κυρ Κώστας	Εδώ (*q*) _____ μου.

πάντων	φάμε	Δώστε	νοιάζει
πάρουμε	ξένους	πάρουμε	Πόσο
ελληνίδα	μεγαλύτερα	ίδιο	νοστιμότατα
φτηνά	παρόμοιο	μαρούλια	δίπλα
χόρτα	*greens*		

--------- **Λίγο ακόμα!** ---------

Ώρες λειτουργίας! / *Opening hours!*

Read and study carefully the opening hours mentioned in these extracts before you answer the true or false questions on page 145.

ΚΟΤΟΠΟΥΛΑ
ΣΟΥΒΛΑΚΙ
ΓΥΡΟΣ

για ποιότητα
και καλή γεύση
ΑΝΟΙΧΤΑ ΚΑΘΕ ΜΕΡΑ ΑΠΟ ΤΟ ΠΡΩΙ
ΚΥΡΙΑΚΕΣ ΑΝΟΙΧΤΑ
ΠΛ. ΚΥΨΕΛΗΣ 5
ΠΛΑΤΕΙΑ ΚΥΨΕΛΗΣ
ΤΗΛ. 8624843

GREEK

ΗΡΑΚΛΕΙΤΟΥ 70, ΑΙΓΑΛΕΩ, ΤΗΛ.: 53.12.990, (9 ΓΡΑΜΜΕΣ), FAX: 5312989

- 6 ή 12 δόσεις με όλες τις πιστωτικές κάρτες.
- Ετήσιο επιτόκιο 1,99 %.
- Στις αναγραφόμενες τιμές δε συμπεριλαμβάνεται το κόστος τοποθέτησης.
- Οι τιμές είναι με τον Φ.Π.Α.

ΩΡΕΣ ΛΕΙΤΟΥΡΓΙΑΣ

ΔΕΥΤΕΡΑ-ΤΕΤΑΡΤΗ-ΣΑΒΒΑΤΟ
8.30 π.μ.-15.00 μ.μ.

ΤΡΙΤΗ-ΠΕΜΠΤΗ-ΠΑΡΑΣΚΕΥΗ
8.30 π.μ.-14.00 μ.μ.
& 17.00 μ.μ.-21.00 μ.μ.

Η ΛΕΣΧΗ ΤΟΥ ΔΙΣΚΟΥ ΣΤΟ ΜΕΓΑΡΟ ΜΟΥΣΙΚΗΣ
Μία από τις αρτιότερα ενημερωμένες δισκοθήκες
κλασικής μουσικής της Ευρώπης

Ώρες λειτουργίας:
Δε-Πα 10 π.μ.-6. μ.μ., Σα 10 π.μ.-2. μ.μ.
Κατά τις ημέρες των παραστάσεων:
Δε-Πα 10 π.μ.-8:30 μ.μ., Σα 10 π.μ.-2. μ.μ. & 6-8:30 μ.μ., Κυ 6-8:30 μ.μ.
Πληροφορίες: 72.82.159

— **144** —

Λέξεις και εκφράσεις

η ποιότητα   *quality* (f)
η γεύση   *taste* (f)
ΠΛ. = πλατεία   *sq. = square*
η δόση   *instalment* (f)
η πιστωτική κάρτα   *credit card* (f)
ετήσιος/-α/-ο   *annual*
το επιτόκιο   *interest*
ΦΠΑ   *VAT*
π.μ. = προ μεσημβρίας   *am - ante meridiem*
μ.μ. = μετά μεσημβρίας   *pm = post meridiem*

η λέσχη   *club* (f)
ο δίσκος   *record* (m)
το Μέγαρο Μουσικής   *Music Hall* (n)
κλασικός/-ή/-ό   *classic*
η Ευρώπη   *Europe* (f)
κατά τις ημέρες των παραστάσεων   *during performance days*
η παράσταση   *performance*
πληροφορίες   *information*
το δώρο   *present* (n)

8 Σωστό (✓) ή Λάθος (✗). Mark (T) for true and (F) for false.

Clip 1
(*a*) Έχουν καλή ποιότητα και καλή γεύση.
(*b*) Είναι ανοιχτά κάθε μέρα.
(*c*) Έχουν δύο τηλεφωνικές γραμμές.
(*d*) Δεν έχουν κοτόπουλα ή γύρο.

Clip 2
(*e*) Δεν είναι ανοικτά την Κυριακή.
(*f*) Την Πέμπτη κλείνουν στις 3.00 μ.μ.
(*g*) Ανοίγουν στις 8.30 π.μ. κάθε μέρα.
(*h*) Δεν ανοίγουν τις Κυριακές.

κλείνω (*I close*), ανοίγω (*I open*)

Clip 3
(*i*) Το Μέγαρο Μουσικής έχει Λέσχη Δίσκου.
(*j*) Κατά τις παραστάσεις είναι ανοικτά και τις Κυριακές.
(*k*) Για πληροφορίες στο τηλέφωνο 7282159.
(*l*) Δεν ανοίγει τις Κυριακές χωρίς παράσταση.

Πέρα από τη γλώσσα!

Here is some statistical data on EU members including US and Japan: working hours per week, national holidays and holidays in 1990.

Σύγκριση χρόνου εργασίας - 1990

Χώρα	Ώρες εργασίας/ εβδομάδα	Επίσημες αργίες	Άδειες (ημέρες το χρόνο)
Ολλανδία	40	6	36,5
Ιταλία	40	9	31
Γερμανία	38,4	10	30
Λουξ/ργο	40	10	27
Βρετανία	39	8	27
Δανία	38	8	26
Ισπανία	40	14	25
Βέλγιο	38	11	25
Γαλλία	39	9	25
Ιρλανδία	40	8	24
Πορτογαλία	45	14	22
Ελλάδα	40	9	22
ΗΠΑ	40	10	12
Ιαπωνία	42	14	11

10

ΤΑ ΘΥΜΑΣΑΙ ΟΛΑ;

Do you remember everything?

In this unit you will revise and consolidate how to:

- ask and understand simple instructions about directions
- purchase tickets and make reservations
- tell the time
- enquire about travelling
- enquire about rooms and making hotel reservations
- enquire about prices and buying things
- name colours and clothes
- say the numbers 101 – 10,000

Ασκήσεις εμπέδωσης / *Consolidation exercises*

1 The following are situations you are likely to encounter in Greece:

(*a*) How would you ask: 'Where's the station?', 'Where's the square?' or 'Where's the centre?'?

(*b*) Someone speaks too fast for you, tell him: 'I don't understand Greek well. Can you speak a little bit slower?'.

(*c*) You hear 'Στον πρώτο δρόμο δεξιά', 'Στη δεύτερη γωνία δεξιά' and 'Στο τρίτο στενό δεξιά'. Did you understand everything?

(*d*) You're looking at apples. Ask for their price. The answer was 'Τριακόσιες πενήντα δραχμές το κιλό'. How expensive are they? Ask for three kilos anyway.

(*e*) You ask a friend to go to the park with you. Her reply is 'Με τα πόδια ή το αυτοκίνητο; What did she ask?

(f) Ask for a map at a περίπτερο. As soon as you get it ask for the price.

(g) You are in a travel agency. Ask if there is a daily flight to Thessaloniki. The answer is positive. Now ask how many flights there are a day and what is the timetable.

(h) Ask for the bus timetable from Athens to Thessaloniki. Ask also when you have to book the bus seats.

(i) The price is οχτώ χιλιάδες εφτακόσιες πενήντα δραχμές. First, how much is it? Second, ask if this is the price for one way or a return trip.

(j) You are at a department store looking for shirts. The sales person asks: 'Σας αρέσουν τ'ανοικτά ή τα σκούρα χρώματα; Τα μονόχρωμα πουκάμισα ή πολύχρωμα;' What did s/he ask and what is a possible answer from you?

2 Colour matching

Below is a list of many colours you already know, and some new ones. Could you match the list on the left with the list on the right?

(a)	μπεζ	(i)	mauve
(b)	μπεζ σκούρο	(ii)	silver
(c)	κρεμ	(iii)	gold
(d)	μωβ	(iv)	fawn
(e)	καφέ ανοικτό	(v)	grey
(f)	ασημένιο	(vi)	beige
(g)	γκρίζο	(vii)	orange
(h)	χρυσό	(viii)	green
(i)	πράσινο	(ix)	cream
(j)	πορτοκαλί	(x)	tan

3 What's it made of?

Below is a list of different kinds of fabric. Could you match the list on the left with the list on the right?

(a)	καμηλό	(i)	satin
(b)	σατέν	(ii)	linen
(c)	φανέλ(λ)α	(iii)	gabardine
(d)	καμπαρντίνα	(iv)	piqué, cotton
(e)	λινό	(v)	camel-hair
(f)	νάυλον	(vi)	tulle, fine silk

(g)	πικέ	(vii)	rayon
(h)	ποπλίνα	(viii)	flannel
(i)	ρεγιόν	(ix)	poplin
(j)	σατέν	(x)	nylon
(k)	σουέτ	(xi)	tweed
(l)	τουίντ	(xii)	velvet
(m)	τούλι	(xiii)	satin
(n)	βελούδο	(xiv)	suede

4   This is your size

Below are two size tables regarding ladies dresses, suits, stockings and shoe sizes and gentlemen's suits, shirts, and shoe sizes. Find the corresponding sizes, say the number aloud and write it down.

Ladies

Dresses/suits

American	10	12	14	16	18	20
British	32	34	36	38	40	42
Greek	42	44	46	48	50	52

	Stockings						**Shoes**			
American } British	8	8½	9	9½	10	10½	6	7	8	9
							4½	5½	6½	7½
Greek	0	1		2		3	36	37	38	39

Gentlemen

	Suits/overcoats						**Shirts**			
American } British	36	38	40	42	44	46	15	16	17	18
Greek	46	48	50	52	54	56	38	40	42	44

Shoes

American } British	5	6	7	8	8½	9	9½	10	11
Greek	38	39	40	41	41½	42	42½	43	44

		Greek	**UK**	**USA**
(a)	Dress	Size 46	___	___
(b)	Stockings	Size 2	___	___
(c)	Women's shoes	Size 39	___	___
(d)	Men's suits	Size 52	___	___
(e)	Men's suits	Size 56	___	___
(f)	Men's shoes	Size 44	___	___
(g)	Dress	Size 52	___	___

For a half size you say **και μισό**: 10½ = **δέκα και μισό**, 7½ = **εφτά και μισό** and so on.

5 Directions

(a) You are in Amerikis Square with your car. Someone told you the way to **Ταβέρνα το Αρχοντό-σπιτο**. What did he or she say? Repeat and write down the directions to **Αρχοντόσπιτο**.

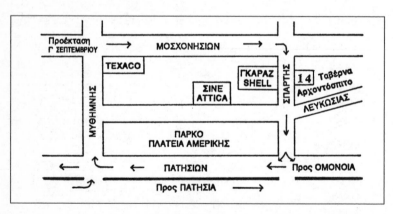

(b) You want to get to **ΑΝΘΙΔΩΝ** 27; luckily you find in your pocket the map shown at the top of page 151. You are on the corner of **Λ. ΣΥΓΓΡΟΥ** (Syngrou Avenue) and **ΧΑΡΟΚΟΠΟΥ** street. Say and write down how to get there.

(c) Imagine you are in a Greek town, standing where the x is marked on the map below. You will hear three people asking about the square, the school and the station. Which letters on the plan above correspond to these places?

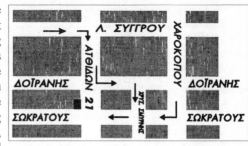

6 How to get there

You have learned almost everything about public transport in the last four units. Name the means of transport below. (Here's some help: for (d) use με τα πόδια, and for (k) τρέχοντας).

7 Making hotel reservations

Γιώργος is planning to go to Σπέτσες (Spetses island) for a short visit; he needs to book a hotel room. Listen to him making enquiries on the phone and read the conversation below before selecting the true and false phrases below.

Γιώργος Καλημέρα σας. Θα ήθελα να κάνω μία κράτηση για 3 βράδια σας παρακαλώ.

Κρατήσεις Για πότε;

Γιώργος Για αύριο. Έχετε δωμάτια;

Κρατήσεις Τι δωμάτιο θέλετε παρακαλώ;

Γιώργος Ένα δίκλινο, με ένα διπλό κρεβάτι αλλά όχι με δύο μονά κρεβάτια!

Κρατήσεις Μισό λεπτό παρακαλώ να δω το κομπιούτερ. Α μάλιστα, έχουμε δύο δωμάτια δίκλινα με διπλά κρεβάτια. Ένα βλέπει το σταθμό και το δεύτερο βλέπει τη θάλασσα.

Γιώργος Προτιμώ τη θάλασσα. Ευχαριστώ.

Κρατήσεις Τ'όνομα σας παρακαλώ και τη διεύθυνση σας. Κι ένα τηλέφωνο.

Γιώργος Ναι, λέγομαι . . .

(a) Μία κράτηση για πέντε βράδια.
(b) Μία κράτηση για ένα δίκλινο.
(c) Μία κράτηση για ένα μονόκλινο.
(d) Ένα δίκλινο με δύο μονά κρεβάτια.
(e) Ένα δωμάτιο με θέα το σταθμό.
(f) Ένα δωμάτιο με θέα τη θάλασσα.
(g) Το δωμάτιο έχει τηλέφωνο.
(h) Οι κρατήσεις θέλουν όνομα, διεύθυνση και τηλέφωνο.

8 Greek signs

Can you match the illustrations to the descriptions?

(a) Telephone company
(b) Water company
(c) Coffee company
(d) Totto and lotto
(e) Electricity company
(f) A meat taverna
(g) Cinema
(h) A monthly bus card

(i)

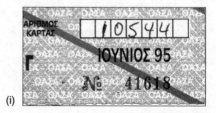

(ii)

(iii)

(iv)

ΛΟΥΜΙΔΗΣ

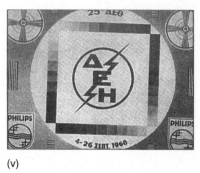

(v)

(vii)

(vi)

(viii)

9 Telling the time

Read aloud, and then write out these times:

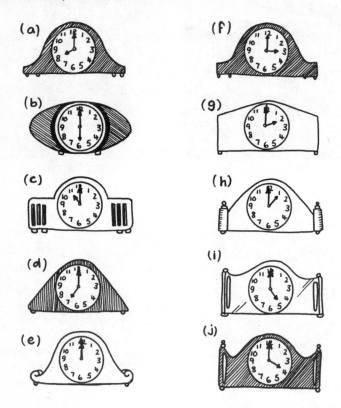

10 Daily routines

The sentences below are jumbled up. Put them in the right order adding the time at the beginning of each phrase. The times are: 10:00, 10:15, 11:30, 13:00, 14:30, 15:30.

(a) _____ διαβάζει εφημερίδα και βλέπει τηλεόραση.
(b) _____ πηγαίνει για ψώνια.
(c) _____ σηκώνεται από το κρεβάτι.
(d) _____ τρώει μεσημεριανό.
(e) _____ πίνει ένα νες καφέ.
(f) _____ πηγαίνει στο μπαρ για μία μπύρα.

11 Listening comprehension

Listen again to the second dialogue in Unit 9 and fill in the missing words. If you don't have the cassette try to fill the gaps from the words provided below.

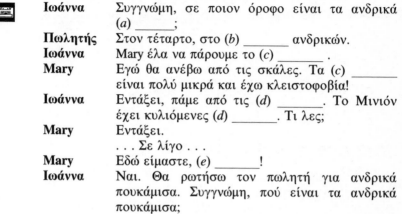

Ιωάννα Συγγνώμη, σε ποιον όροφο είναι τα ανδρικά
(*a*) ____;

Πωλητής Στον τέταρτο, στο (*b*) _____ ανδρικών.

Ιωάννα Mary έλα να πάρουμε το (*c*) _____ .

Mary Εγώ θα ανέβω από τις σκάλες. Τα (*c*) _____
είναι πολύ μικρά και έχω κλειστοφοβία!

Ιωάννα Εντάξει, πάμε από τις (*d*) _____. Το Μινιόν
έχει κυλιόμενες (*d*) _____. Τι λες;

Mary Εντάξει.

         . . . Σε λίγο . . .

Mary Εδώ είμαστε, (*e*) _____!

Ιωάννα Ναι. Θα ρωτήσω τον πωλητή για ανδρικά
πουκάμισα. Συγγνώμη, πού είναι τα ανδρικά
πουκάμισα;

Πωλητής Στο (*f*) _____.

Ιωάννα Θα βρούμε μεγάλη (*g*) _____ εδώ. Είμαι
σίγουρη. Κοίτα!

Mary Α, είναι ωραίο αλλά σκούρο. Λίγο πιο (*h*)
_____.

Ιωάννα Τι χρώματα φοράει ο Tim?

Mary Συνήθως ανοιχτά και (*i*) _____, άσπρο, σιέλ,
κίτρινο και καμιά φορά καφέ. Εμένα μου
αρέσουν τα (*j*) _____ πουκάμισα αλλά δεν του
αρέσουν καθόλου.

Ιωάννα Τι (*k*) _____ φοράει;

Mary Μεσαίο ή το 36 (*l*) _____.

Ιωάννα Νά ένα ωραίο. (*m*) _____;

μέγεθος	βάθος	σ'αρέσει	μονόχρωμα
νούμερο	ριγέ	ασανσέρ	φτάσαμε
ανοικτό	σκάλες	τμήμα	πουκάμισα ποικιλία

11

ΕΛΑ! ΠΟΙΟΣ ΕΙΝΑΙ;

Hello! Who is it?

In this unit you will learn how to

● make telephone calls
● make arrangements to meet someone
● suggest what to do and where to meet
● plan and talk business

Διάλογοι

1 Έχετε τηλέφωνο; / *Is there a public phone?*

Tim is organising a meeting with a colleague who works for Τράπεζα Πίστεως Credit Bank.

Tim   Έχετε τηλέφωνο;

Περιπτεράς   Συγγνώμη αλλά είναι χαλασμένο. Πηγαίνετε απέναντι στο άλλο περίπτερο.

Tim   Ευχαριστώ. (Στο άλλο περίπτερο) . . . Μπορώ να κάνω ένα τηλέφωνο;

Περιπτεράς   Τοπικό ή υπεραστικό;

Tim   Τοπικό, εδώ στην Αθήνα.

Περιπτεράς   Αν είναι τοπικό, τι ρωτάς; Κάνε!

Tim   Ευχαριστώ . . . (Παίρνει τον αριθμό) . . . Ναι, γεια σας. Λέγομαι Tim Johnson. Θα ήθελα να κλείσω

ένα ραντεβού με τον κ. Στέλιο Αμανατίδη.
Πότε θα μπορούσε να με δει;

Γραμματέας Θα θέλατε αργότερα σήμερα ή αύριο;

Tim Αύριο θα ήταν καλύτερα για μένα, αν είναι δυνατόν.

Γραμματέας Ένα λεπτό να δω το πρόγραμμα του . . . Μπορεί να σας δει αύριο στις 2.00 το μεσημέρι. Μπορείτε;

Tim Ναι μπορώ, ευχαριστώ πολύ. Θα σας δω αύριο στις 2.00.

Λέξεις και εκφράσεις

έχετε τηλέφωνο;   *is there a public phone (I can use)? (* lit. *Do you have a phone* (I can use)*?)*
χαλασμένος/-η/-ο   *out of order*
το περίπτερο   *kiosk* (n)*/news stand*
τοπικός/-η/-ο   *local*
υπεραστικός/-ή/-ό   *long distance*
παίρνει τον αριθμό   *he dials [* lit. *takes] the number*
λέγομαι   *my name is [* lit. *I am called]*

θα ήθελα   *I would like*
θα ήθελα να κλείσω ένα ραντεβού   *I'd like to make an appointment (* lit. *'close' an appointment)*
το ραντεβού   *appointment* (n)
θα μπορούσε   *he would be able to, he could*
αν είναι δυνατόν   *if it is possible*
ο περιπτεράς   *newsstand salesperson/owner* (m)

2 Στο γραφείο του κ. Αμανατίδη / *At Amanatide's office*

Γραμματέας Καλημέρα σας. Παρακαλώ;

Tim Καλημέρα σας. Έχω ραντεβού με τον κ. Αμανατίδη.

Γραμματέας Μάλιστα, καθίστε παρακαλώ. Τ'όνομα σας;

Tim Ονομάζομαι Tim Johnson, είμαι συνάδελφος του κ. Αμανατίδη. Δουλεύω στην Westminster Bank.

Γραμματέας Α! Μάλιστα. Μισό λεπτό θα τον πάρω στο εσωτερικό . . . (κατεβάζει το ακουστικό). Ο κ. Αμανατίδης θα σας δει σε δύο λεπτά. Θα σας φωνάξω εγώ.

Tim Ευχαριστώ . . .

Γραμματέας Παρακαλώ, ακολουθήστε με.

Tim Χαίρετε κύριε Αμανατίδη. Χαίρομαι που σας ξαναβλέπω.

Αμανατίδης   Γεια σας κ. Johnson, τι κάνετε; Ελάτε, πάρτε μια καρέκλα.

Tim   Έχετε χαιρετίσματα από τη σύζυγο μου. Κι αυτό είναι ένα μπουκάλι ουίσκι για σας.

Αμανατίδης   Α! Πολύ ευγενικό εκ μέρους σας. Να της δώσετε τις θερμότερες ευχές μου και τα φιλικότερα χαιρετίσματα μου. Να μην το ξεχάσετε!

Tim   Όχι, όχι. Δε θα το ξεχάσω.

Λέξεις και εκφράσεις

παρακαλώ; *what can I do for you? How can I help you?*	**χαίρετε** *hello* (formal)
καθίστε *sit down*	**πάρτε μια καρέκλα** *take a seat*
τ'όνομα σας; *your name?*	**τα χαιρετίσματα** *greetings/regards*
ονομάζομαι *my name is* (lit. *I'm named*)	**εκ μέρους σας** *on your behalf*
ο/η συνάδελφος *colleague*	**θερμότερος/-η/-ο** *warmer*
δουλεύω *I work*	**τις θερμότερες ευχές μου** *my warmest wishes*
θα τον πάρω στο εσωτερικό . . . *I'll call his extension (line)*	**η ευχή** *wish* (f)
κατεβάζει το ακουστικό *she is hanging up the receiver*	**φιλικότερος/-η/-ο** *friendlier*
το ακουστικό *receiver* (n)	**τα φιλικότερα χαιρετίσματα μου** *my best* (lit. *friendlier*) *regards*
φωνάζω *I call*	**να μην το ξεχάσετε!** *don't forget that!*
ακολουθείστε με *follow me*	**ξεχνώ** *I forget*

3 Μία επαγγελματική συνάντηση / *A business meeting*

The president of a UK-based company is visiting Mr Amanatides and exploring possibilities about setting up a branch of her company in Greece. Tim introduces her to Mr Amanatides.

Tim   Να σας γνωρίσω την κυρία Smith.

Αμανατίδης   Χαίρω πολύ κυρία Smith (Σμίθ). Καλωσορίσατε στην Ελλάδα. Καθίστε.

Smith   Κι εγώ χαίρω πολύ. Δεν μιλάω καλά Ελληνικά αλλά προσπαθώ. Αυτή είναι η κάρτα μου.

Αμανατίδης   Μιλάτε υπέροχα! Μακάρι να μιλούσαν όλοι έτσι! Μα καθίστε, καθίστε! Να σας προσφέρω κάτι; Θα πιείτε κάτι; Έναν καφέ, ένα αναψυκτικό ίσως;

Smith	Ένα νες, αν δεν σας κάνει κόπο.
Tim	Κι ένα μέτριο για μένα.
Αμανατίδης	Η τράπεζα μας ελπίζει να ξεκινήσουμε μια καλή συνεργασία.
Smith	Κι εγώ αυτό εύχομαι . . .
Tim	Να φύγω; Εσείς μιλάτε καλύτερα Ελληνικά από μένα.
Smith	Να μη φύγεις! Σε χρειάζομαι γιατί ξέρεις πολλά από το Ελληνικό τραπεζικό σύστημα.

Λέξεις και εκφράσεις

να σας γνωρίσω . . .   *let me introduce . . . to you*
χαίρω πολύ   *glad to meet you*
προσπαθώ   *I try*
η κάρτα   *card* (f)
υπέροχα   *excellent*
μακάρι   *I wish/would that/if only/may*
προσφέρω   *I offer*
το αναψυκτικό   *refreshment* (n)

αν δεν σας κάνει κόπο   *if it's no trouble (to you)*
η τράπεζα   *bank* (f)
ελπίζω   *I hope*
ξεκινώ   *I start*
η συνεργασία   *co-operation* (f)
εύχομαι   *I wish/I hope*
το σύστημα   *system* (n)
τραπεζικός/-ή/-ό   *banking*

—— **Χρήσιμα γλωσσικά σημεία** ——

ΠΗΓΑΙΝΕΤΕ ΣΤΟ ΑΛΛΟ ΠΕΡΙΠΤΕΡΟ / GO TO THE OTHER KIOSK

Το **περίπτερο**, of great importance in everyday Greek life, does not just sell sweets, magazines and newspapers. As the kiosks are free-standing, central booths – usually 1½ square metres – you can ask there for directions, information on local properties, local gossip and so on.

Ο **περιπτεράς** (*the owner*) will sell anything from stationery to children's toys, and from ice-cream to worry beads! There is usually a public pay phone and in remote villages this could serve most of the local inhabitants.

Below is a list of what is readily available in a Greek περίπτερο:

η εφημερίδα/-ες	newspaper/-s	*ο στυλός/-οί	pen/-s
το περιοδικό/-κά	magazine/-s	το μολύβι/-α	pencil/-s
η σοκολάτα/-τες	chocolate/-s	το ξυράφι/α	razor/-s
η γκοφρέτα/-τες	choco-wafer/-s	το γραμματόσημο/α	stamp/-s
η τσίκλα/-ες	chewing gum/-s	ο φάκελλος/οι	envelope/-s
το παγωτό/-ά	ice-cream/-s	το τσιγάρο/-α	cigarette/s
η καραμέλα/-ες	candy/-ies	*το στυλό/τα στυλό	

Λέγομαι Tim Johnson / My name is Tim Johnson

As you now know there are many different ways of saying 'my name is' in Greek. In this unit you have ονομάζομαι, λέγομαι, το όνομα μου είναι, but remember also με λένε. These all mean 'my name is'. When referring to your *first name* you can use μικρό όνομα (*small name*) and for your last name or surname επίθετο or επώνυμο.

Ποιο είναι το επίθετο σας;	*What's your last name?*
Γράψτε το επώνυμο σας.	*Write your surname.*
Ποιο είναι το μικρό σου όνομα;	*What's your first name?*
Με λένε Κωνσταντίνο.	*My name is Konstantine.*
Πώς λέγεσαι;	*What's your name?*
Ονομάζομαι Κώστας Αμανατίδης.	*My name is Kostas Amanatides.*
Πώς σε λένε;	*What's your name?*
Πώς ονομάζεσαι;	*What's your name?*

AYTH EINAI Η ΚΑΡΤΑ ΜΟΥ / THIS IS MY CARD

Κάρτα here means *business card*; it can also mean *post card*. Used in various contexts as:

πιστωτική κάρτα	*credit card*
τραπεζική κάρτα	*bank card*
τηλεφωνική κάρτα	*phone card*
εκπτωτική κάρτα	*discount card*

ΟΤΕ (**Οργανισμός Τηλεπικοινωνιών Ελλάδας**) the Greek Telephone Company has installed digital phones for public use in several central locations. You need a **τηλεφωνική κάρτα** from a **περίπτερο**, or from other shops with the sign ΤΗΛΕΚΑΡΤΕΣ ΕΔΩ (*Phone cards on* *sale here*) (ΤΗΛΕ-φωνικες-ΚΑΡΤΕΣ). The telephone instructions are all in Greek. You might need these most important ones:

ΒΑΛΤΕ ΤΗΝ ΚΑΡΤΑ   *INSERT CARD*
ΒΓΑΛΤΕ ΤΗΝ ΚΑΡΤΑ   *TAKE CARD OUT*
ΔΕΝ ΛΕΙΤΟΥΡΓΕΙ   *OUT OF ORDER*
   [lit. *it doesn't function*]
ΧΑΛΑΣΜΕΝΟ   *OUT OF ORDER*
ΒΛΑΒΗ   *OUT OF ORDER* [lit. *malfunction*]

Don't forget these other useful phrases:

τοπικό τηλέφωνο   *local telephone call*
υπεραστικό τηλέφωνο   *long-distance telephone call*

The word **τηλέφωνο** actually refers to the *telephone set*, but the word has replaced **τηλεφώνημα** (*telephone call*) in most instances. You also know:

τηλεφωνητής   *operator* (as a person) or
   answering machine
ακουστικό   *receiver*

ΑΝ ΔΕ ΣΑΣ ΚΑΝΕΙ ΚΟΠΟ /
IF IT'S NO TROUBLE FOR/TO YOU

Here are some Greek phrases that it is best to learn by heart:

Αν (δε) σου/σας κάνει κόπο.	*If it is (no) trouble to/for you.*
Αν (δεν) είναι δυνατό.	*If it is (not) possible.*
Αν (δεν) επιτρέπεται.	*If it is (not) allowed.*

The word **κόπο** (*toil*) has many useful meanings in different contexts. As a start, this book should have been **Ελληνικά χωρίς κόπο!** (*Greek without toil!/Greek without hard work!*). If you look back and remind yourself of your first steps in earlier units, you have come a long way. Congratulations!

Study the examples below and see how important **κόπος** will be later. Don't forget: **Τα αγαθά κόποις κτώνται!** (*No pain, no gain!*)

Μην κάνεις τον κόπο να'ρθεις.	*Don't bother to come.*
Δεν είναι καθόλου κόπος.	*It's no bother at all.*
Ευχαριστώ για τον κόπο σου.	*Thanks for your trouble.*
Μαθαίνω Ελληνικά χωρίς κόπο.	*I learn Greek without any difficulty.*
Αξίζει τον κόπο.	*It's worthwhile.*
Είναι χαμένος κόπος.	*It's a waste of energy/effort.*

🔊 —— Γραμματικές παρατηρήσεις ——

1 From the teacher's desk

This book is not designed to turn you into a grammar expert. It attempts to explain certain grammatical aspects in tables and using examples to clear up genders, conjugations and so on.

What is important for you to remember is that language (any language) has grammatical roots, rules and regulations. Native speakers, however, use the language to communicate; they don't worry about all the rules. Bear this in mind when you need to get your point across.

2 Θα ήθελα να κλείσω ένα ραντεβού / *I would like to make an appointment*

In Unit 9 **θα** was mentioned in forming the future tense; it translates as *will*. In this unit **θα** was used in three somewhat different instances:

θα ήθελα	*I would like*
θα μπορούσα	*I would be able*
θα ήμουν	*I would be*

Study the conjugation of these verbs below and use them as reference tables later whenever needed. A fourth instance from Unit 8 is:

θα προτιμούσα	*I would prefer*

θα ήθελα	*I would like*	θα μπορούσα	*I would be able*
θα ήθελες	*you would like*	θα μπορούσες	*you would be able*
θα ήθελε	*he/she/it would like*	θα μπορούσε	*he/she would be able*
θα θέλαμε	*we would like*	θα μπορούσαμε	*we would be able*
θα θέλατε	*you would like*	θα μπορούσατε	*you would be able*
θα ήθελαν	*they would like*	θα μπορούσαν	*they would be able*
θα ήμουν	*I would be*	θα προτιμούσα	*I would prefer*
θα ήσουν	*you would be*	θα προτιμούσες	*you would prefer*
θα ήταν	*he/she/it would be*	θα προτιμούσε	*he/she/it would prefer*
θα ήμασταν	*we would be*	θα προτιμούσαμε	*we would prefer*
θα ήσασταν	*you would be*	θα προτιμούσατε	*you would prefer*
θα ήταν	*they would be*	θα προτιμούσαν	*they would prefer*

In English the two forms of 'will' and 'would' are replaced in Greek with **θα** followed by a verb in different tenses:

θα θέλω	*I will like*
θα είμαι	*I will be*
θα ήθελα	*I would like*
θα ήμουν	*I would be*

3 Μπορεί να σας δει αύριο / *He is able to see you tomorrow*

You will have noticed the extensive use of **να** to connect two verbs. Some examples from this unit are:

Μπορώ **να** κάνω.	*I am able **to** do.*
Θα ήθελα **να** κλείσω.	*I would like **to** make.*
Μπορεί **να** σας δεί.	*He is able **to** see you.*

What is essential for you to remember here is that the verb form (of the second verb following) called the subjunctive takes the same verb forms in the future tense preceded by **θα**. Notice that the same changes occur in the future and the subjunctive in the following examples. All verbs are from Unit 9 (grammar note 1).

Main verb form		Future verb form	Subjunctive verb form
τελειώνω	*to end*	θα τελειώσω	θέλω να τελειώσω
πηγαίνω	*to go*	θα πάω	θέλω να πάω
βλέπω	*to see*	θα δω	θέλω να δω
ανεβαίνω	*to go up*	θα ανέβω/ανεβώ	θέλω να ανέβω
ρωτάω(ώ)	*to ask*	θα ρωτήσω	θέλω να ρωτήσω
τρώω	*to eat*	θα φάω	θέλω να φάω
φεύγω	*to leave*	θα φύγω	θέλω να φύγω
παίρνω	*to take*	θα πάρω	θέλω να πάρω

Not only is the verb form the same in future and subjunctive, but also the conjugation. Refer to Unit 9 again for the full conjugation of this verb form. Here is another important aspect of this verb form:

θέλω να πάω	*I want (I) to go*
θέλω να πας	*I want **you** to go*
θέλω να πάει	*I want **him/her/it** to go*
θέλω να πάμε	*I want **us** to go*
θέλω να πάτε	*I want **you** to go*
θέλω να πάν(ε)	*I want **them** to go*

Θέλει να πάω.	*He wants **me** to go.*

4 Ένα λεπτό, να δω το πρόγραμμα του/ *Just a minute, let me see his schedule*

The subjunctive has two main functions in Greek. The first one was mentioned in the previous paragraph – as the second verb in a sentence preceded by **να**:

Θέλω **να** πάω.	*I want **to** go.*

The second main function is more idiomatic. Here you need to become more flexible with the translation or the 'feeling' of this idiomatic use; it is as frequent as the first 'regular' function. There were many examples of this second, idiomatic function of **να** in the three dialogues of this unit. Notice the list and study and compare the free translation of these examples.

Ένα λεπτό **να δω** το πρόγραμμά του.	*Just a minute, **let me see** (so I can see) his schedule.*
Να της δώσετε τις θερμότερες ευχές μου.	*Give her my best regards. (lit. (I hope) you **(to)** give her my best regards)*
Να μην το ξεχάσετε!	*Don't forget that! (lit. (I hope) (you) not **to** forget that!)*
Να σας γνωρίσω τον κύριο Smith.	***Let** me introduce Mr Smith to you. (lit. (I would like) to introduce to you Mr Smith.)*
Μακάρι **να** μιλούσαν όλοι έτσι!	*If only everybody **could** speak like this! (lit. (I wish that) everybody speaks so!)*
Να σας προσφέρω κάτι;	***Can** I offer you anything? [lit. (Can) I (to) offer you anything?]*
Να φύγω;	***Shall** I go? (lit. **(May)** I to go?)*
Έλα **να** με δεις.	*Come **and** see me. (lit. come to see me)*

☑ – Η πρακτική μας κάνει καλύτερους –

1 The following are situations you are likely to encounter in Greece.

   (a) You are at a περίπτερο. Ask the περιπτεράς for one local and one long-distance telephone call.

   (b) Introduce yourself and say where you work.

   (c) Someone is saying: Παρακαλώ, ακολουθείστε με. What will you do?

   (d) Someone is visiting you. How could you say 'Sit down' or 'Have a seat.'?

(e) You are talking to a colleague. How could you say: 'My regards to your wife.'?

(f) Use the phrase 'Don't forget that!'.

(g) Introduce Mr Smith to your friend.

(h) Introduce Γιώργος to Γιάννης.

(i) Welcome someone at your home. Write out both phrases.

2 Match each question with the most appropriate answer.

(a) Έχετε τηλέφωνο;
(b) Θέλετε για τοπικό ή υπεραστικό τηλέφωνο;
(c) Πότε θα θέλατε να κλείσετε ραντεβού;
(d) Χαίρεσαι που με ξαναβλέπεις;
(e) Να σου προσφέρω κάτι;

  (i) Μισό λεπτό να δω το πρόγραμμα μου.
 (ii) Ναι, ένα αναψυκτικό αν δε σου κάνει κόπο.
(iii) Ναι πάρα πολύ.
 (iv) Για υπεραστικό. Έχετε μετρητή (unit metre);
  (v) Συγνώμη αλλά είναι χαλασμένο.

3 Rearrange these lines to make up a dialogue.

(a) Ναι από τις 8.30 π.μ.–2.00 μ.μ.
(b) Είναι δύο παρά τέταρτο.
(c) Σε ποια τράπεζα θα πας;
(d) Εύχομαι να πάω πριν (να) κλείσουν.
(e) Πότε ανοίγουν οι τράπεζες; Ξέρεις;
(f) Τι ώρα είναι τώρα;
(g) Στην Τράπεζα Πίστεως.

4 Complete the dialogue using the information in italics.

Αμανατίδης	Ποιον χρειάζεσαι γι'αυτό το ραντεβού;
You	(a) *I need Nicholas because his Greek is very good.*
Αμανατίδης	Ο Γιώργος ξέρει καλύτερα και είναι φτηνότερος.
You	(b) *I don't care who is cheaper. I care who is better!*
Αμανατίδης	Νομίζω ο Γιώργος. Εσύ τι λες;
You	(c) *Let's start with Nicholas and if there is a problem with* (προβληματική) *co-operation, then we will see.*
Αμανατίδης	Μπορεί να είναι πολύ αργά τότε.
You	(d) *It's never too late!*

Αμανατίδης Ελπίζω να έχεις δίκιο! (*I hope you are right*) *[lit. you have right]*

5 Ίδιο ή διαφορετικό; / Similar or different? Match the list on the left with the list on the right.

(*a*)	τοπικό	(i)	esoteric
(*b*)	αριθμός	(ii)	system
(*c*)	τηλέφωνο	(iii)	schedule/programme
(*d*)	εσωτερικό	(iv)	all
(*e*)	κάρτα	(v)	arithmetic
(*f*)	σύστημα	(vi)	telephone
(*g*)	πρόγραμμα	(vii)	magazine/periodical
(*h*)	ραντεβού	(viii)	topic(al)
(*i*)	όλοι	(ix)	appointment/rendez-vous
(*j*)	περιοδικό	(x)	card

6 Write out the future or subjunctive verb forms of the following verbs?

(*a*)	ανεβαίνω	(i)	θα/να _____
(*b*)	βλέπω	(ii)	θα/να _____
(*c*)	παίρνω	(iii)	θα/να _____
(*d*)	πηγαίνω	(iv)	θα/να _____
(*e*)	ρωτάω(ώ)	(v)	θα/να _____
(*f*)	τελειώνω	(vi)	θα/να _____
(*g*)	τρώω	(vii)	θα/να _____
(*h*)	φεύγω	(viii)	θα/να _____

7 Sometimes you use an English word or phrase on a daily basis and you'll want to say it in Greek. Use your translation skills:

(*a*) I want to go to the square.

(*b*) Hello! I have an appointment with Mr Petrou.

(*c*) He wants us to go to Thessaloniki tomorrow.

(*d*) I would like a single room with a bath and a TV.

(*e*) Where's the restaurant?

(*f*) That would have been [lit. would be – in Greek] better for me.

(*g*) I would prefer a room with a view.

(*h*) A refreshment (a soda) if it's no trouble for you.

GREEK

8 Puzzle – Can you recognise some words you have already learned? Remember you can find the words horizontally and vertically.

Η	Σ	Α	Σ	Τ	Α	Ν	Π
Θ	Κ	Α	Ι	Ρ	Ο	Σ	Α
Ε	Λ	Α	Τ	Ω	Ρ	Α	Ι
Λ	Ε	Ο	Μ	Ω	Σ	Τ	Ρ
Α	Ν	Ε	Β	Ω	Τ	Η	Ν
Ξ	Ε	Κ	Ι	Ν	Η	Σ	Ω

9 Listen to dialogue 3 of this unit again and fill in the missing words. If you don't have the cassette try to fill in the gaps from the words provided below.

Tim	Να σας (a) _____ την κυρία Smith.
Αμανατίδης	(b) _____ πολύ κυρία Smith (Σμιθ). Καλωσορίσατε στην Ελλάδα. (c) _____.
Smith	Κι εγώ (b) _____ πολύ. Δεν μιλάω καλά Ελληνικά αλλά (d) _____. Αυτή είναι η κάρτα μου.
Αμανατίδης	Μιλάτε (e) _____! Μακάρι να μιλούσαν όλοι έτσι! Μα (c) _____, (c) _____! Να σας (f) _____ κάτι; Έναν καφέ, ένα αναψυκτικό ίσως;
Smith	Ένα νες, αν δεν σας κάνει (g) _____.
Tim	Κι ένα μέτριο για μένα.
Αμανατίδης	Η τράπεζα μας (h) _____ να ξεκινήσουμε μια καλή (i) _____.
Smith	Κι εγώ αυτό (j) _____.
Tim	Να φύγω; Εσείς μιλάτε καλύτερα Ελληνικά από μένα.
Smith	Να μη (k) _____! Σε (l) _____ γιατί ξέρεις πολλά από το Ελληνικό τραπεζικό σύστημα.

χρειάζομαι	εύχομαι	χαίρω	προσπαθώ
γνωρίσω	φύγεις	ελπίζει	καθίστε	κόπο
προσφέρω	συνεργασία	υπέροχα	

— 168 —

— Λίγο ακόμα —

Λεφτά χωρίς ουρές /
Money and no queue

Read the following text carefully.
There is a lot of information here
about the Greek banking system. At
the end, select the true or false
phrases overleaf.

Το Ελληνικό τραπεζικό σύστημα έχει αρκετές ομοιότητες
με το Αγγλικό. Αλλά δεν είναι ακριβώς το ίδιο. Υπάρχουν
πάνω από δέκα Ελληνικές τράπεζες. Όλες είναι ιδιωτικές
τράπεζες εκτός από την Τράπεζα της Ελλάδος που είναι
κρατική. Οι μεγαλύτερες Ελληνικές τράπεζες είναι η
Εθνική, η Εμπορική η Πίστεως, η Ιονική η Αγροτική και η
Εργασίας. Σχεδόν όλες έχουν τραπεζικές ΑΤΜ μηχανές,
με πρώτη την Εθνική με 450 τραπεζικές μηχανές. Όλες
δέχονται και δίνουν συνάλλαγμα. Οι ώρες των τραπεζών
συνήθως είναι από τις 8.00 π.μ. μέχρι τις 2.00 μ.μ. κάθε
Δευτέρα μέχρι Πέμπτη και στης 1.30 μ.μ. την Παρασκευή.
Στην Ελλάδα υπάρχουν πάνω από δεκαπέντε ξένες
τράπεζες όπως η Westminster, η Barclays, η Citibank και
άλλες πολλές. Μπορεί κανένας να έχει λεφτά σε
συνάλλαγμα ή δραχμές ή και τα δύο.

Λέξεις και εκφράσεις

αρκετός/-ή/-ό *several*	**η πίστωση** *credit* (f)
η ομοιότητα *resemblance* (f)	**Ιονικός/-ή/-ό** *Ionian*
ίδιος/-α/-ο *similar*	**αγροτικός/ -ή/ -ό** *agriculture*
πάνω από *more than* (lit. *over than*)	**η εργασία** *labour* (f)
ιδιωτικός/-ή/-ό *private*	**σχεδόν** *almost*
εκτός από *except for*	**η μηχανή** *machine* (f)
κρατικός/-ή/-ό *state*	**δέχομαι** *I accept*
εθνικός/-ή/-ό *national*	**δίνω** *I give*
εμπορικός/-ή/-ό *commercial*	**το συνάλλαγμα** *exchange* (n)

μέχρι *until*	**τα λεφτά** *money* (pl.)
ξένος/-η/-ο *foreign*	**και τα δύο** *both*
κανένας/καμία/κανένα *somebody*	
(m) / *somebody* (f) / *something* (n)	

10 Σωστό (✓) ή λάθος (✗); / True or false? Mark (T) for true and (F) for false.

(a) Υπάρχουν πολλές ιδιωτικές και κρατικές τράπεζες.
(b) Η Τράπεζα Ελλάδος είναι κρατική.
(c) Η Ελλάδα έχει πάνω από 1000 τραπεζικές μηχανές.
(d) Μερικές τράπεζες δίνουν συνάλλαγμα.
(e) Είναι ανοιχτά από Δευτέρα μέχρι Παρασκευή.
(f) Η Westminster είναι Αγγλική τράπεζα.
(g) Οι τράπεζες κλείνουν στις 2.30 τις Παρασκευές.
(h) Δεν μπορεί κανένας να έχει λεφτά σε συνάλλαγμα.

11 Answer the following questions.

(a) Έχει ομοιότητες το Αγγλικό με το Ελληνικό τραπεζικό σύστημα;
(b) Πόσες Ελληνικές τράπεζες υπάρχουν;
(c) Πόσες ξένες τράπεζες υπάρχουν;
(d) Πώς μπορεί κανένας να έχει τα λεφτά του;
(e) Ποιες τράπεζες δέχονται ή δίνουν συνάλλαγμα;
(f) Πότε ανοίγουν και πότε κλείνουν οι τράπεζες;

——— Πέρα από τη γλώσσα! ———

SOME FACTS WORTH KNOWING

- In a list of the 20 most profitable companies on the Greek stock market, the first five places are held by the five largest banks. The next 15 places go to other banks, investment companies, and dairy, cigarette and canning companies.

- More than 50 % of Greeks have independent sources of income (**εισοδηματίες**), around 20 % are manufacturers (**βιομήχανοι**) or tradespeople (**έμποροι**), around 5 % are hired workers (**μισθωτοί**), more than 15 % are freelance/self-employed (**ελεύθεροι επαγγελματίες**) and about 7 % are pensioners (**συνταξιούχοι**).

- One in two Greeks has a phone (**τηλέφωνο**) and almost one in three has a radio (**ράδιο**) and nearly one in four has a TV set (**τηλεόραση**).

12

ΕΙΧΑ ΕΝΑ ΤΡΟΜΕΡΟ
ΠΟΝΟΚΕΦΑΛΟ!

I had a pounding headache!

In this unit you will learn how to

- express feelings
- talk to a doctor
- ask for remedies
- name different professions
- name different sports

 ———————— **Διάλογοι** ————————

1 Πού ήσουν εχθές; / Where were you yesterday?

Mary didn't go to her office yesterday and one of her colleagues is quizzing her.

Τασία   Καλημέρα Μαίρη. Σε χάσαμε χθες! Πού ήσουν;
Mary   Ήμουν αδιάθετη. Είχα ένα τρομερό πονοκέφαλο κι έτσι έμεινα σπίτι.
Τασία   Είσαι καλύτερα σήμερα;
Mary   Ναι, αλλά εχτές όλα βούϊζαν στο κεφάλι μου.
Τασία   Πήγες σε κανένα γιατρό;
Mary   Δεν πήγα σε γιατρό. Εχτές το μεσημέρι πήγα σ'ένα φαρμακείο. Ο φαρμακοποιός μου έδωσε ένα ισχυρό χάπι για πονοκέφαλους και ημικρανίες.

Τασία	Γιατί είχες ημικρανίες;
Mary	Δυστυχώς, έχω ημικρανίες από τότε που ήμουν μικρό παιδί.
Τασία	Αν είναι έτσι, γιατί δεν κάθισες σπίτι;
Mary	Καθόμουν σπίτι συνέχεια εχθές. Βαρέθηκα! Ήρθα στη δουλειά να πάρω λίγο καθαρό αέρα! Δεν θα δουλέψω όμως!
Τασία	Α! Ωραία! Εγώ νόμιζα πως μόνο οι Έλληνες δε δουλεύουν σκληρά.
Mary	Και οι Άγγλοι όταν έχουν πονοκέφαλο . . .

Λέξεις και εκφράσεις

ήσουν *you were*	**το φαρμακείο** *chemist's/pharmacy*
(ε)χθές *yesterday*	**ο/η φαρμακοποιός** *chemist* (m + f)
σε χάσαμε *we missed you*	**έδωσε** *she gave*
αδιάθετος /-η /-ο *sick* (not feeling well)	**ισχυρός /-ή /-ό** *strong*
	το χάπι *pill* (n)
είχα *I had*	**η ημικρανία** *migraine* (f)
τρομερός /-ή /-ό *awful, terrible*	**το παιδί** *child* (n)
ο πονοκέφαλος *headache* (m)	**κάθισες** *you stayed,* (lit. *you sat down*)
ο πόνος *pain* (m)	**καθόμουν** *I had been sitting*
το κεφάλι *head* (n)	**συνέχεια** *continually*
κι 'έτσι *so, because of that*	**βαρέθηκα** *I was bored*
έμεινα *I stayed*	**ήρθα** *I came*
το σπίτι *house* (n)	**ήρθα στην δουλειά να πάρω λίγο**
όλα βούϊζαν στο κεφάλι μου *my head was spinning*	**καθαρό αέρα!** *I came to work to get some fresh air!*
πήγες; *did you go?*	**νόμισα** *I thought*
ο/η γιατρός *doctor* (m + f)	**σκληρά** *hard*

2 Πώς περάσατε το Σαββατοκύριακο; / *How was your weekend?*

Tim and Mary visited the island of Spetses last weekend; Mary explains their adventures there.

Στέλιος	Γεια σου Μαίρη. Καλή βδομάδα!
Mary	Καλημέρα Στέλιο. Τι κάνεις;
Στέλιος	Καλά. Πώς περάσατε το Σαββατοκύριακο; Πήγατε πουθενά;

Mary	Τι να σου πω; Ήταν ένας εφιάλτης! Πήγαμε στις Σπέτσες και εκεί . . .
Στέλιος	Πες μου, πες μου! Θέλω να μάθω . . .
Mary	Εκεί που λες έπαθα τροφική δηλητηρίαση. Έμεινα στο κρεβάτι και τις δύο ημέρες. Έπρεπε να πάρω κάτι φάρμακα . . . πάλι καλά που δεν ήταν σοβαρό να μείνω μέσα σε νοσοκομείο.
Στέλιος	Λυπάμαι που έγινε έτσι. Ο Tim τι έκανε;
Mary	Ο Tim πέρασε ωραία! Ξέρεις ότι του αρέσει το κολύμπι και το βάδην. Έτσι κολύμπησε αρκετά, περπάτησε αρκετά και έτρεξε αρκετά. Τις άλλες ώρες ήταν νοσοκόμος σ'εμένα!
Στέλιος	Μπα, έτσι ο Tim. Ωραία πέρασε.
Mary	Ωραία πέρασε αλλά όχι τώρα. Έπαθε υπερκόπωση και τώρα είναι σπίτι, χρειάζεται ανάπαυση.
Στέλιος	Αναπαύεται δηλαδή πάλι ωραία περνάει.
Mary	Μην το λες. Δε νομίζω. . .

Λέξεις και εκφράσεις

καλή βδομάδα! *have a, nice, productive week! (* lit. *good week)*
περάσατε *you spent*
το Σαββατοκύριακο *weekend (* lit. *Saturday-Sunday)*
πουθενά *nowhere / anywhere*
τι να σου πω; *what can I tell you?*
ο εφιάλτης *nightmare* (m)
θέλω να μάθω *I want to know*
έπαθα *I had (* lit. *I suffered / I went through)*
τροφικός /-ή /-ό *food*
η δηλητηρίαση *poisoning* (f)
έμεινα *I stayed*
το φάρμακο *medicine* (n)
σοβαρός /-ή /ό *serious*
το νοσοκομείο *hospital* (n)

το κολύμπι *swimming* (n)
το βάδην *walking / jogging* (n)
κολύμπησε *he swam*
αρκετά *enough*
περπάτησε *he walked*
έτρεξε *he ran*
ο/η νοσοκόμος *nurse* (m + f)
μπα! *wow!* (surprise)
η υπερκόπωση *over-exhaustion*
η κόπωση *fatigue, exhaustion*
χρειάζομαι *I need*
η ανάπαυση *rest* (f)
αναπαύομαι *I rest*
δηλαδή *in other words, that is to say*
μην το λες! *don't say that!*

3 Αισθάνομαι αδιάθετος / *I feel sick*

Tim goes back to work, but he looks really pale. His boss tries to find out what's wrong with him.

κ. Παύλου	Καλημέρα Tim. Είσαι άρρωστος; Λίγο χλωμός φαίνεσαι.
Tim	Δεν είμαι άρρωστος αλλά αισθάνομαι ακόμα αδιάθετος. Δεν ξαναπάω στις Σπέτσες!
κ. Παύλου	Γιατί; Είναι ένα ωραίο νησί...
Tim	Στο ταξίδι έπαθα ναυτία. Στο νησί η Mary έμεινε στο κρεβάτι με τροφική δηλητηρίαση. Και τώρα εγώ έπαθα υπερκόπωση. Και είμαι χλωμός. Τι άλλο θα γίνει;
κ. Παύλου	Πολύ μαύρα τα βλέπεις. Μην είσαι τόσο απαισιόδοξος. Τα Ελληνικά σου γίνονται καλύτερα μέρα με την ημέρα. Συνήθισες την Αθήνα. Αγάπησες την Ελληνική κουζίνα. Και είσαι ένας πολύ καλός τραπεζικός υπάλληλος. Τι άλλο θέλεις;
Tim	Να ήμουν γιατρός! Να ήξερα τι έχω πάθει... Ή μάγειρας... να μαγείρευα στη Mary για να μην πάθει τροφική δηλητηρίαση.
κ. Παύλου	Εγώ λέω να ήσουν πιλότος! Για να είσαι πολύ ψηλά όταν γκρινιάζεις έτσι να μη μπορεί να σε ακούει κανένας!
Tim	Καλή συμβουλή! Σας ευχαριστώ κύριε Παύλου.

Λέξεις και εκφράσεις

άρρωστος /-η /-ο   *ill*
χλωμός /-ή /-ό   *pale*
φαίνομαι   *I look*
έπαθα ναυτία   *I was sea-sick*
η ναυτία   *sea-sickness, nausea*
τι άλλο θα γίνει;   *what else is going to happen?*
πολύ μαύρα τα βλέπεις   *you see everything black, you are very pessimistic* (idiom)
απαισιόδοξος /-η /-ο   *pessimist*

μέρα με την ημέρα   *day by day*
συνήθισες   *you became used to*
αγάπησες   *you loved, you fell in love*
ο/η υπάλληλος   *officer* (here), *clerk, employee* (m + f)
να ήμουν γιατρός!   *I wish I were a doctor!*
να ήξερα...   *(so I could) know*
τι έχω πάθει   *what I am suffering from*

ο μάγειρας   *cook* (m)
να μαγείρευα   *(so I could) cook*
ο/η πιλότος   *pilot* (m + f)
υψηλός /-ή /-ό   *high*
γκρινιάζω   *I complain / moan*

έτσι να μην μπορεί να σε ακούει
κανένας!   *so, it is not possible for
anyone to hear you!*
η συμβουλή   *advice* (f)

———— Χρήσιμα γλωσσικά σημεία ————

ΕΙΣΑΙ ΑΡΡΩΣΤΟΣ; / ARE YOU ILL?

In a serious medical emergency people always use their mother tongue, wherever they are. Nevertheless, it is important for you to develop a working vocabulary for feelings, talking to doctors, asking for remedies and understanding basic medical jargon. Here are a few basic terms:

Χρειάζομαι ένα γιατρό γρήγορα/αμέσως.   *I need a doctor quickly/at once.*

Ένα γιατρό που να μιλά Αγγλικά.   *A doctor who can speak English.*

Πού είναι το ιατρείο;   *Where's the doctor's office?*

Δεν αισθάνομαι καλά.   *I don't feel well.*

Έχω πυρετό.   *I have got a fever / temperature.*

πονοκέφαλο.   *headache (το κεφάλι: head)*

κοιλόπονο.   *pain in the belly/ stomach (η κοιλιά : belly)*

πονόλαιμο.   *sore throat (ο λαιμός: throat)*

Αισθάνομαι άρρωστος.   *I feel ill.*

αδιάθετος.   *sick.*

ναυτία.   *sea-sick.*

ζάλη.   *dizzy.*

Τι έχετε;   *What's the trouble?*

Πού πονάτε;   *Where does it hurt?*

Πόσο καιρό έχετε αυτόν τον πόνο;   *How long have you had this pain?*

Σηκώστε το μανίκι σας.   *Roll up your sleeve.*

Παρακαλώ, γδυθείτε/ξαπλώστε.   *Please undress/lie down.*

Συμπτώματα (*symptoms*)

το κρύωμα	*cold*
το άσθμα	*asthma*
το άγχος	*stress*
η διάρροια	*diarrhoea*
η γρίππη	*influenza*
η πνευμονία	*pneumonia*

Some extra vocabulary

ο/η ειδικός	*specialist*
η εξέταση	*examination*
ο/η αλλεργικός	*allergic*
η κορτιζόνη	*cortisone*
η πενικιλλίνη	*penicillin*
το αντιβιοτικό	*antibiotic*
το φάρμακο	*medicine*
η θεραπεία	*treatment*
το αντισηπτικό	*antiseptic*
η συνταγή	*prescription*

Basic body parts

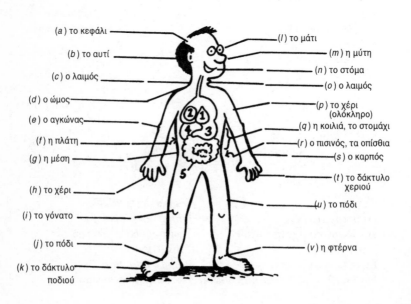

(*a*) το κεφάλι
(*b*) το αυτί
(*c*) ο λαιμός
(*d*) ο ώμος
(*e*) ο αγκώνας
(*f*) η πλάτη
(*g*) η μέση
(*h*) το χέρι
(*i*) το γόνατο
(*j*) το πόδι
(*k*) το δάκτυλο ποδιού

(*l*) το μάτι
(*m*) η μύτη
(*n*) το στόμα
(*o*) ο λαιμός
(*p*) το χέρι (ολόκληρο)
(*q*) η κοιλιά, το στομάχι
(*r*) ο πισινός, τα οπίσθια
(*s*) ο καρπός
(*t*) το δάκτυλο χεριού
(*u*) το πόδι
(*v*) η φτέρνα

η καρδιά *heart*	**το συκώτι** *liver*
τα πνευμόνια *lungs*	**τα έντερα** *intestine*
το στομάχι *stomach*	**τα σπλάχνα** *bowels!*

ΤΟΥ ΑΡΕΣΕΙ ΤΟ ΚΟΛΥΜΒΙ ΚΑΙ ΤΟ ΒΑΔΗΝ / HE LIKES SWIMMING AND JOGGING/WALKING

Do you like sports? Do you like to participate in sports or do you prefer to watch them on the TV? What you notice when starting to talk about sports (**σπορ**) is that many of them keep their English names with a slight Greek accent, such as **τένις** (*tennis*). *Jogging* is **τζόγκιν ή γρήγορο βάδην** (*brisk walking!*). Study the sports below and familiarise yourself especially with the ones you like to watch or participate in.

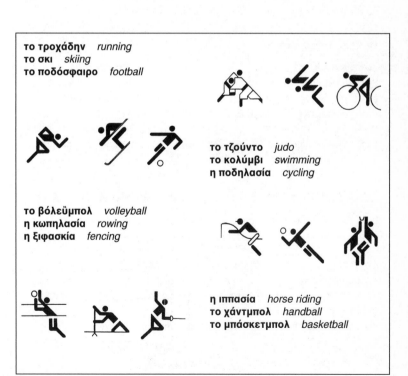

το τροχάδην *running*
το σκι *skiing*
το ποδόσφαιρο *football*

το τζούντο *judo*
το κολύμβι *swimming*
η ποδηλασία *cycling*

το βόλεϋμπολ *volleyball*
η κωπηλασία *rowing*
η ξιφασκία *fencing*

η ιππασία *horse riding*
το χάντμπολ *handball*
το μπάσκετμπολ *basketball*

ΚΑΘΟΜΟΥΝ ΣΠΙΤΙ ΣΥΝΕΧΕΙΑ ΕΧΘΕΣ / I STAYED HOME ALL DAY [LIT. CONTINUALLY] YESTERDAY

The vocabulary below is important for you to study and learn.

Indefinite frequency

100%	πάντα / συνέχεια	*always / continually*
90%	συνήθως / νορμάλ / σχεδόν πάντα	*usually / normally*
75%	συχνά	*often / frequently*
50%	μερικές φορές, περιοδικά	*sometimes / periodically*
25%	σπάνια	*rarely / seldom*
10%	σχεδόν ποτέ	*hardly ever*
0%	ποτέ	*never*

The numbers are a general indication, not exact values.

Definite frequency

κάθε λεπτό	*every minute*
κάθε ώρα / ωριαίως / -α	*every hour / hourly*
κάθε μέρα / ημερησίως / -α	*every day / daily*
κάθε εβδομάδα / εβδομαδιαίως / -α	*every week / weekly*
κάθε μήνα / μηνιαίως / -α	*every month / monthly*
κάθε χρόνο / χρονιαίως / -α / ετησίως	*every year / yearly*

ΝΑ ΗΜΟΥΝ ΓΙΑΤΡΟΣ! / I WISH I WERE A DOCTOR!

Make sure you know these professions from this unit.

ο/η γιατρός	*doctor*	ο/η υπάλληλος	*clerk*
ο/η φαρμακοποιός	*chemist*	ο μάγειρας	*cook*
ο/η νοσοκόμος /-α	*nurse*	ο πιλότος	*pilot*

Test your memory now on some professions from previous units.

ο/η σερβιτόρος /-α	*waiter / waitress*
ο ταξιτζής	*taxi-driver*

ο περιπτεράς	*kiosk owner*
ο/η γραμματέας	*secretary*
ο πωλητής	*salesman*
η πωλήτρια	*saleswoman*

The cartoons below depict some other popular professions. Look out for those that are almost similar in both languages.

ο μαθητής	*student*
ο δάσκαλος	*teacher*
ο εργάτης	*worker*
ο κτίστης	*builder*
ο κτηνίατρος	*veterinarian*
ο λογιστής	*book-keeper*
ο αρχιτέκτονας	*architect*
ο ζωγράφος	*painter*
ο αστυνομικός	*policeman*
ο οδηγός	*driver*
ο πιανίστας	*pianist*
ο συνταξιούχος	*pensioner*

ΚΑΛΗ ΒΔΟΜΑΔΑ! / HAVE A NICE WEEK!

In Greek there are many expressions of 'good wishes' that have no English equivalents. Study them and become familiar with them; Greeks use them frequently in daily exchanges.

Καλή (ε)βδομάδα!	*Have a nice, productive week!* (a wish heard on Mondays when people go back to work)
Καλό μήνα!	*Have a nice, productive, healthy month!* (a wish heard on the 1st of each month)
Καλό χρόνο (έτος) or Καλή χρονιά!	*Have a nice, productive, and healthy year!* (a wish heard on the first days of each year)
Καλό Σαββατοκύριακο!	*Have a nice week-end!* (a wish heard on Fridays/Saturdays)

Καλή ξεκούραση! or Καλή
ανάπαυση!

Have a nice rest! (a wish heard
when people go home at the end
of the day from their work)

Do you still remember some other expressions from previous units?

Καλή όρεξη!
Καλή χώνεψη!
Καλή διαμονή! / Καλή
παραμονή!

Bon appetit!
Have a good digestion!
Have a nice stay! (at hotels)

Γραμματικές παρατηρήσεις

1 Πού ήσουν; / *Where were you ?*

At any level of discussion you talk about people or events taking place:
in the past (I did, I ate, I went, I have gone)
in the present (I am talking, I am leaving, I study, I smoke)
in the future (I will go, I will eat, I will be watching)

Both *present* and *future* were featured in the previous nine units. In the last three units of this book more attention is given to verb forms in the *past* tense. Notice below the conjugation of the two verbs είμαι (*I am*) έχω (*I have*) in the past tense.

ήμουν(α)	*I was*	είχα	*I had*
ήσουν(α)	*you were*	είχες	*you had*
ήταν(ε)	*he / she / it was*	είχε	*he / she / it had*
ήμασταν	*we were*	είχαμε	*we had*
ήσασταν	*you were*	είχατε	*you had*
ήταν(ε)	*they were*	είχαν	*they had*

Note that the usual ending -ω becomes -α, and there is an additional letter at the beginning of some verbs. Pay attention to both points, study and learn the past form of regular and irregular verbs in context and in the exercises.

Below is a long list of all verbs you have already met in the past tense – all from Unit 12, except the first three.

Main verb form		Past verb form	
ξεχνώ	*I forget* (unit 2)	ξέχασα	*I forgot*
λέ(γ)ω	*I say* (unit 5)	είπα	*I said*
φτάνω	*I arrive* (unit 5)	έφτασα	*I arrived*
είμαι	*I am*	ήμουν(α)	*I was*
χάνω	*I miss*	έχασα	*I missed*
μένω	*I stay*	έμεινα	*I stayed*
πηγαίνω	*I go*	πήγα	*I went*
δίνω	*I give*	έδωσα	*I gave*
κάθομαι	*I sit/stay*	κάθισα	*I sat / stayed*
βαριέμαι	*I am bored*	βαρέθηκα	*I was bored*
έρχομαι	*I come*	ήρθα	*I came*
νομίζω	*I think*	νόμισα	*I thought*
παθαίνω	*I suffer*	έπαθα	*I suffered*
κάνω	*I do/make*	έκανα	*I did, made*
περνώ	*I spend*	πέρασα	*I spent*
κολυμβώ	*I swim*	κολύμπησα	*I swam*
περπατώ	*I walk*	περπάτησα	*I walked*
τρέχω	*I run*	έτρεξα	*I ran*
συνηθίζω	*I get used to*	συνήθισα	*I got used to*
αγαπάω	*I love*	αγάπησα	*I loved*
ξέρω	*I know*	ήξερα	*I knew*

Don't be discouraged by this list; you already know some verbs especially in the main verb form, and some verb forms in the past tense don't change:

νομίζω → νόμισα,
κάνω → έκανα,
ξέρω → ήξερα

And some of the verbs do change dramatically:

έρχομαι → ήρθα

It might be a good idea to keep this list as a reference table until you feel confident that you are familiar with them all.

2 Έτσι έμεινα σπίτι / So I stayed at home

As previously mentioned, some verbs take an additional letter on to the stem. The verb **μένω** (*I stay*) has **μέν-** as its stem and **-ω** as its ending. Notice the changes that take place in the present, future and past of this verb.

Stem / Ending	Stem / Ending	Prefix / Stem / Ending
μέν - ω	θα μείν - ω	έ - μειν - α
μέν - εις	θα μείν - εις	έ - μειν - ες
μέν - ει	θα μείν - ει	έ - μειν - ε
μέν - ουμε	θα μείν - ουμε	- μείν - αμε
μέν - ετε	θα μείν - ετε	- μείν - ατε
μέν - ουν	θα μείν - ουν	έ - μειν - αν
I stay	*I will stay*	*I stayed*

The additional letter **ε-** is missing from the *we-* and *you-* forms in the plural. The following verbs, have a similar conjugation in the past tense:

έφτασα
έχασα
έμεινα
έδωσα
έπαθα
έκανα
έτρεξα
ήξερα

All these except for **ήξερα** take the prefix **ε-**, and **ήξερα** adds **η-** as a prefix.

☑ – Η πρακτική μας κάνει καλύτερους –

1 The following are situations you are likely to encounter in Greece.

   (*a*) It's Monday. You meet someone who wishes you 'καλή (ε)βδομάδα'. What will you answer?

(*b*)   It's the first day of the month. You want to wish a Greek friend a productive and healthy new month! What do you say?

(*c*)   You have just finished eating. A friend of yours says, 'Καλή χώνεψη!' What will you say?

(*d*)   You haven't seen someone for some time. How would you say: 'We missed you. Where have you been?'?

(*e*)   It's Monday. Ask a friend how his weekend was and where he spent it.

(*f*)   There is an emergency. Ask for a doctor right away.

(*g*)   A friend of yours does not look well. Ask: 'Are you sick? You look kind of [lit. a little bit] pale!'.

2   Match each question with the most appropriate answer.

(*a*)   Πώς πέρασες το Σαββατοκύριακο;
(*b*)   Πήγες πουθενά;
(*c*)   Έχετε χάπια για πονοκεφάλους;
(*d*)   Τι πρέπει να κάνω γιατρέ;
(*e*)   Πώς αισθάνεστε σήμερα;

(i)   Ναι βέβαια. Έχετε και ημικρανίες;
(ii)   Έτσι κι έτσι. Λίγο καλύτερα από χθές.
(iii) Αρκετά καλά αν και δεν έκανα τίποτα!
(iv)   Πρέπει να μείνετε σπίτι συνέχεια.
(v)   Ναι, στο σπίτι του αδελφού (*brother*) μου.

3   Describe what happened to you. The vocabulary in the box overleaf might help you too!

(*a*)   Σκόνταψα σε μία πέτρα (*stone*) ...
(*b*)   Κτύπησα το κεφάλι μου στον τοίχο (*wall*) ...
(*c*)   Έκοψα το δάκτυλο μου ...
(*d*)   Έπιασα το χέρι μου στην πόρτα ...
(*e*)   Έπεσα από τις σκάλες (*stairs*) ...

... και ...
(i)   έβγαλα καρούμπαλο (*bump, lump*).
       [= a bump came out]
(ii)   μάτωσε (αίμα = *blood*).
(iii) έσπασαν δύο δάκτυλα.
(iv)   κτύπησα τα χέρια μου και τα πόδια μου.
(v)   έσπασα το πόδι μου.

σκοντάφτω *I trip over*	→	σκόνταψα
κόβω *I cut*	→	έκοψα
κτυπώ *I hit*	→	κτύπησα
πιάνω *I catch*	→	έπιασα
πέφτω *I fall*	→	έπεσα
βγάζω *I take out*	→	έβγαλα
ματώνω *I bleed*	→	μάτωσα
σπάω *I break*	→	έσπασα

4 Tell the doctor what's wrong with you using the expressions below. Match the pictures to the phrases.

(a) Το κεφάλι μου βουίζει.

(b) Αισθάνομαι να κάνω εμετό (*I vomit*).

(c) Τρέμω (*I shiver*), τουρτουρίζω (*I am shaking*) από το κρύο = έχω κρυάδες (*I feel a chill*).

(d) Έχω τρομερό πονοκέφαλο.

(e) Δεν έχω καθόλου όρεξη.

(f) Έχω τρομερό κοιλόπονο. (η κοιλιά *belly*)

(g) Με πονάει ο αριστερός μου ώμος.

τρέμω	*I shiver/I am shivering*	**με πονάει ο αριστερός μου**
τουρτουρίζω	*I am shaking*	**ώμος** *my left shoulder hurts*
με πονάει	*it hurts* (lit. *to me, or*	**ο ώμος** *shoulder* (m)
	I hurt)	

5 Complete the dialogue using the information provided.

Στέλιος Καλημέρα, σε χάσαμε! Πού ήσουν;
You (a) *I was on a trip in Crete* (Κρήτη).
Στέλιος Για δουλειές ή ταξίδι αναψυχής (*pleasure*);
You (b) *It was a business trip.* (lit. *trip for business*)
Στέλιος Πόσο καιρό έμεινες;
You (c) *I stayed for three days.*
Στέλιος Πήγες μόνος σου (*alone*) ή με τη γυναίκα σου;
You (d) *I went alone and my wife came the next* (επόμενος /-η /-ο) *day.*
Στέλιος Περάσατε ωραία;
You (e) *We had a good time. Especially* (ειδικά) *my wife because she went shopping every day!*
Στέλιος Τυχεροί! (*Lucky you!*) Εμείς μείναμε σπίτι γιατί η Στέλλα ήταν άρρωστη.
You (f) *Ill? What was wrong with her?*
Στέλιος Είχε συνέχεια διάρροια.
You (g) *That's not nice. How is she now?*
Στέλιος Καλύτερα, καλύτερα.
You (h) *I hope she gets* (να γίνει) *better soon!*

6 Crossword puzzle: Remember you are looking for two words about sport, two words from your list of *definite* and *indefinite* frequency vocabulary, two words about health, and two professions. The vertical, shaded word means *continually*.

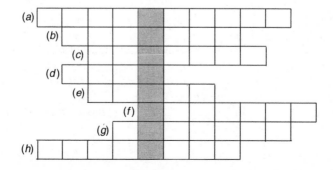

7 Ίδιο ή διαφορετικό; / Similar or different? Match the list on the left with the list on the right.

(a) πόνος   (i) nausea
(b) τζούντο   (ii) antibiotic
(c) χάντμπολ   (iii) pilot
(d) φαρμακείο   (iv) pneumonia
(e) ημικρανία   (v) allergic
(f) ναυτία   (vi) judo
(g) πιλότος   (vii) handball
(h) πνευμονία   (viii) migraine
(i) αλλεργικός   (ix) chemist/pharmacy
(j) αντιβιοτικό   (x) pain

8 Listen to dialogue 3 in this unit again and fill in the missing words. If you don't have the cassette try to fill in the gaps from the words provided opposite.

κ. Παύλου Καλημέρα Tim. Είσαι (a) _____; Λίγο χλωμός (b) _____.

Tim °Δεν είμαι (a) _____ αλλά αισθάνομαι ακόμα αδιάθετος. Δεν ξαναπάω στις Σπέτσες!

κ. Παύλου Γιατί; Είναι ένα ωραίο (c) _____. . .

Tim Στο ταξίδι έπαθα ναυτία. Στο (c) _____ η Mary έμεινε στο κρεβάτι με τροφική δηλητηρίαση. Και τώρα εγώ έπαθα (d) _____. Και είμαι χλωμός. Τι άλλο θα γίνει;

κ. Παύλου Πολύ μαύρα τα βλέπεις. Μην είσαι τόσο (e) _____. Τα Ελληνικά σου γίνονται καλύτερα μέρα με την ημέρα. (f) _____ την Αθήνα. Αγάπησες την Ελληνική κουζίνα. Και είσαι ένας πολύ καλός τραπεζικός (g) _____. Τι άλλο θέλεις;

Tim Να ήμουν γιατρός! Να ήξερα τι έχω πάθει. . . Ή (h) _____. . . να μαγείρευα στη Mary για να μην πάθει τροφική δηλητηρίαση.

κ. Παύλου Εγώ λέω να ήσουν πιλότος! Για να είσαι πολύ (i) _____ όταν γκρινιάζεις έτσι να μη μπορεί να σε ακούει κανένας!

Tim Καλή (j) _____! Σας ευχαριστώ κύριε Παύλου.

νησί   υπάλληλος   άρρωστος   ψηλά

απαισιόδοξος   συνήθισες   φαίνεσαι

υπερκόπωση   μάγειρας   συμβουλή

Λίγο ακόμα!

ΜΕΡΙΚΑ ΣΤΑΤΙΣΤΙΚΑ ΣΤΟΙΧΕΙΑ ΓΙΑ ΤΗΝ ΥΓΕΙΑ / SOME STATISTICAL DATA ABOUT HEALTH

Είναι καλό να ξέρετε μερικά στατιστικά στοιχεία για την υγεία στην Ελλάδα. Οι πίνακες παρακάτω θα σας βοηθήσουν να έχετε μία πιο πλήρη εικόνα. Για την ώρα μερικοί αριθμοί. Η Ελλάδα είχε 34.336 γιατρούς το 1990 που το 49,3% ήταν στην Αθήνα και το 50,7% στην υπόλοιπη Ελλάδα. Την ίδια χρονιά είχε 10.038 οδοντο-γιατρούς και 10.038 φαρμακεία! Από το 1971 μέχρι το 1991 οι γεννήσεις μειώθηκαν από 16 σε 10 ανά 1.000 κατοίκους ενώ οι θάνατοι αυξήθηκαν από 8 σε 9 ανά 1.000 κατοίκους. Οι γάμοι επίσης μειώθηκαν από 8 σε 5 ανά 1.000 κατοίκους ενώ τα διαζύγια αυξήθηκαν από 50 σε 95 ανά 1.000 γάμους. Υπήρχε αύξηση επίσης σε καρδιακές παθήσεις από 19,70% σε 31,10% που έγιναν αιτία θανάτου μέσα στην ίδια χρονική περίοδο από το 1971 μέχρι το 1991. Ο καρκίνος και τα εγκεφαλικά επεισόδια είχαν μία μικρή αύξηση ως αίτια θανάτου ενώ άλλες αιτίες γενικά είχαν μία πτώση από 48,60% σε 28,30% μέσα στα 20 χρόνια. Όλα τα στοιχεία είναι από την Εθνική Στατιστική Υπηρεσία Ελλάδας (ΕΣΥΕ).

Λέξεις και εκφράσεις

στατιστικός /-ή /-ό statistical	αυξάνω I increase
στοιχεία data	ο γάμος marriage, wedding (m)
η υγεία health (f)	η αύξηση increase (f)
ο πίνακας statistical table (m)	σε καρδιακές παθήσεις in heart
πλήρης /-ης /-ες complete	diseases
η εικόνα picture (f)	η αιτία cause, reason (f)
υπόλοιπος /-η /-ο rest	το αίτιο cause/reason (n)
την ίδια χρονιά in the same year	μέσα in
ο/η οδοντογιατρός dentist	μέσα στην ίδια χρονική περίοδο
(m + f) (or οδοντίατρος)	in the same time period (lit. in
η γέννηση birth (f)	the same chronic period)
μειώνω I reduce	ο καρκίνος cancer (m)
ο/η κάτοικος inhabitant, resident	τα εγκεφαλικά επεισόδια
(m + f)	strokes [lit. the brain incidents]
ενώ while	η πτώση decrease (f)
ο θάνατος death (m)	η Υπηρεσία unit (f)

9   Σωστό (✔) ή λάθος (✘); Mark (T) for true and (F) for false.

(a) Υπήρχε ακριβώς ο ίδιος αριθμός οδοντιάτρων και φαρμακείων το 1990.

(b) Ξέρετε ακριβώς πόσους γιατρούς είχε η Ελλάδα το 1990.

(c) Οι περισσότεροι γιατροί και οδοντίατροι στην Ελλάδα είναι στην Αθήνα.

(d) Η Αθήνα έχει τα λιγότερα φαρμακεία στην Ελλάδα.

(e) Οι γάμοι μειώθηκαν στην Ελλάδα από το 1971 μέχρι το 1991.

(f) Τα διαζύγια αυξήθηκαν στην Ελλάδα από το 1971 μέχρι το 1991.

(g) Ξέρετε τα αίτια θανάτου από καρδιακές παθήσεις.

(h) Αλλά δεν ξέρετε τα αίτια θανάτου από εγκεφαλικά επεισόδια.

——— **Πέρα από τη γλώσσα!** ———

THE GREEK POPULATION

The population of Greece reached a peak of 10.2 million in 1991. Since then, it has been declining.

I HAD A POUNDING HEADACHE!

This picture shows the distribution of population in the regions of Greece.

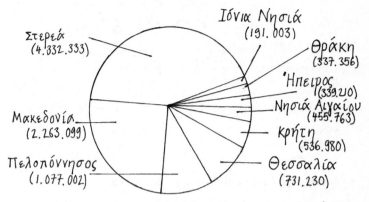

πληθυσμός *population*	**κατά** *according to*
γεωγραφικά διαμερίσματα	
regions, geographical areas	

13

ΤΙ ΚΑΙΡΟ ΕΚΑΝΕ;

What was the weather like?

In this unit you will learn how to

- talk about the weather
- use expressions of time
- get the gist of the weather forecast
- name the months and seasons

 ——————— **Διάλογοι** ———————

1 Τι καιρό έκανε; / *What was the weather like?*

Tim and Mary have just come back from a long weekend in Lamia. The weather had messed up all of their plans so now they are both complaining about it to a couple of friends.

Ηλέκτρα	Έλα Tim πες μας. Πώς ήταν το ταξείδι σας στη Λαμία; Πού πήγατε; Τι καιρό έκανε; Όλα!
Tim	Δεν κάναμε τίποτα! Είχαμε προγραμματίσει να κάνουμε τόσα πολλά πράγματα και δεν κάναμε τίποτα.
Αριστείδης	Έλα τι έγινε; Ακούγεσαι και φαίνεσαι πολύ στεναχωρημένος.
Tim	Έχουμε πάει κι άλλες φορές στη Λαμία. Αυτό το γεγονός δεν έχει ξανασυμβεί. Πω, πω, Θεέ μου!
Αριστείδης	Μας έχεις βγάλει την πίστη! Mary γιατί δε μας λες εσύ τι συνέβει;

Mary	Τι να σας πω; Δεν έχω στεναχωρηθεί ποτέ άλλοτε έτσι. Έχουμε τηλεφωνήσει στους φίλους μας για το τριήμερο. Αυτοί έχουν σχεδιάσει να κάνουμε τόσα πράγματα και τελικά ο καιρός μας τα χαλάει όλα.
Ηλέκτρικα	Μα τι καιρό έκανε τέλος πάντων; Η Λαμία δεν είναι τόσο μακριά από την Αθήνα.
Μαρυ	Τέτοιο παλιόκαιρο! Εκείνο το τριήμερο είχαν άλλον Θεό εκεί.
Ηλέκτρα	Έλα τώρα, μη λες τέτοια λόγια!

Λέξεις και εκφράσεις

πες μας   *tell us*
είχαμε προγραμματίσει   *we had planned*
τόσα πολλά πράγματα   *so many things*
ακούγεσαι   *you sound*
φαίνεσαι   *you look*
στεναχωρημένος/-η/-ο   *worried, troubled, concerned*
έχουμε πάει   *we have been to* (lit. *we have gone*)
το γεγονός   *event, fact* (n)
δεν έχει ξανασυμβεί   *it has never happened (occurred) before*
πω, πω, Θεέ μου!   *oh, my goodness!*
μας έχει βγάλει την πίστη!   *we sweated our guts out!*
τι συνέβει   *what happened*
δεν έχω στεναχωρηθεί   *I have not been troubled, worried*

ποτέ άλλοτε   *never before*
έτσι   *like that*
έχουμε τηλεφωνήσει   *we have called*
το τριήμερο   *long weekend* (lit. *three-day event*)
έχουν σχεδιάσει   *they have planned*
τελικά   *at the end, finally*
ο καιρός μας τα χαλάει όλα   *the weather messes up everything*
τέλος πάντων   *after all*
τέτοιο παλιόκαιρο!   *such awful weather!*
εκείνος/-η/-ο   *that*
ο Θεός   *God* (m)
μη λες τέτοια λόγια!   *don't say this kind of thing* (lit. *such words*)

2 Έβρεξε καρεκλοπόδαρα! / *It rained cats and dogs!*

Ηλέκτρα and Αριστείδης finally hear the end of the story; Mary tells them everything!

Ηλέκτρα	Όλα ακούγονται μαύρα κι άραχνα! Θα μας πείτε τελικά τι έγινε;

Mary	Ναι! Έβρεχε συνέχεια καρεκλοπόδαρα! Έβρεξε καρεκλοπόδαρα για εβδομήντα δύο ώρες. Δε σταμάτησε ποτέ. Φτάσαμε στο σπίτι των φίλων μας με βροχή, πολλή βροχή. Μείναμε τρεις μέρες μέσα στο σπίτι συνέχεια και μετά επιστρέψαμε στην Αθήνα. Αυτή είναι η ιστορία μας.
Αριστείδης	Οι φίλοι σας τι έκαναν; Δεν είδατε καθόλου τηλεόραση; Δε φάγατε; Δε μιλήσατε;
Mary	Όχι! Δε θέλαμε να δούμε τηλεόραση ή να ακούσουμε ράδιο. Δε θέλαμε να φάμε του σκασμού! Θέλαμε να πάμε στο κάστρο στην Ακρολαμία και σε δύο μουσεία μέσα στη Λαμία. Έπειτα οι φίλοι μας θα μας οδηγούσαν στις Θερμοπύλες και ύστερα στα Καμένα Βούρλα που μας έλεγαν ότι είναι ωραίο θέρετρο για κανένα μπάνιο . . .
Tim	Πού τέτοια τύχη όμως; Αντί για όλα αυτά εμείς μείναμε σπίτι.
Ηλέκτρα	Έχει γυρίσματα ο τροχός! Θα έχετε την ευκαιρία να πάτε πίσω ξανά. Έτσι δεν είναι;
Mary	Έτσι είναι. Βέβαια! Του χρόνου! . . .

Λέξεις και εκφράσεις

όλα ακούγονται μαύρα κι άραχνα! *everything sounds (is) gloom and doom!*
έβρεχε *it was raining (it had been raining)*
τα καρεκλοπόδαρα *cats and dogs* (here) (lit. *chair legs*)
δε σταμάτησε ποτέ *it never stopped*
φτάσαμε *we arrived*
επιστρέψαμε *we returned*
η ιστορία *story* (f) (lit. *history*)
δεν είδατε; *didn't you watch?* (lit. *see*)
δε φάγατε; *didn't yout eat?*
δε μιλήσατε; *didn't you talk?*
να ακούσουμε *to listen to*
το ράδιο *radio* (n)

του σκασμού! *(eating) to bursting point!*
το κάστρο *castle* (n)
θα μας οδηγούσαν *they would drive us*
οι Θερμοπύλες *an archaeological site*
το θέρετρο *resort* (n)
το μπάνιο *swim* (n)
για μπάνιο *for swimming*
πού τέτοια τύχη όμως; *we were out of luck! No such luck!*
αντί *instead*
έχει γυρίσματα ο τροχός! *the tables turn!*
ο τροχός *wheel* (m)
η ευκαιρία *chance* (f)
του χρόνου! *next year!*

3 Ποιος έφταιγε; / Who was to blame?

Who was to blame? The weather, the season, Lamia itself or London?
Listen to and read the last part of their conversation.

Tim	Έχουμε αποφασίσει να μην πάμε στη Λαμία ξανά! Ούτε του χρόνου, ούτε του παραχρόνου, ούτε ποτέ!
Αριστείδης	Γιατί βρε Tim; Κοίτα τον καιρό σήμερα. Έχει μία υπέροχη λιακάδα κι ένα δροσερό αεράκι. Λένε ότι μπορεί να βρέξει το βράδυ αλλά δε νομίζω. Κι ο καιρός είναι παρόμοιος στη Λαμία σήμερα.
Mary	Μην του μιλάτε για τη Λαμία!
Ηλέκτρα	Δεν έχεις δίκιο όμως Tim. Στο Λονδίνο βρέχει κάθε μέρα. Προχτές έριξε χαλάζι. Όλοι οι δρόμοι είναι βρεγμένοι κι επικίνδυνοι. Εδώ όμως, δε βλέπεις;
Tim	Μη μου μιλάτε για το Λονδίνο! Γι'αυτό έχω έλθει στην Ελλάδα. Δεν ήθελα άλλες βροχές και χιόνια. Άλλο κρύο και παγωνιά. Ήθελα ήλιο, θάλασσα και αμμουδιά!
Αριστείδης	Χαίρομαι που η Westminster Bank δε σ'έστειλε στην Καβάλα ή την Ξάνθη. Εκεί να δεις χειμώνες . . .
Mary	Δεν είναι όμως χειμώνας τώρα. Είναι άνοιξη και περίμενα πώς και πώς αυτή την εποχή. Όλοι μας έλεγαν ότι είναι η καλύτερη εποχή στην Αθήνα.
Ηλέκτρα	Αυτό να λέγεται! Είναι πράγματι η καλύτερη εποχή . . .

Λέξεις και εκφράσεις

έχουμε αποφασίσει *we have decided*

ούτε . . . ούτε . . . *neither . . . nor . . .*

του παραχρόνου *the year after next*

βρε *untranslated emphatic particle*

ο καιρός *weather* (m)

η λιακάδα *sunshine* (f)

δροσερός/-ή/-ό *cool*

το αεράκι *(little) wind, breeze* (n)

ο αέρας *wind* (m)

λένε ότι *rumour has it that* (lit. *it is said that)*

μπορεί να βρέξει *it might rain*

το δίκιο *right* (n)

προχθές *the day before yesterday*

έριξε χαλάζι *it hailed* [lit. *hail was dropped]*

το χαλάζι *hail* (n)

βρεγμένος/-η/-ο *wet*

επικίνδυνος/-η/-ο *dangerous*

έχω έλθει *I have come*

βροχές και χιόνια *rain and snow* (lit. *they are both plural – rains and snows!)*

το κρύο *cold* (n)

η παγωνιά *frost* (f)

ο ήλιος   sun (m)
η θάλασσα   sea (f)
η αμμουδιά   sand (f)
δεν σε έστειλε   you were not sent
η Καβάλα/η Ξάνθη   towns in
   northern Greece
εκεί να δεις χειμώνες!   there you
   (could) realise [lit. see] winters!
ο χειμώνας   winter (m)

η άνοιξη   spring (f)
περίμενα πώς και πώς   I looked
   forward to (idiom), I was very
   eager/excited . . .
η εποχή   season (f)
αυτό να λέγεται!   that goes without
   saying!
πράγματι   indeed

Χρήσιμα γλωσσικά σημεία

Ο ΚΑΙΡΟΣ ΣΤΗΝ ΕΛΛΑΔΑ / THE WEATHER IN GREECE

There are three verbs used frequently with different weather conditions:
κάνει, **έχει** and **είναι**. Typical questions about the weather are:

Τι καιρό **κάνει** σήμερα;	*What's the weather like today?*
Τι καιρό **έχει** στην Αθήνα;	*What's the weather like in Athens?*
Πώς **είναι** ο καιρός στο Λονδίνο;	*What's the weather like in London?*

Some typical answers to these qusetions are:

Είναι υπέροχος, είναι εξαίσιος, είναι θαυμάσιος.	*It's marvellous, it's brilliant, it's wonderful.*
Είναι άσχημος, είναι απαίσιος, είναι κακός.	*It's awful, it's terrible, it's bad.*
Είναι αίθριος, είναι άστατος.	*It's fair, it's unsettled.*
Έχει συννεφιά, λιακάδα, ψιχάλα, βροχή, χαλάζι.	*It's cloudy, sunny, there's drizzle, rain, hail.*
Κάνει ζέστη, κρύο, ψύχρα, παγωνιά.	*It's hot, cold, chilly, frosty.*
Ψιχαλίζει, βρέχει, ρίχνει χαλάζι, χιονίζει.	*It drizzles, it rains, it hails, it snows.*

Some useful words and corresponding examples:

ο άνεμος	wind	Φυσάει σήμερα.	*It's windy today.*
ο ήλιος	sun	Έχει λιακάδα σήμερα.	*There is sunshine today.*
η ψιχάλα	drizzle	Ψιχαλίζει στην Αθήνα;	*Is it drizzling in Athens?*
η βροχή	rain	Όχι βρέχει.	*No it's raining.*

η καταιγίδα	*(thunder) storm*	Ρίχνει καταιγίδα.	*There's a thunderstorm.*
η υγρασία	*humidity*	Έχει υγρασία.	*It's humid.*
το χαλάζι	*hail*	Ρίχνει χαλάζι.	*There's hail.*
το χιόνι	*snow*	Χιονίζει συνέχεια.	*It's snowing constantly.*
το σύννεφο	*cloud*	Έχει συννεφιά σήμερα.	*It's cloudy today.*

ΕΙΝΑΙ ΑΝΟΙΞΗ ΤΩΡΑ . . . / IT'S SPRING NOW . . .

The four seasons are:

ο χειμώνας *winter*	**το καλοκαίρι** *summer*
η άνοιξη *spring*	**το φθινόπωρο** *fall, autumn*

. . . and the 12 months of the year are:

ο Ιανουάριος / **ο Γενάρης** *January*	**ο Αύγουστος / ο Αύγουστος** *August*
ο Φεβρουάριος / **ο Φλεβάρης** *February*	**ο Σεπτέμβριος / ο Σεπτέμβρης** *September*
ο Μάρτιος / ο Μάρτης *March*	**ο Οκτώβριος / ο Οκτώβρης** *October*
ο Απρίλιος / ο Απρίλης *April*	**ο Νοέμβριος / ο Νοέμβρης** *November*
ο Μάιος / ο Μάης *May*	**ο Δεκέμβριος / ο Δεκέμβρης** *December*
ο Ιούνιος / ο Ιούνης *June*	
ο Ιούλιος / ο Ιούλης *July*	

As you can see there are generally two words for each month; both are frequently used. All the months and 'winter' are masculine, 'spring' is feminine and 'summer' and 'autumn' are neuter. Have you noticed that the 12 months are similar to English? Listen to the exact pronunciation of the seasons and months if you have the cassette.

Here are some more useful expressions:

την άνοιξη	*in spring*
το καλοκαίρι	*in summer*
το φθινόπωρο	*in autumn*, and
το χειμώνα	*in winter*

Expressions with months take **τον** or **το**:

τον Ιανουάριο *in January*	**τον Ιούλιο** *in July*
τον Απρίλιο *in April*	**τον Αύγουστο** *in August*
τον Ιούνιο *in June*	**τον Οκτώβριο** *in October*
. . . but	
το Φεβρουάριο *in February*	**το Σεπτέμβριο** *in September*
το Μάρτιο *in March*	**το Νοέμβριο** *in November*
το Μάϊο *in May*	**το Δεκέμβριο** *in December*

ΕΒΡΕΞΕ ΚΑΡΕΚΛΟΠΟΔΑΡΑ / IT RAINED CATS AND DOGS

Greek is rich in idioms. It is best to learn these by heart because translation does not often mean much. It is the idioms that really add a new linguistic dimension to the language which would otherwise be very 'sterile'. Look at the difference between 'It rains heavily' and 'It rains cats and dogs'. The latter brings extra 'weight' and 'importance' to the meaning. Likewise in Greek: Βρέχει πάρα πολύ contrasted to Ρίχνει καρεκλοπόδαρα, or Ρίχνει παπάδες, or Βρέχει με το τουλούμι.

Below is a list of all the idioms in this unit. Why don't you create another list from the previous units? It will be a good revision exercise for you.

Μας έχεις βγάλει την πίστη!	*We sweated our guts out! (because of you)*
Έβρεξε καρεκλοπόδαρα!	*It rained cats and dogs!*
Όλα ακούγονται μαύρα κι'άραχνα!	*It is all gloom and doom!*
Τρώω του σκασμού!	*I eat to bursting point!*
Έχει γυρίσματα ο τροχός!	*The tables turn!*
Του χρόνου, του παραχρόνου!	*Next year, the year after next!*
Περίμενα πώς και πώς!	*I was very eager/excited, I was dying to . . .*
Αυτό να λέγεται!	*That goes without saying!*

ΕΤΣΙ ΔΕΝ ΕΙΝΑΙ / ISN'T THAT RIGHT?

This is a 'tag' question in English and has many forms depending on the main sentence preceding the question. The examples below show you the different forms in English that have only one equivalent in Greek! It's very easy for you to remember.

Έτσι δεν είναι;   *Isn't it?*

Έτσι δεν είναι;	*George studies hard, doesn't he?*
Έτσι δεν είναι;	*Mary does not work, does she?*
Έτσι δεν είναι;	*Tim cannot swim, can he?*
Έτσι δεν είναι;	*Joan can read, can't she?*
Έτσι δεν είναι;	*It's easy, isn't it?*
Έτσι δεν είναι;	*It's not hard, is it?*

So Greek is quite easy, isn't it? What answer would you give to:

Τα Ελληνικά δεν είναι πολύ δύσκολα. Έτσι δεν είναι;

If you say: Ναι, έτσι είναι!' then you are on the right track! Keep up the good work!

ΟΥΤΕ ΤΟΥ ΧΡΟΝΟΥ ΟΥΤΕ ΤΟΥ ΠΑΡΑΧΡΟΝΟΥ / NEITHER NEXT YEAR NOR THE YEAR AFTER

ΓΙΑ ΠΟΤΕ ΕΙΠΕ ΟΤΙ ΤΟ ΘΕΛΕΙ;

ΓΙΑ ΜΕΘΑΥΡΙΟ   ΓΙΑ ΑΥΡΙΟ   ΓΙΑ ΣΗΜΕΡΑ   ΓΙΑ ΤΩΡΑ

The cartoon illustrates the Greek notion of time especially in a business context and particularly in the public sector where assignments move slowly, or stand still, before, or after, coffee! The cartoon's question probably refers to a supervisor or boss and a certain deadline. It reads: *(for) when did he or she say that he or she wants it?*

GREEK

ΓΙΑ ΜΕΘΑΥΡΙΟ	*for the day after tomorrow*
ΓΙΑ ΑΥΡΙΟ	*for tomorrow*
ΓΙΑ ΣΗΜΕΡΑ	*for today*
ΓΙΑ ΤΩΡΑ	*for (right) now*

Similar important vocabulary is:

του χρόνου → του παραχρόνου	*next year → the year after next*
αύριο → μεθαύριο	*tomorrow → the day after tomorrow*
πέρσι → πρόπερσι	*last year → the year before last*
(ε)χθές → προχθές	*yesterday → the day before yesterday*

Γραμματικές παρατηρήσεις

1 Τόσα πολλά πράγματα / *So many things*

You have seen lots of words like **αυτός, αυτό** and **αυτά** in previous units, and **τόσα, αυτό, τόσο, τέτοιο, εκείνο, τέτοια** and **αυτή** in this unit. These are all pronouns (they come before the noun); like the other pronouns you have already learned they have different forms for gender, singular and plural. These are called 'demonstrative' pronouns rather than personal, or possessive, pronouns that were explained in previous units.

The most important demonstrative pronouns are:

αυτός, αυτή, αυτό *this*	**τέτοιος, τέτοια, τέτοιο** *such (a),*
εκείνος, εκείνη, εκείνο *that*	*of such a kind*
τόσος, τόση, τόσο *so, so much,*	
so big, so many	

Some examples from context are:

Αυτά τα δέντρα	*These trees* (Unit 5)
Αυτός ο δρόμος	*This street* (Unit 5)
Αυτό το κτίριο	*This building* (Unit 6)
Τόσα πολλά πράγματα	*So many things* (Unit 11)
Αυτό το γεγονός	*This fact* (Unit 11)

Τόσο μακριά	*So far* (Unit 11)
Τέτοιο παλιόκαιρο!	*Such (a) terrible weather!* (Unit 11)
Εκείνο το τριήμερο!	*That three-day (weekend!)* (Unit 11)
Τέτοια λόγια!	*Such words!* (Unit 11)

Don't confuse the use of **αυτός, αυτή** and **αυτό** as demonstrative pronouns with **αυτός, αυτή, αυτό** as personal pronouns! The first is always before nouns and the latter before verbs. Some examples:

. . . (before nouns)

Αυτός ο δρόμος	*This* street (m)
Αυτή η γυναίκα	*This* woman (f)
Αυτό το κτίριο	*This* building (n)

But . . . (before verbs)

Αυτός έχει δύο σπίτια.	*He has two houses.*
Αυτή είναι νοσοκόμα.	*She is a nurse.*
Αυτό είναι ακριβό.	*It is expensive.*

Study their conjugation and use it as a reference table later on.

Singular	Masculine	Feminine	Neuter
Nom.	αυτός	αυτή	αυτό
Gen.	αυτού	αυτής	αυτού
Acc.	αυτόν	αυτή(ν)	αυτό
Plural			
Nom.	αυτοί	αυτές	αυτά
Gen.	αυτών	αυτών	αυτών
Acc.	αυτούς	αυτές	αυτά

2 Δε φάγατε; / *Didn't you eat?*

Do you feel comfortable with the Greek negation so far? If you are still not sure about it, this section will review the most important aspects for use in daily speech. First of all, let's list them for you:

Δε(ν) (*not*)
Μη(ν) (*don't*)
Όχι (*no*)

- Δε(ν)

It is used with a verb for negative meaning.

Θέλω	I want	→ Δε θέλω	I **don't** want
Είμαι	I am	→ Δεν είμαι	I am **not**
Μπορώ	I can	→ Δεν μπορώ	I can**not**
Θέλει	He wants	→ Δεν θέλει	He **doesn't** want
Ήθελε	He wanted	→ Δεν ήθελε	He **didn't** want
Θα πάω	I will go	→ Δε θα πάω	I **won't** go
Σε έστειλε	He sent you	→ Δε σε έστειλε	He **didn't** send you

Notice that it is always before the verb:

Δε(ν) + verb   → Δε θέλω
Δε(ν) + θα + verb   → Δε θα πάω
Δε(ν) + (personal pronoun) + verb → Δε σε έστειλε

- Μη(ν)

There are two basic uses:

(a) With imperatives

Μην τρως!   *Don't eat!*
Μην πας!   *Don't go!*
Μην το κάνεις!   *Don't do it!*
Μη μου μιλάς!   *Don't talk to me!*
Μην του μιλάτε!   *Don't talk to him!*

(b) With the second verb in a subjunctive form.

Θέλω να μην πάω.   *I don't want to go.*
Αποφασίσαμε να μην πάμε.   *We decided not to go.*
Μπορώ να μη φύγω.   *I might not leave.*
Μπορώ να μη φάω.   *I am able not to eat.*
Δεν μπορώ να μη φάω.   *I am not able not to eat.*

- Όχι

This is used like the English 'No'.

Όχι δε θέλω να φάω.   *No, I don't want to eat.*
Όχι, δε με λένε Γιώργο.   *No, my name is not George.*
Όχι, δεν μπορώ.   *No, I can't!*
Όχι, δεν μπορούμε.   *No, we cannot.*
Όχι, δε θα φύγουμε.   *No, we won't leave.*

Τσς . . .
It's a click of the front teeth while breathing in; often it is accompanied
by a nod of the head. The tilting of the head for a *no-answer* is 'up-and-
down' in non-verbal Greek rather than 'left-to-right' in non-verbal
English! This non-verbal difference along with the confusing sound of
'yes' (**ναι**) that sounds almost like 'no' means that you need to be care-
ful in everyday situations, when native speakers use it.

3 Δεν έχει ξανασυμβεί / It has not happened before [lit. *again*]

Unit 13 introduces you to another important verb tense in the past called
'present perfect'. In simple terms it is the verb tense where references
are always in the past; it is formed with the verb **έχω** + present perfect
form (always ending in **-ει**). Some examples from this unit:

Έχουμε πάει.	*We have been (gone).*
Μας έχεις βγάλει την πίστη.	*We have sweated our guts out.*
Έχω στεναχωρηθεί.	*I have worried.*
Έχουμε τηλεφωνήσει.	*We have called.*
Έχουν σχεδιάσει.	*They have planned.*

An important part, that is not always initially obvious, is that the verb
form used in the present perfect is a familiar form already learned as part
of the future tense. Notice the list below:

MAIN VERB	FUTURE FORM	3rd PERSON	PRESENT PERFECT
πηγαίνω	→ θα πάω	→ θα πάει	→ (έχω) πάει
βγάζω	→ θα βγάλω	→ θα βγάλει	→ (έχω) βγάλει
στεναχωριέμαι	→ θα στεναχωρηθώ	→ θα στεναχωρηθεί	→ (έχω) στεναχωρηθεί
τηλεφωνώ	→ θα τηλεφωνήσω	→ θα τηλεφωνήσει	→ (έχω) τηλεφωνήσει
σχεδιάζω	→ θα σχεδιάσω	→ θα σχεδιάσει	→ (έχω) σχεδιάσει

Here is the simple conjugation of this tense:

έχω	τηλεφωνήσει	*I have called*
έχεις	τηλεφωνήσει	*you have called*
έχει	τηλεφωνήσει	*he/she/it has called*
έχουμε	τηλεφωνήσει	*we have called*
έχετε	τηλεφωνήσει	*you have called*
έχουν	τηλεφωνήσει	*they have called*

4 Έβρεχε συνέχεια ... / It was (had been) raining constantly ...

This is another past tense showing 'duration' in the past for example (a) *it was raining* (for some time = duration) when he left the house (past continuous tense in English), and (b) *It had been raining for three days last week when I called off my trip* (past perfect continuous in English).

Both tenses would have been translated as **έβρεχε** in Greek and not **έβρεξε** (*it rained*) that shows no 'duration' but one, single action in the simple past.

Some examples:

Έβρεξε εχθές.	*It rained yesterday.* (no duration)
Έβρεχε εχθές πέντε ώρες πριν να σταματήσει.	*It had been raining for five hours yesterday before it stopped.* (duration)
Έβρεχε προχθές όταν ήρθε ο Γιάννης.	*It was raining the day before yesterday when John came.* (duration)
Έβρεξε καρεκλοπόδαρα για εβδομήντα δύο ώρες.	*It rained cats and dogs for 72 hours (and then it stopped).* (no duration)
Έβρεχε συνέχεια καρεκλοπόδαρα!	*It had been raining cats and dogs constantly!* (and probably it kept on raining!) (duration)
Όλοι μας έλεγαν ...	*Everybody was saying to us ...* (duration – many times)
Όλοι μας είπαν ...	*Everybody said to us ...* (one, single time)

Study the list below and compare the two verb forms in the past:

πήγα	I went	→ πήγαινα	I was going
τηλεφώνησα	I called	→ τηλεφωνούσα	I was calling
σχεδίασα	I planned	→ σχεδίαζα	I was planning
είπα	I said	→ έλεγα	I was saying
έβρεξε	it rained	→ έβρεχε	It was raining
έφυγα	I left	→ έφευγα	I was leaving
έφαγα	I ate	→ έτρωγα	I was eating

Don't forget the useful verb list at the back of the book. These two tenses have exactly the same ending:

έφαγα	I ate	→ έτρωγα	I was eating/ I had been eating
έφαγες	you ate	→ έτρωγες	you were eating
έφαγε	he/she/it ate	→ έτρωγε	he/she/it was eating
φάγαμε	we ate	→ τρώγαμε	we were eating
φάγατε	you ate	→ τρώγατε	you were eating
έφαγαν	they ate	→ έτρωγαν	they were eating

☑ – Η πρακτική μας κάνει καλύτερους –

1 The following are situations you are likely to encounter in Greece.

(a) You want to ask about the weather in Greece. How would you ask: 'What's the weather like in Greece?'?

(b) If they ask you the same question about the weather back home, how would you say: 'It's often cloudy.'?

(c) 'It's often rainy.'

(d) 'It snows in the winter, and it is very cold.'

(e) 'I like it when it is sunny and chilly.'

(f) 'Does it snow or hail in Greece?'

(g) Someone told you: 'Το καλοκαίρι κάνει πολύ ζέστη στην Ελλάδα αλλά δεν έχει υγρασία!'. What did he say?

2 Match each question with the most appropriate answer.

(a) Τι σου αρέσει στην Ελλάδα;

(b) Τι καιρό έκανε;

(c) Είσαι στεναχωρημένη;

(d) Πώς ήταν το ταξίδι σου;

(e) Έχει τηλεφωνήσει στη Μαρία;

(i) Ήταν μαύρο κι'άραχνο. Μη ρωτάς!

(ii) Ο ήλιος, η θάλασσα, η αμμουδιά!

(iii) Ναι προχθές. Γιατί ρωτάς;

(iv) Ήταν αίθριος συνέχεια.

(v) Πάρα πολύ, γιατί ψιχαλίζει έξω!

3 Rearrange these lines to make up a dialogue.

(*a*) Μα καλά (*OK, but* idiom)! Τι καιρό είχε;
(*b*) Ναι, αλλά δεν κάναμε τίποτα λόγω (*due to*) του καιρού.
(*c*) Δηλαδή, δεν πήγατε πουθενά;
(*d*) Λυπάμαι που το ακούω.
(*e*) Είχατε προγραμματίσει να κάνετε πολλά πράγματα;
(*f*) Απαίσιο και άστατο κάθε μέρα.
(*g*) Ακριβώς! Δεν πήγαμε πουθενά!
(*h*) Κι εγώ. Πάρα πολύ . . .

 4 Complete the dialogue using the information provided.

Ηλέκτρα Μας έχεις βγάλει την πίστη! Γιατί δε μας λες τι συμβαίνει;
You (*a*) *What can I tell you?*
Ηλέκτρα Γιατί δε μας τα λες όλα; Είναι πιο εύκολο.
You (*b*) *I don't know. I have never been so concerned before.*
Ηλέκτρα Μα καλά! Τι συναίβει;
You (*c*) *The weather was awful and very unsettled.*
Ηλέκτρα Ναι, αλλά δεν το ήξερες;
You (*d*) *No. Everybody was telling me that the weather would be fair and wonderful. Instead* (here αντίθετα)...
Ηλέκτρα Έλα μη κάνεις έτσι τώρα . . .
You (*e*) *What do you want me to do?*

5 Ίδιο ή διαφορετικό; Match the list on the left with the list on the right.

(*a*) κάστρο	(i) *aerogram*
(*b*) ιστορία	(ii) *June*
(*c*) χαλάζι	(iii) *story*
(*d*) αερό-γραμμα	(iv) *March*
(*e*) Ιούλιος	(v) *I telephone*
(*f*) Ιούνιος	(vi) *castle*
(*g*) τηλεφωνώ	(vii) *May*
(*h*) Μάϊος	(viii) *July*
(*i*) Μάρτιος	(ix) *hail*

6 What are the past tense (simple or continuous) forms of the following verbs?

(*a*)	ανεβαίνω	→ ανέβηκα	→	ανέβαινα
(*b*)	βλέπω	→	→	
(*c*)	παίρνω	→	→	
(*d*)	πηγαίνω	→	→	
(*e*)	ρωτάω(ώ)	→	→	
(*f*)	τελειώνω	→	→	
(*g*)	τρώω	→	→	
(*h*)	φεύγω	→	→	

7 Do you still remember the names of the four seasons and 12 months? The quiz below will test your memory and knowledge!

A   What are the four seasons? Follow the numbering of the cartoons.

(*a*)   (*b*)   (*c*)   (*d*)

B   What months belong to each season? Add each month after the letters.

Winter
(a) _____ (b) _____ (c) _____

Summer
(g) _____ (h) _____ (i) _____

Spring
(d) _____ (e) _____ (f) _____

Autumn
(j) _____ (k) _____ (l) _____

C   Below is a list of most of the Greek public holidays. Can you put them in two different lists to separate the religious holidays from the rest?

ΕΠΙΣΗΜΕΣ ΑΡΓΙΕΣ		PUBLIC HOLIDAYS
Αγίου Βασιλείου	Ιαν. 1 Jan.	New Year's Day
Άγια Θεοφάνεια	Ιαν. 6 Jan.	Epiphany
Καθαρά Δευτέρα	Μαρ. 6 Mar.	Ash Monday
Ευαγγ. Θεοτόκου	Μαρ. 25 Mar.	National Holiday
Μεγάλη Παρασκευή	Απρ. 21 Apr.	Good Friday
ΑΓΙΟΝ ΠΑΣΧΑ	Απρ. 23 Apr.	Easter Day
Διακαινησίμου	Απρ. 24 Apr.	Easter Monday
Γιορτή Εργαζομένου	Μάι. 1 May	Labour Day
Αγίου Πνεύματος	Ιουν. 12 June	Whit Monday
Κοίμηση Θεοτόκου	Αυγ. 15 Aug.	Assumption
Εθνική Επέτειος	Οκτ. 28 Oct.	National Holiday
Γέννησις Χριστού	Δεκ. 25 Dec.	Christmas Day
Σύναξις της Θεοτόκου	Δεκ. 26 Dec.	Assembly Day

D   Do you know the zodiac signs? What are the months for:

(a) Λέων   (c) Σκορπιός
(b) Καρκίνος   (d) Ταύρος?

E   What month were you born?

Τι μήνα γεννήθηκες;

8   Test your translation skills below:

(a) You look very concerned. What happened?
(b) You have often been to Corfu, haven't you?
(c) The weather messed up our plans.
(d) What awful weather! I don't like it at all.
(e) Did you watch TV? Did you eat? Did you talk?
(f) You'll have the chance to go back again.
(g) Yes, indeed. Next year, at the earliest!

9 Puzzle – Could you recognise some words you have already learned? Remember to look horizontally and vertically.

Λ	Ι	Α	Κ	Α	Δ	Α
Α	Π	Ο	Ρ	Ω	Υ	Σ
Θ	Ο	Ρ	Υ	Β	Ο	Σ
Ο	Β	Ρ	Ο	Χ	Η	Ο
Σ	Ι	Ν	Ε	Μ	Α	Σ
Π	Α	Γ	Ω	Ν	Ι	Α

10 Listen to dialogue 3 in this unit again and fill in the missing words. If you don't have the cassette try to fill in the gaps from the words provided below.

Tim   Έχουμε (*a*) _____ να μην πάμε στη Λαμία ξανά! Ούτε του χρόνου ούτε του (*b*) _____, ούτε ποτέ!

Αριστείδης   Γιατί βρε Tim; (*c*) _____ τον καιρό σήμερα. Έχει μια υπέροχη λιακάδα κι ένα δροσερό αεράκι. Λένε ότι μπορεί να (*d*) _____ το βράδυ αλλά δε νομίζω. Κι ο καιρός είναι (*e*) _____ στη Λαμία σήμερα.

Mary   Μην του μιλάτε για τη Λαμία!

Ηλέκτρα   Δεν έχεις (*f*) _____ όμως Τιμ. Στο Λονδίνο βρέχει κάθε μέρα. (*g*) _____ έριξε χαλάζι. Όλοι οι δρόμοι είναι βρεγμένοι κι (*h*) _____ . Εδώ όμως, δε βλέπεις;

Tim   Μη μου μιλάτε για το Λονδίνο! Γι'αυτό έχω (*i*) _____ στην Ελλάδα. Δεν ήθελα άλλες βροχές και χιόνια. Άλλο (*j*) _____ και παγωνιά. Ήθελα (*k*) _____ , θάλασσα και αμμουδιά!

Αριστείδης	Χαίρομαι που η Westminster Bank δε (*l*) _____ στην Καβάλα ή την Ξάνθη. Εκεί να δεις χειμώνες . . .
Mary	Δεν είναι όμως (*m*) _____ τώρα. Είναι άνοιξη και (*n*) _____ πώς και πώς αυτή την (*o*) _____. Όλοι μας (*p*) _____ ότι είναι η καλύτερη (*o*) _____ στην Αθήνα.
Αριστείδης	Αυτό να λέγεται! Είναι πράγματι η καλύτερη (*o*) _____ . . .

δίκιο	επικίνδυνοι	εποχή	παρόμοιος
έλθει	περίμενα	χειμώνας	παραχρόνου
προχτές	έλεγαν	αποφασίσει	κοίτα
κρύο	σ'έστειλε	ήλιο	βρέξει

Λίγο ακόμα

Ο ΚΑΙΡΟΣ / THE WEATHER

Here's another newspaper cutting from 'Τα Νεα' '*the News*'. Read the information, and try to answer the true or false questions.

Λέξεις και εκφράσεις

η θερμοκρασία *temperature* (f)
το εξωτερικό *abroad, overseas* (n)
η Λευκωσία *Nicosia* (Cyprus)
η θάλασσα *sea* (f)
ταραγμένος/-η/-ο *rough* (sea)
η τρικυμία *storm, tempest* (f)
ασθενής/-ής/-ές *weak*
ισχυρός/-ή/-ό *strong*
θυελλώδης/-ης/-ες *stormy, thundery*
η θύελλα *storm, hurricane* (f)
τοπικός/-ή/-ό *local*

τοπικές νεφώσεις *hazy (cloudy) in places*
τοπικές βροχές *local (scattered) showers*
το νέφος *smog* (n)
νεφελώδης/-ης/-ες *cloudy, overcast*
βορειοανατολικός/-ή/-ό *north-eastern*
βορειοδυτικός/-ή/-ό *north-western*
ήρεμος/-η/-ο *tranquil, quiet*

ΚΑΙΡΟΣ

ΑΤΤΙΚΗ: Σχεδόν αίθριος.
Άνεμοι: Βορειοανατολικοί.
Θάλασσα: Λίγο ταραγμένη.
Θερμοκρασία: 22-35 β.

Β. ΕΛΛΑΔΑ: Σχεδόν
αίθριος με τοπικές νεφώσεις
Άνεμοι: Βορειοδυτικοί.
Θάλασσα: Ήρεμη.
Θερμοκρασία: 21-32 β.

**ΗΠΕΙΡΩΤΙΚΗ ΚΑΙ Ν.
ΕΛΛΑΔΑ:** Σχεδόν αίθριος
με τοπικές νεφώσεις στα
Κεντρικά και Βόρεια.
Άνεμοι: Βορειοανατολικοί.
Θάλασσα: Ταραγμένη.
Θερμοκρασία: 18-35 β.

ΑΥΡΙΟ: Σχεδόν αίθριος.

ΤΑ ΝΕΑ

ΘΕΡΜΟΚΡΑΣΙΕΣ

Αθήνα	35
Θεσ/νίκη	32
Πάτρα	32
Λάρισα	35
Ιωάννινα	34
Ηράκλειο	35

Εξωτερικού

Φρανκφούρτη	32
Βρυξέλλες	32
Λευκωσία	39
Λονδίνο	25
Παρίσι	29
Ρώμη	36

Πώς είναι...και πού

ΑΙΘΡΙΟΣ
ΣΥΝΝΕΦΙΑ
ΑΣΤΑΤΟΣ
ΒΡΟΧΗ
ΧΙΟΝΙ
ΚΑΤΑΙΓΙΔΑ

ΘΑΛΑΣΣΑ
ΤΑΡΑΓΜΕΝΗ
ΠΟΛΥ ΤΑΡΑΓΜΕΝΗ
ΤΡΙΚΥΜΙΩΔΗΣ

ΑΝΕΜΟΙ
ΑΣΘΕΝΕΙΣ
ΙΣΧΥΡΟΙ
ΠΟΛΥ ΙΣΧΥΡΟΙ
ΘΥΕΛΛΩΔΕΙΣ

11 Σωστό (✓) ή λάθος (✗); Mark (T) for true and (F) for false.

(a) Η θερμοκρασία στη Φρανκφούρτη είναι παρόμοια με την θερμοκρασία στις Βρυξέλλες.
(b) Η Ρώμη έχει την υψηλότερη θερμοκρασία.
(c) Το Λονδίνο έχει τη χαμηλότερη (lowest) θερμοκρασία.
(d) Υπάρχουν τρεις Ελληνικές πόλεις με την ίδια θερμοκρασία.
(e) Μερικοί άνεμοι είναι ισχυροί στη θάλασσα.
(f) Σε μερικά μέρη της Ελλάδας ο καιρός είναι άστατος.
(g) Σε μερικά σημεία η θάλασσα είναι πολύ ταραγμένη.
(h) Στην Κρήτη ο καιρός είναι άστατος.
(i) Στη Θεσσαλονίκη ο καιρός είναι αίθριος.
(j) Ο καιρός θα είναι σχεδόν αίθριος αύριο.

——— Πέρα από τη γλώσσα! ———

EXPLORING GREECE'S NATURE AND BEAUTY

For the explorer-traveller who wants to visit those parts of the country that are full of natural beauty there is plenty of information from the national tourist board.

Useful vocabulary:

βιότοπος	*wildlife*
υδροβιότοπος	*waterfowl, aquatic birds*
Εθνικός Δρυμός	*National Park*
Αισθητικό Δάσος	*Scenic Forest*
και μνημεία της φύσης	*and Landmarks*

Sunset at Sounion

14

ΩΠΑ ΕΙΠΑ, ΩΠΑ ΛΕΩ!

Opa! Opa! Opa!

In this unit you will learn how to

- use appropriate language in social functions
- express wishes or congratulations
- express opinions and state preferences
- describe past events

 ——————— Διάλογοι ———————

1 Πού πήγατε για Πάσχα; / *Where did you go for Easter?*

Δημήτρης	Πού πήγατε για Πάσχα φέτος;
Tim	Και πού δεν πήγαμε; Είχαμε πάει στο Φισκάρδο· μετά στην Ιθάκη· μετά στη Δωδώνη· και τέλος στα Γιάννενα.
Δημήτρης	Καλά, μα πού κάνατε Ανάσταση;
Tim	Ανάσταση κάναμε στο Φισκάρδο. Έχουμε έναν καλό φίλο τον Παναγή που μας είχε καλέσει στο Φισκάρδο όλη τη Μεγάλη Βδομάδα.
Δημήτρης	Πού είναι το Φισκάρδο; Ακουστά το έχω αλλά δε θυμάμαι.
Mary	Ούτε κι εμείς το είχαμε ξανακούσει. Αλλά όταν

γνωρίσαμε τον Παναγή όλο γι'αυτό μας μιλούσε.
Μας έλεγε ότι είναι ένας παραδοσιακός οικισμός
που άντεξε τους σεισμούς το 1953. Μας έλεγε για
την ήσυχη, ήρεμη βραδινή ζωη, για τα μεγάλα γιωτ,
κότερα και ιστιοφόρα φημισμένων Ελλήνων και
ξένων που πάνε εκεί και οπωσδήποτε για την
ψαροταβέρνα της Τασίας, της αδελφής του.

Δημήτρης Φάγατε καλό ψάρι δηλαδή;
Mary Όλη τη Μεγάλη Βδομάδα. Και την Κυριακή ενώ,
είχαν ήδη βάλει αρνάκι στο φούρνο και κατσικάκι
στη σούβλα, εμείς φάγαμε πάλι ψάρι!
Αναστασία Τι λες βρε παιδί μου; Τόσο καλό;
Tim Πού να σας λέμε . . .

Λέξεις και εκφράσεις

είχαμε πάει   *we had gone*
η Ανάσταση   *Resurrection* (f)
πού κάνατε Ανάσταση;   *Where did you celebrate Easter? (lit. where did you spend (do) Resurrection?)*
μας είχε καλέσει   *he had invited us*
η Μεγάλη (Ε)βδομάδα   *Holy Week*
ακουστά το έχω   *I've heard about it*
το είχαμε ξανακούσει   *we had heard it before*
γνωρίσαμε   *we met*
παραδοσιακός/-ή/-ό   *traditional*
ο οικισμός   *settlement* (m)
που άντεξε   *that withstood, survived*
ο σεισμός   *earthquake* (m)
ήρεμος/-η/-ο   *tranquil*
η ζωή   *life* (f)
το γιωτ   *yacht* (θαλαμηγός) (n)
το κότ(τ)ερο   *cutter* (n)
το ιστιοφόρο   *sailing boat* (n)
φημισμένος/-η/-ο   *famous*

οπωσδήποτε   *definitely*
η ψαροταβέρνα   *fish taverna* (f)
φάγατε;   *did you eat?*
δηλαδή   *in other words*
είχαν ήδη βάλει   *they had already prepared (put)*
ήδη   *already*
το αρνάκι   *lamb* (n)
αρνάκι στο φούρνο   *lamb in the stove (oven)*
το κατσικάκι   *kid, young goat* (n)
κατσικάκι στη σούβλα   *kid on the spit*
τι λες βρε παιδί μου;   *what are you telling me, my dear? (lit. what are you saying, my kid?)*
τόσο καλό;   *so good?*
πού να σας λέμε   *where (how) can we start? What can we tell you?*

2 Αναστασία, γιόρταζες; / *Anastasia, have you had your name day?*

Tim and Mary have just realised that their friend Anastasia had her name day a few days earlier.

Mary	Πω, πω Θεέ μου! Το ξέχασα! Αναστασία, γιόρταζες;
Αναστασία	Ναι. Γιορτάζω την ημέρα του Πάσχα.
Tim	Συγνώμη και χρόνια πολλά τότε.
Mary	Ναι, ναι χρόνια σου πολλά! Να ζήσεις!
Αναστασία	Ευχαριστώ, ευχαριστώ. Μ'εκπλήσετε όμως. Ξέρετε όλες τις Ελληνικές ευχές . . .
Mary	Είχαμε υποσχεθεί στον καθηγητή μας των Ελληνικών να τις μάθουμε και να τις χρησιμοποιούμε. Ιδού λοιπόν! Ωραία;
Δημήτρης	Και βέβαια ωραία. Μπράβο σας!
Tim	Α! Τώρα θυμήθηκα. Κι'εσύ Δημήτρη να χαίρεσαι την γυναίκα σου! Σωστά;
Δημήτρης	Σωστά, σωστά, ευχαριστώ. Κι εσείς ό,τι επιθυμείτε!
Mary	Ό,τι επιθυμούμε; Eh? Αα! Αυτό δεν το καταλαβαίνω . . .
Δημήτρης	Τελικά σ'έπιασα Mary . . .

Λέξεις και εκφράσεις

γιόρταζες; *have you had your name day?* (here) *(or birthday)*
γιορτάζω *I have/I celebrate my birthday or name day*
η γιορτή *holiday* (f)/*celebration*
χρόνια πολλά! *many happy returns!* (lit. *many years*)
χρόνια σου πολλά *many happy returns to you!*
να ζήσεις! *may you live long!/enjoy your life!*
εκπλήσσω *I surprise* (εκπλήττω/εκπλήσσω)
η ευχή *wish* (f)
είχαμε υποσχεθεί *we had promised*
ο καθηγητής *teacher, tutor* (m)
μαθαίνω *I learn*

χρησιμοποιώ *I use*
ιδού λοιπόν! *here you go!/here's the proof!*
μπράβο σας! *well done (to you), Bravo!*
τώρα θυμήθηκα *I've just remembered* (lit. *now I remembered*)
να χαίρεσαι τη γυναίκα σου! *congratulations to your wife!* (lit. *enjoy your wife!*)
κι εσείς ό,τι επιθυμείτε! *may your wish come true!* (lit. *and whatever you like/wish!*)
ό,τι *whatever*
επιθυμώ *I wish, I desire*
σ'έπιασα *I got you* (idiom)
πιάνω *I catch, I hold*

3 Δεν είχαμε κοιμηθεί καθόλου ... / We hadn't slept at all ...

Tim and Mary are still telling their friends about their Easter holiday and what it was like leaving Fiscardo.

Αναστασία Και μετά πώς πήγατε στην Ιθάκη;

Mary Ο Παναγής είχε κιόλας μιλήσει σε κάποιους φίλους του που είχαν ένα μικρό σκάφος. Αυτοί μας πήγαν απέναντι στο νησί του Οδυσσέα. Είναι πολύ κοντά. Ξέρεις, έτσι δεν είναι;

Δημήτρης Όχι δεν ξέρουμε. Δε μας έχετε πει ακόμα πού είναι το Φισκάρδο!

Tim Ωχ! Συγνώμη! Το Φισκάρδο είναι στο πιο βόρειο μέρος της Κεφαλλονιάς.

Δημήτρης Α, στην Κεφαλλονιά πήγατε! Πες το βρε Tim! Τι το κρατάς μυστικό; ... Σε λίγο ...

Tim ... Και που λέτε με το σκάφος είχαμε περάσει κοντά από το Σκορπιό το νησί του Ωνάση, έπειτα πήγαμε στη Ζάκυνθο, απ'εκεί στην Πρέβεζα και σταματήσαμε στο Μαντείο της Δωδώνης πριν να φτάσουμε στα Γιάννενα.

Αναστασία Και τι ώρα φτάσατε στα Γιάννενα;

Tim Μετά από δέκα ώρες ταξείδι φτάσαμε στα Γιάννενα γύρω στις πέντε το πρωί. Δεν είχαμε κοιμηθεί καθόλου και είμασταν πολύ κουρασμένοι.

Αναστασία Πέντε η ώρα το πρωί; Το Μαντείο ήταν ανοικτό εκείνη την ώρα;

Mary Φυσικά και όχι. Έπρεπε να ξαναπάμε την άλλη μέρα με τους γνωστούς μας από τα Γιάννενα ...

Λέξεις και εκφράσεις

είχε κιόλας μιλήσει σε *(he) had already talked to*
το σκάφος *motor boat* (n)
δε μας έχετε πει ακόμα *you haven't told us yet*
βόρειος/-α/-ο *northern*

πες το *say it, come out with it!*
κρατάω(ώ) *keep*
το μυστικό *secret* (n)
και που λέτε ... *to continue my story, on that subject then* (idiom) (*lit. and that you are saying ...*)

είχαμε περάσει *we had sailed*	**δεν είχαμε κοιμηθεί καθόλου** *we*
το νησί *island* (n)	*hadn't slept at all*
ο Ωνάσης *Onasis* (a Greek tycoon,	**φυσικά** *of course, naturally*
shipowner, businessman, and	**έπρεπε να** *we had to*
owner of Scorpio island)	**την άλλη μέρα** *the next*
σταματήσαμε *we stopped*	*(* lit. *other) day*
πριν να φτάσουμε *before arriving/*	**ο γνωστός/-ή/-ό** *acquaintance,*
getting (lit. *before we (to) arrive)*	*known* (person or thing)

Ζαχαροπλαστεία

Μούσιας

...η διαφορά στα γλυκά & ...η παράδοση συνεχίζεται

● Τζαβέλλα & Σταδίου 12 . ● Κ. Καραμανλή 1
Τηλ. 0651 - 25 075 Γιάννινα

4 Και στα Γιάννενα; / *And in Yannena?*

Tim and Mary are still recounting their exciting adventures in Yannena
(or Ioannina = **Ιωάννινα**). They were particularly excited about the
Vrellis Wax Museum. Listen and read the last part of the conversation.

Αναστασία Και στα Γιάννενα; Πού πήγατε;

Mary Μας είχαν πει ότι θα μας πήγαιναν σ'ένα πανηγύρι
έξω από τα Γιάννενα. Εκεί ακούσαμε τοπική, παρα-
δοσιακή μουσική και είδαμε ντόπιους να χορεύουν.
Ήταν πολύ ενδιαφέρον και κάτι διαφορετικό για μας.

Αναστασία Πού αλλού πήγατε;

Mary Μας είχαν υποσχεθεί να μας δείξουν το Μουσείο
Κέρινων Ομοιωμάτων του Βρέλλη. Μόλις δέκα
λεπτά έξω από τα Γιάννενα. Ήταν πολύ
συναρπαστικό και ενδιαφέρον. Και είναι το
μοναδικό στην Ελλάδα απ'όσο ξέρουν οι γνωστοί

μας. Είναι κάτι αντίστοιχο με το Μουσείο της Madame Tussauds στο Λονδίνο.

Αναστασία Πω, πω! Δεν το είχα ξανακούσει! Τρομερό! Φανταστικό! Έχουμε τέτοιο μουσείο στην Ελλάδα;

Tim Η Ελλάδα έχει τόσα μυστικά που μολονότι είχαμε διαβάσει και είχαμε κάνει έρευνα πριν να έρθουμε στη χώρα σας κιόλας την πρώτη μέρα εδώ καταλάβαμε ότι η διαμονή μας θα είναι παραπάνω από συναρπαστική. Και δεν πέσαμε έξω!

Δημήτρης Χαίρομαι που τ'ακούω. Μακάρι να είχα κι εγώ την ίδια εντύπωση όταν πήγα . . .

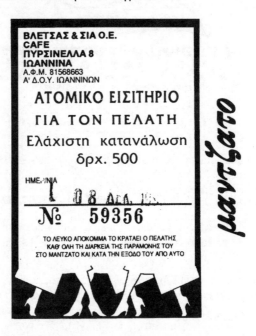

Λέξεις και εκφράσεις

θα μας πήγαιναν *they would have taken us*
το πανηγύρι (religious) *fair* (n)
έξω από *outside*

τοπικός/-ή/-ό *local*
ντόπιος/-α/-ο *local*
χορεύω *I dance*
ενδιαφέρον *interesting*

πού αλλού; *where else?*	**πριν να έρθουμε** *before coming*
δείχνω/δείξω *I show/to show*	*(lit. before we (to) come)*
κέρινος/-η/-ο *wax*	**κιόλας** *already*
το ομοίωμα *model* (n), *image, figure*	**παραπάνω** *more than*
συναρπαστικός/-ή/-ό *unique/*	**και δεν πέσαμε έξω!** *and we didn't*
exciting	*miscalculate!, and we guessed*
αντίστοιχος/-η/-ο *corresponding*	*right! (lit. and we didn't fall*
τρομερό! *awesome!*	*outside!)*
φανταστικό! *fantastic!*	**μακάρι να είχα κι εγώ την ίδια**
είχαμε κάνει έρευνα *we had done*	**εντύπωση** *I wish I had the same*
(some) research	*impression*
η χώρα *country* (f)	**η εντύπωση** *impression* (f)

—— Χρήσιμα γλωσσικά σημεία ——

ΠΟΥ ΠΗΓΑΤΕ ΓΙΑ ΠΑΣΧΑ; /
WHERE DID YOU GO FOR EASTER?

Greek Orthodox Easter is probably the most popular religious holiday in Greece; it usually falls one or two weeks after our Easter. The week before Easter Sunday (**Κυριακή του Πάσχα**), you'll notice Athens getting emptier and emptier, and by Good Friday (**Μεγάλη Παρασκευή**) approximately four million people have left the city for the villages (**χωριά**) they come from. Around this time the Greeks use lots of expressions of good wishes:

Χρόνια πολλά   *Many happy returns!*

This is an expression used on occasions such as namedays, birthdays, religious holidays. The best response is **επίσης!** (*likewise*) or **Χρόνια (σου/σας) πολλά** *Many happy returns (to you) too!*

Καλό Πάσχα!   *Happy Easter!*

This is a wish used usually before Easter Sunday particularly when people are leaving for the break and they probably won't see you again until after Easter.

Χριστός Ανέστη!   *Christ has risen!*

This is used on Easter Sunday and the few days following. The best response is probably the same Χριστός Ανέστη! and sometimes Αληθώς Ανέστη! or Αληθώς ο Κύριος!

Αληθώς Ανέστη! or   *Truly he was resurrected* or
Αληθώς ο Κύριος!   *Truly it was the Lord!*
Η Μεγάλη (Ε)βδομάδα   *The Holy Week*

Holy Week starts on **Μεγάλη Δευτέρα** (*Good Monday*) and lasts until **Μεγάλο Σάββατο** (*Easter Saturday*) and Easter Sunday. The day after Easter Sunday is **Δευτέρα του Πάσχα** (*Easter Monday.*)

Η Ανάσταση   *Easter*

A word that can actually refer to the Easter mass or service or to the resurrection itself.

Κάνω/περνώ την Ανάσταση . . .   *I celebrate/I spend* (the days of)
                             Easter . . .

Many Greek cities and towns have local traditions varying from **Γύρισμα του Επιταφίου** (*Epitaph's Procession*) on Good Friday to cooking lamb, or cracking red-dyed eggs on Easter Sunday. This is a very intense time, rich in cultural heritage and an opportunity to experience Greek Easter would be one worth having and enjoying.

More expressions for different occasions:

Να χαίρεσαι τη γυναίκα σου/   *Congratulations to your wife/*
τον άντρα σου/το παιδί σου!   *husband/child!*

It is used when you address the husband or wife upon the birthday or nameday of his wife/her husband/their child.

Κι εσείς ό,τι επιθυμείτε!   *May your wish(es) come true!*

A frequent reply to the above expression.

Να ζήσεις!   *May you live long!* (you-singular)

An idiom addressed to the person who celebrates a nameday or birthday.

Να ζήσετε!   *May you live long!* (you-plural)

An idiom addressed to a newly married couple.

Να σας ζήσει!   *May he/she live long!*

An idiom addressed to the parents of a newly born baby. Ευχαριστώ or ευχαριστούμε are two possible answers to the last three expressions.

ΤΟ ΕΙΧΑΜΕ ΞΑΝΑΚΟΥΣΕΙ /
WE HAD HEARD ABOUT IT BEFORE

Ξανά and **πάλι** both mean 'again'. **Ξανά** appears as a prefix to many verbs, as you have seen in previous units, such as:

ξαναβλέπω	*I see again*
ξανακούω	*I listen/hear again*
ξανατρώω	*I eat again*
ξαναπηγαίνω	*I go again*

Πάλι cannot be used as a prefix although it could be used with the above verbs:

βλέπω πάλι	*I see again*
ακούω πάλι	*I listen/hear again*
τρώω πάλι	*I eat again*
πηγαίνω πάλι	*I go again*

Ξανά also has another meaning with certain verbs:

Δεν το είχαμε **ξανακούσει**	*We hadn't **heard** about it **before**.*

ΠΟΥ ΝΑ ΣΑΣ ΛΕΜΕ; / WHERE CAN WE START?

The verb **λέω** or **λέγω** has many idiomatic uses. The sentence above is one example, and the list below will point out others that are frequently used:

Πες μου κάτι.	***Tell** me something.*
Πες κάτι.	***Say** something.*
Λέω μία ιστορία/ένα μυστικό.	*I **tell** a story/a secret.*
Πώς το **λέτε** στα Ελληνικά;	*How do you **say** that in Greek?*
Δεν ξέρει τι **λέει.**	*He doesn't know what he is **talking** about.*
Ας'τους να **λένε!**	*Let them talk! Never mind what they **say**!*
Τι ώρα **λες** να είναι;	*What do you **make** the time?*
Έλα, ας **πούμε** στις πέντε.	*Come, **say** around five.*
Δεν ξέρω τι να **πω.**	*I am at a loss for **words**.*
Λέω ότι έχω να **πω!**	*I say my **say**!*
Κάτι μου **λέει** ότι . . .	*I have a hunch/feeling that . . .*
Λες να βρέξει;	*Is it **likely** to rain?*
Μη μου **πεις!**	*Really! Is that so? You don't **say** so!*
Πες το λοιπόν!	***Come** out with it!*
Τι **είπατε;**	*What did you **say**? I beg your pardon?*
Τι **λες** για μια πίτσα;	*What **about a pizza**?*

This verb has some irregular forms in certain tenses. The main ones are:

λέ(γ)ω	*I say/I tell*
θα πω	*I will say/I will tell*
είπα	*I said/I told*
έχω/είχα πει	*I have/had said/told*
πες – πείτε – (πέστε)	*say/tell*

ΚΑΙ ΔΕΝ ΠΕΣΑΜΕ ΕΞΩ! / INDEED! WE GUESSED RIGHT!

Unit 13 pointed out the abundance of idiomatic expressions in Greek. Here are some more idioms from this unit and some examples from the verb **πέφτω** (*I fall*).

Ιδού λοιπόν!	*Here you go! Here's the proof!*
Να λοιπόν!	*Here you go! Here you are!*
Ξέρεις, έτσι δεν είναι;	*You know, don't you? Isn't that right?*
Την άλλη μέρα	*the next day* (lit. the other day)
Δεν **πέσαμε** έξω!	*We **guessed** right!*
Έπεσε έξω από το αυτοκίνητο/ τρένο.	*He **fell** out of the car/train.*
Το βάζο **έπεσε** από τα χέρια μου.	*The vase **fell** from my hands.*
Το χιόνι **έπεφτε** συνέχεια.	*The snow was **coming down/ falling down** steadily.*
Η τιμή για τα φρούτα **έπεσε**.	*The price of fruit **went down**.*
Η θερμοκρασία **πέφτει**.	*The temperature is **dropping**.*
Έπεσα πάνω στη Μαρία.	*I **came upon/across** Maria, I bumped into Maria.*
Έπεσα από τα σύννεφα!	*I was completely **taken aback**! I was completely surprised.*
Πέφτω άρρωστος.	*I **fall** ill/I am **taken** ill*
Πέφτω για ύπνο!	*I go to bed!*

The different forms of the verb are:

πέφτω	*I fall*
θα πέσω	*I will fall*
έπεσα	*I fell*
έχω/είχα πέσει	*I have/had fallen*
πέσε – πέστε	*fall*

Note that both **λέ(γ)ω** and **πέφτω** have the same imperative form!
Πέστε (*Tell*) or **Πέστε** (*Fall*)!

ΜΕΓΑΛΑ ΓΙΩΤ, ΚΟΤΕΡΑ ΚΑΙ ΙΣΤΙΟΦΟΡΑ /
LONG YACHTS, CUTTERS AND SAILING BOATS

Greece is surrounded by water. There is an expression about people who
were 'born in the sea' **μες στη θάλασσα**, or 'in the water' **μέσα στο
νερό**. These people will be eager to tell you stories about their voyages,
their sailing or fishing boats, the sea and the sun. So, be prepared for a
new vocabulary that is important to these people and their stories.

το πλοίο *ship*	**η βάρκα** *boat*
το καράβι *ship*	**η ψαρόβαρκα** *fishing boat*
το γιωτ *yacht*	**η θάλασσα** *sea*
το κότ(τ)ερο *cutter*	**η παραλία** *beach*
το ιστιοφόρο *sailing boat*	**η ξηρά** *ashore*
το σκάφος *motor boat*	**η χώρα** *country*
το κρουαζερόπλοιο *cruiser*	**η αμμουδιά** *sand*
ο ψαράς *fisherman*	**ο μώλος** *pier*
ο καπετάνιος *captain*	**ο καραβοκύρης** *skipper*
ο ναύτης *sailor*	**ο λιμένας** *port*
ο άνεμος *wind*	**ο βοριάς** *north wind(s)*

 —— **Γραμματικές παρατηρήσεις** ——

1 Πώς πήγατε στην Ιθάκη; / *How did you go to Ithaca?*

This unit has many more forms of verbs in the past tense. The list below
has the main and the past form of the most important ones.

πάω	*I go*	→	πήγα	*I went*
κάνω	*I do*	→	έκανα	*I did*
γνωρίζω	*I meet*	→	γνώρισα	*I met*
αντέχω	*I stand*	→	άντεξα	*I stood, I endured*

τρώω	I eat	→	έφαγα	I ate
ξεχνώ	I forget	→	ξέχασα	I forgot
πιάνω	I hold	→	έπιασα	I held
φτάνω	I arrive	→	έφτασα	I arrived
σταματάω	I stop	→	σταμάτησα	I stopped
είμαι	I am	→	είμουν	I was
βλέπω	I see	→	είδα	I saw
καταλαβαίνω	I understand	→	κατάλαβα	I understood

As a reminder, here's the full conjugation of two of these important verbs in the past tense.

I went . . .	I ate . . .
πήγ – α	έ – φαγ – α
πήγ – ες	έ – φαγ – ες
πήγ – ε	έ – φαγ – ε
πήγ – αμε	φάγ – αμε
πήγ – ατε	φάγ – ατε
πήγ – αν(ε)	έ – φαγ – αν

2 Είχαμε πάει στο Φισκάρδο / We had gone to Fiscardo

This unit introduces you to just one more past tense.

πάω – πηγαίνω	I go
πήγα	I went
έχω πάει	I have gone
είχα πάει	I had gone

If you have become familiar with the present perfect tense featured in Unit 13, this new tense called past perfect tense will create no difficulties for you. It is formed with the past tense form of the verb έχω followed by the same unconjugated verb forms in the present perfect. Some examples:

έχω πάει	*I have gone*	→	είχα πάει	*I had gone*
έχεις πάει	*you have gone*	→	είχες πάει	*you had gone*
έχει πάει	*s/he/it has gone*	→	είχε πάει	*s/he/it had gone*
έχουμε πάει	*we have gone*	→	είχαμε πάει	*we had gone*
έχετε πάει	*you have gone*	→	είχατε πάει	*you had gone*
έχουν πάει	*they have gone*	→	είχαν πάει	*they had gone*

This grammatical aspect is similar in form in English.

The list below is from this unit:

είχαμε πάει	*we had gone*	→	πάω	*I go*
είχε καλέσει	*he had invited*	→	καλώ	*I invite*
είχαμε ξανακάνει	*we had done again*	→	ξανακάνω	*I redo/do again*
είχαν βάλει	*they had prepared*	→	βάζω	*I prepare* (here)
είχαμε υποσχεθεί	*we had promised*	→	υπόσχομαι	*I promise*
είχε μιλήσει	*he had talked*	→	μιλάω(ώ)	*I talk*
είχαμε περάσει	*we had sailed*	→	περνάω(ώ)	*I sail* (here)
είχαμε κοιμηθεί	*we had slept*	→	κοιμάμαι	*I sleep*
είχαν πει	*they had said*	→	λέ(γ)ω	*I say*
είχα ξανακούσει	*I had heard again*	→	ξανακούω	*I hear again*
είχαμε διαβάσει	*we had read*	→	διαβάζω	*I study/read*
είχαμε κάνει	*we had done*	→	κάνω	*I do*

3 Ο Παναγής είχε κιόλας μιλήσει . . . / *Panagis had already talked to . . .*

Important key words with this new tense or present perfect are:

ακόμα/ακόμη	*still, till, yet*
πια	*not longer , (no) more*
ήδη	*already*
κιόλας	*already*
μόλις	*just*

Some examples from the dialogues of this unit and other situations are:

Ενώ είχαν ήδη βάλει αρνάκι στο φούρνο.

While they had already put a lamb in the oven.

Ο Παναγής είχε κιόλας . . .   *Panagis had already spoken/*
  μιλήσει   *talked to . . .*
Δεν είχα φάει ακόμα,   *I hadn't eaten yet when*
  όταν ήλθε ο Γιώργος.   *George came.*
Μόλις δέκα λεπτά έξω από   *Just ten minutes outside Yannina.*
  τα Γιάννενα.
Δε θέλω πια καφέ.   *I don't want coffee any more.*
Δε μπορώ πια!   *I can't take it any longer!*
Ακόμα μαθαίνω Ελληνικά.   *I still learn Greek.*
Μόλις είχα φάει, ήρθε ο   *I had just finished eating*
  Γιώργος στο σπίτι.   [lit. eaten], *(when) George*
                                     came home.

Words such as **ακόμα, πια, κιόλας, πάλι, ξανά** and **μόλις** are adverbs.
There are four groups of adverbs. Those:

(*a*) that show place or direction   (*c*) of manner
(*b*) of time   (*d*) of quantity

You have learned many in the units so far. Here you will find a list of
the most important in each group. What is comforting to remember is
that adverbs are words with only one form. Study the list below and go
back to it whenever needed.

TABLE OF ADVERBS

Place and direction	Time	Manner	Quantity
πού; *where?*	πότε; *when?*	πώς; *how?*	πόσο; *how much?*
πουθενά *nowhere*	τότε *then*	αλλιώς *otherwise*	τόσο *so, so much*
εδώ *here*	τώρα *now*	έτσι *so, like*	όσο *as much as*
εκεί *there*	ποτέ *never*	μαζί *together, with*	μονό *single*
επάνω *up, above*	αμέσως *at once*	όπως *as, like*	πολύ *much, very*
κάτω *down, under*	πάλι *again*	σαν *as, like*	πιο *more*
μέσα *in, inside*	ξανά *again*	σιγά *slowly*	λίγο *some, little*
έξω *out, outside*	ακόμα(η) *still,yet*	μόνο *only*	αρκετά *enough*
μεταξύ *between*	κιόλας *already*	ωραία *fine*	σχεδόν *almost*
γύρω *(a)round*	ήδη *already*	επίσης *too, also*	τουλάχιστο(ν) *at least*
κοντά *near*	πια *already*	κυρίως *mainly*	καθόλου *not at all*
μακριά *far*	μόλις *just*	ιδίως *especially*	περίπου *about*

– Η πρακτική μας κάνει καλύτερους –

1 The following are situations you are likely to encounter in Greece.

(*a*) You want to ask someone 'How do you say that in Greek?'.

(*b*) You want to find out if someone has had his/her nameday.

(*c*) What are the expressions used when congratulating someone for his wife/her husband/their child's nameday?

(*d*) What will your answers be when you hear: Να ζήσεις! Να ζήσετε! Να σας ζήσει!

(*e*) Χρόνια πολλά is a very common expression. How will you reply?

(*f*) You want to find out two specific details: Ask, Where did you go? and What did you do?.

(*g*) And 'Where else did you go?', 'What else did you do?'.

2 Match each question with the most appropriate answer.

(*a*) Ποιος σας είχε καλέσει;

(*b*) Το είχατε ξανακούσει;

(*c*) Γιόρταζες, έτσι δεν είναι;

(*d*) Γιατί ήσασταν τόσο κουρασμένοι;

(*e*) Πού αλλού πήγατε;

  (i) Όχι, ήταν η πρώτη φορά.

 (ii) Γιατί δεν είχαμε κοιμηθεί καθόλου.

(iii) Πουθενά, γιατί δεν είχαμε αυτοκίνητο.

(iv) Ο φίλος μας ο Παναγής.

 (v) Ναι εχθές. Ήταν τα γεννέθλια μου.

3 Rearrange these lines to make up a dialogue.

(*a*) Έλα πες μας. Τι κάνατε;

(*b*) Κι'ακόμα καλύτερα. Ήταν τόσο ενδιαφέρον.

(*c*) Γνωρίσαμε τη βραδινή ζωή της Ρόδου.

(*d*) Περάσατε ωραία τις διακοπές;

(*e*) Είναι πράγματι όπως λένε;

(*f*) Πού να σας λέω;

(*g*) Πες μας, πες μας. Μας έσκασες!

4 Complete the dialogue using the information provided.

Δημήτρης Δεν μας έχετε πει ακόμα που είναι το Φισκάρδο.
You (*a*) *It's in the most northern point of Cephalonia.*

Δημήτρης   Αα! Τώρα κατάλαβα. Και πώς περάσατε;
You   (b) *We had a good time. We stopped there for a whole weekend.*

Δημήτρης   Κάνατε τίποτα; Είδατε τίποτα;
You   (c) *There was a fair and we had the chance* [ευκαιρία] *to see local dances and hear traditional folk music.*

Δημήτρης   Θα έπρεπε να ήταν ωραία!
You   (d) *Yes, it was very exciting. Especially for a foreigner.*

Δημήτρης   Δηλαδή, θα ξαναπάτε εκεί αν έχετε άλλη ευκαιρία;
You   (e) *Definitely, yes. I like whatever is nice and I wouldn't mind seeing it again.*

Δημήτρης   Καλή τύχη τότε!

5   Ίδιο ή διαφορετικό; Match the list on the left with the list on the right.

(a)	κότερο	(i)	sailor/nautical
(b)	γιωτ	(ii)	famous
(c)	καπετάνιος	(iii)	bravo
(d)	ναύτης	(iv)	captain
(e)	φανταστικό	(v)	yacht
(f)	φημισμένος	(vi)	naturally, physically
(g)	μπράβο	(vii)	hypno-therapist
(h)	φυσικά	(viii)	cutter
(i)	μουσείο	(ix)	fantastic
(j)	ύπνο	(x)	museum

6   Practise the different forms of Greek verbs in past tenses.

(a) _____ στην Αθήνα εχτές.

> Έχω φτάσει   Είχα φτάσει
> Έφτασα

(b) Πότε _____ το Γιώργο;

> γνώρισες   γνώριζες
> είχες γνωρίσει

(c) Τι _____ πριν να έλθω;

> έχεις φάει   είχες φάει
> είχες τρώει

(d) Δεν ήθελα να _____
πριν να φτάσω στην
Αθήνα, αλλά βλέπεις . . .

> σταματούσα
> είχες σταματήσει
> έχω σταματήσει

(e) Τι _____ στην
τηλεόραση προχτές;

> έχεις δει   είδες
> είχες δει

(f) Αα! Αυτό το _____ που
μου είπες!

> έχω ξεχάσει   είχα ξεχάσει
> ξέχασα

7 Practise the adverbs of place, time, manner and quality from the list
on page 224.

(a) _____ είχες πάει στην
Αθήνα;

> πόσο   τόσο   πότε

(b) _____ κάνει αυτό το
πουκάμισο;

> πόσο   τόσο   πώς

(c) Δεν πήγα _____ πέρσι.

> ποτέ   πουθενά   μεταξύ

(d) Το σπίτι μας είναι
_____ το σχολείο και
το φαρμακείο.

> κοντά   έξω   μεταξύ

(e) Η Κατερίνη είναι _____
στη Θεσσαλονίκη.

> κοντά   έξω   μεταξύ

(f) Αυτό κάνει _____
πέντε χιλιάδες δραχμές.

> τουλάχιστον   καθόλου
> λίγο

(g) Το ταξείδι κάνει _____
στις οκτώ ώρες.

> μόλις   ήδη   γύρω

(h) Γνώρισα το Γιώργο
_____.

> όπως   αμέσως   μαζί

(i) Δε θέλω να φάω
_____.

> πιο   πάλι   περίπου

(j) Είχε πάει _____ με την
Ελένη για διακοπές.

> μεταξύ   μέσα   μαζί

8 Puzzle – Can you recognise some words you have already learned?

Σ	Π	Ο	Τ	Ε	Η
Τ	Ο	Τ	Ε	Φ	Π
Ο	Σ	Α	Ν	Τ	Ο
Κ	Ο	Ν	Τ	Α	Λ
Μ	Ε	Τ	Α	Ξ	Υ

9 Listen to dialogue 4 in this unit again and fill in the missing words. If you don't have the cassette try to fill in the gaps from the words provided below.

Αναστασία Και στα Γιάννενα; Πού πήγατε;

Mary Μας είχαν πει ότι θα μας πήγαιναν σ'ένα (*a*) _____ έξω από τα Γιάννενα. Εκεί ακούσαμε τοπική, (*b*) _____ μουσική και είδαμε ντόπιους να χορεύουν. Ήταν πολύ (*c*) _____ και κάτι διαφορετικό για μας.

Αναστασία Πού αλλού πήγατε;

Mary Μας είχαν (*d*) _____ να μας δείξουν το Μουσείο Κέρινων Ομοιωμάτων του Βρέλλη. Μόλις δέκα λεπτά έξω από τα Γιάννενα. Ήταν πολύ (*e*) _____ και (*c*) _____. Και είναι το μοναδικό στην Ελλάδα απ'όσο ξέρουν οι (*f*) _____ μας. Είναι κάτι αντίστοιχο με το Μουσείο της Madame Tussauds στο Λονδίνο.

Αναστασία Πω, πω! Δεν το είχα ξανακούσει! (*g*) _____! Φανταστικό! Έχουμε τέτοιο μουσείο στην Ελλάδα;

Tim Η Ελλάδα έχει τόσα (*h*) _____ που μολονότι είχαμε διαβάσει και είχαμε κάνει έρευνα πριν να έρθουμε στη (*i*) _____ σας κιόλας την πρώτη μέρα εδώ καταλάβαμε ότι η διαμονή μας θα είναι (j) _____ από συναρπαστική. Και δεν πέσαμε έξω!

Δημήτρης (k) _____ που τ'ακούω. Μακάρι να είχα κι εγώ την ίδια (l) _____ όταν πήγα . . .

μυστικά	πανηγύρι	εντύπωση	γνωστοί
δείξουν	ενδιαφέρον	παραπάνω	παραδοσιακή
συναρπαστικό	τρομερό	χώρα	χαίρομαι

————— Λίγο ακόμα! —————

Rhodes is one of the most popular destinations for tourists going to Greece. It has a very cosmopolitan summer life and many things to offer to young adults. Listen and read the dialogue below.

Κώστας Στη Ρόδο πήγατε;

Tim Όχι ακόμα. Αλλά έχουμε ακούσει τόσα πολλά γι'αυτήν. Είναι όλα πράγματι αλήθεια;

Κώστας Ναι είναι. Έχει τόσα πολλά να προσφέρει. Έχει την παλιά πόλη, το Μαντράκι, το Ενυδρείο, το Μουσείο, αρχαιολογικούς χώρους, την Ακρόπολη στη Λίνδο . . .

Tim Κι από βραδινή ζωή;

Κώστας Εκεί δεν έχει να ζηλέψει τίποτα από τη βραδινή ζωή οποιασδήποτε άλλης κοσμοπολίτικης πόλης. Δισκοθήκες, νάϊτ κλαμπ, μπουάτ, μπυραρίες, μπαρ, εστιατόρια. . . Παντού κόσμος, παντού κοσμοσυρροή.

Tim Και πώς πάει κανείς εκεί;

Κώστας Εύκολα. Με το αεροπλάνο σε 45 λεπτά και με το πλοίο σε 14 ώρες. Αλλά το βιοτικό επίπεδο είναι από τα πιο ακριβά σ'όλη την Ελλάδα. Είναι ακριβά να πας εκεί, να μείνεις εκεί, να διασκεδάσεις εκεί. Αλλά είναι ωραία.

Tim Μήπως τελικά ένας χρόνος να μην είναι αρκετός στην Ελλάδα! Πρέπει μάλλον να ζητήσουμε άλλον ένα χρόνο παράταση από τις δουλειές μας για να τη μάθουμε καλύτερα . . .

Κώστας Αυτό νομίζω κι εγώ. Καλή τύχη!

Λέξεις και εκφράσεις

η αλήθεια   truth (f)
προσφέρω   I offer
παλιά πόλη   old town, old quarters
το Μαντράκι   the harbour for yachts, sailing or fishing boats
το ενυδρείο   aquarium (n)
ο χώρος   site (m)/space, area (m)
η Λίνδος   a village 54 km south of Rhodes City
ζηλεύω   I become jealous/I am jealous
κοσμοπολίτικος/-η/-ο   cosmopolitan
οποιασδήποτε άλλης   whatever else/other
η δισκοθήκη   disco club, discotheque (f)

το νάιτ κλαμπ   night club (n)
η μπουάτ   night club with Greek music (f)
η μπυραρία   pub (f)
το μπαρ   bar (n)
ο κόσμος   people (lit. cosmos), crowd (m)
η κοσμοσυρροή   crowd, sea of people, throng
εύκολα   easily
το βιοτικό επίπεδο   standards of living (lit. the biotic level)
διασκεδάζω   I entertain (myself or others)
η δουλειά   work, job, employment
καλή τύχη!   good luck!
η παράταση   extension (f)

10 Σωστό (✓) ή λάθος (✗); Mark (T) for true and (F) for false.

(a) Η Ρόδος μπορεί να προσφέρει πολλά στον τουρίστα ή επισκέπτη (visitor).

(b) Δεν είναι όμως πολύ κοσμοπολίτικη πόλη.

(c) Υπάρχει και Ακρόπολη στο χωριό (village) της Λίνδου.

(d) Η βραδινή ζωή της δεν είναι σαν/όπως (like) άλλες κοσμοπολίτικες πόλεις.

(e) Έχει πολλές δισκοθήκες, νάιτ κλαμπ και μπουάτ.

(f) Έχει πολύ κόσμο αλλά όχι και κοσμοσυρροή.

(g) Το πλοίο κάνει 14 ώρες.

(h) Το βιοτικό επίπεδο είναι χαμηλό.

(i) Ο Tim χρειάζεται ένα χρόνο παράταση για να δει κι άλλο την Ελλάδα.

(j) Ο Κώστας του δίνει την ευχή "Καλή τύχη".

Πέρα από τη γλώσσα!

GREEK MUSIC

Music has always been essential to the Greek way of life. The nation's educational system is based on languages, philosophy, mathematics, physics, physical education and music! Many musical instruments originated in Greece:

η λύρα	*lyre*
το μπουζούκι	*bouzouki*
το σαντούρι	*dulcimer*
το λάουτο	*lute*
το κλαρίνο	*clarinet*
ο μπαγλαμάς	*baglamas*
η φλογέρα	*flute*

Music was once a part of the language and played an important part in works such as Homer's epics. That 'musicality' has somehow been lost.

Some of the many kinds of Greek music are:

Λαϊκή μουσική   *popular music*

ελαφριά λαϊκή μουσική	*light popular music*
δημοτική μουσική	*regional, folklore music*
νησιώτικα τραγούδια ή	*island songs* or
νησιώτικη μουσική	*island music*
ρεμπέτικα	*rebetica* (many call it 'the Greek blues')

Different kinds of music have obviously created different dances. Some of the most popular are: καλαματιανό, ζεμπέκικο, συρτάκι, συρτό, σούστα and τσιφτετέλι. Recently a form of 'table-dance' has been developed as a unique experience for both tourists and locals.

15

ΕΙΝΑΙ ΑΚΟΜΑ
——— ΚΙΝΕΖΙΚΑ ΓΙΑ ΣΑΣ; ———

Is it all Greek to you after all?

In this unit you will revise and consolidate how to:

- make arrangements and meet someone
- initiate and carry out business talks
- talk to a doctor and ask for remedies
- converse or ask about the weather
- use appropriate language in social functions
- express opinions and state preferences
- name different professions or sports
- name months and seasons

Ασκήσεις εμπέδωσης

1   The following are situations you are likely to encounter in Greece.

   (*a*) What are the expressions used when congratulating someone for his wife/her husband/their child's nameday?

   (*b*) What are the expressions used on Mondays/first day of the month/first day of the year? If someone else uses those expressions what will your answer be?

   (*c*) When do you use 'Χρόνια πολλά!'? If you are addressed with this expression, what will your reply be?

   (*d*) Ask about the weather: 'What's the weather like in Greece today?' or 'What was the weather like in Greece yesterday?' or 'What will the weather be like in Greece tomorrow?'.

   (*e*) You are asked: 'Ρίχνει βροχές ή χαλάζι στην Αθήνα;'. Give an appropriate answer.

(f) You are asked 'Πώς είναι συνήθως ο καιρός στην Μεγάλη Βρετανία;' Give an appropriate answer.

(g) A friend of yours does not look well, ask: 'Are you sick? You don't look very well. Shall I call a doctor?'

(h) 'Long time no see! Where have you been? I've missed you. George!' If George is a good but 'long-lost' friend, how will you say these phrases?

(i) You want to find out someone's profession, ask: 'What do you do for a living?' then tell him/her that you are a banker/painter/book-keeper/nurse/builder/ or teacher.

(j) Ask someone what kind of sports he or she likes. Then tell him or her that you like swimming/cycling/horse-riding/volley-ball/running and soccer.

2   Someone has handed you the two business cards below. You look at them and you want to ask some questions. How would you say the following in Greek?

(a) 'Oh, you are a manager!'
(b) 'What's the name of your hotel in Greek?'
(c) 'Rhodes is an island, isn't it?'
(d) 'Do you have both restaurants and apartments?'
(e) 'Where's Fiscardo?'
(f) 'Please give me your telephone number.'

(i)

Nicholas Statiras
F & B Manager

ΕSPΕΡΟΣ PΑLΑΘΕ ΒΟΤΕL
faliraki p.o. box 202 - 85100 rhodes ☎ (0241) 85751-4
telex: 292601 espp GR - fax: (0241) 85744

(ii)

DENDRINOS
SINCE 1972

Food and Lodging

FISCARDO 28084
KEFALONIA GREECE
TEL 0674 - 9120s ...

3 Travelling abroad?

The illustration below offers some good deals to major European cities. Look at it and answer the following questions:

(a) Πόσο ακριβή είναι η πτήση για Λονδίνο;
(b) Η πτήση για το Dublin είναι φτηνότερη ή ακριβότερη από την πτήση για το Edinburg;
(c) Ποια είναι η πιο ακριβότερη πτήση στην Ευρώπη;
(d) Τα εισητήρια είναι μόνο να πας ή με επιστροφή;
(e) Πώς είναι η Κων/πολη (Κωνσταντινούπολη) στ'Αγγλικά;
(f) Ποιες είναι οι Ιταλικές πόλεις;

4 What's the weather like in Europe?

The map below shows the temperatures in most major European cities. Check the map and answer the following questions.

(a) Πώς είναι ο καιρός στο Λονδίνο;
(b) Πού έχει την υψηλότερη θερμοκρασία;
(c) Πού έχει την χαμηλότερη θερμοκρασία;
(d) Τι σημαίνει ΑΤΛΑΝΤΙΚΟΣ ΩΚΕΑΝΟΣ στ' Αγγλικά;
(e) Τι σημαίνει ΜΕΣΟΓΕΙΟΣ ΘΑΛΑΣΣΑ στ' Αγγλικά ;
(f) Πώς λένε στα Ελληνικά: Prague, Black Sea, Lisbon, Berlin and Brussels?
(g) Πού έχει μόνο λιακάδα;

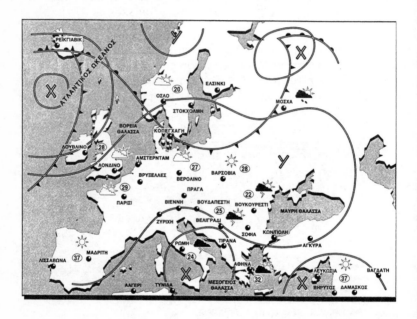

5 National emergency telephone numbers

Below is a list of many emergency telephone numbers in Greece. Study this list and answer the following questions.

ΧΡΗΣΙΜΑ ΤΗΛΕΦΩΝΑ

ΠΡΩΤΕΣ ΑΝΑΓΚΕΣ

Άμεση Δράση Αστυνομίας	100
Λιμεναρχείο	108
Ασθενοφόρο	166
Πυροσβεστική	199
Δίωξη Ναρκωτικών	109
Αντιμετώπιση Πυρκαγιών	191
Διημερεύοντα & Διανυκτερεύοντα Φαρμακεία Αθηνών	9-107
Διημερεύοντα & Διανυκτερεύοντα Φαρμακεία Προαστίων	9-102
Πρώτες Βοήθειες (Ερυθρός Σταυρός)	9-150
Εφημερεύοντες Γιατροί Αθηνών-Πειραιώς	9-105
EXPRESS SERVICE	11300
ΕΛΠΑ Οδική Βοήθεια	11311
HELLAS SERVICE	11322
Τουριστική Αστυνομία	9-171
Δελτίο Καιρού	9-148

What are the telephone numbers for the following?

(a) Police
(b) Port Authority
(c) Ambulance
(d) Fire Squad
(e) Fight against Drugs
(f) Fire
(g) Chemists in Athens
(h) Chemists in the suburbs
(i) First Aid/Red Cross
(j) Tourist Police

6 Days and months

Being able to decipher information about cultural events from the Greek press is handy when visiting Greece. Overleaf are two different cultural events. Read the information and answer the following questions.

(a) When do they both take place?
(b) What kind of an event is number (i), and what kind of an event is number (ii)?
(c) How long (how many days) is number (i) event and how long is number (ii) event?
(d) Does number (i) event start in the morning or in the evening?
(e) How would you translate ΑΓΓΛΙΚΟ ΦΕΣΤΙΒΑΛ ΜΠΑΧ?
(f) Do you know the name ΓΙΩΡΓΟΣ ΝΤΑΛΑΡΑΣ?
(g) Which one of the two events is less expensive and why?

(i)

ΠΑΡΑΣΚΕΥΗ 25, ΣΑΒΒΑΤΟ 26 ΑΥΓΟΥΣΤΟΥ
ώρα 9:00 μ.μ.
Συναυλίες
ΓΙΩΡΓΟΥ ΝΤΑΛΑΡΑ
Συμμετέχουν :
Αναστασία Μουτσάτσου
Αθηνά Μόραλη
Οπισθοδρομικοί
Τάκης Μπουρμάς
Τιμή εισιτηρίου : 4.000 δρx.

(ii)

Αύγουστος

ΚΑΛΛΙΤΕΧΝΙΚΕΣ ΕΚΔΗΛΩΣΕΙΣ 1993

ΩΔΕΙΟ ΗΡΩΔΟΥ ΑΤΤΙΚΟΥ

ΑΓΓΛΙΚΟ ΦΕΣΤΙΒΑΛ ΜΠΑΧ

C.W. GLUCK: ΙΦΙΓΕΝΕΙΑ Η ΕΝ ΤΑΥΡΟΙΣ
Δ/ντής Ορχήστρας: *Marc Minkowski*
Σκηνοθεσία: *Alain Germain*

| Κυριακή | 1 |
| Δευτέρα | 2 |

Εισιτήρια: Δρχ. 5.000, 4.000, 3.000
            Α.Δ. 2.000, φοιτ. 1.000

7   The Greek calendar

Write out the names of the months which have (*a*) 30, and (*b*) 31 days. Then (*c*) write the names of the days of the week. Use the definite articles (ο, η, το) if you remember.

8   Vocabulary-building around the office

Can you match the numbers of the office items with the appropriate letters of the list opposite?

(a) τα βιβλία   (e) ο κατάλογος
(b) το τηλέφωνο   (f) η ατζέντα
(c) η τηλεόραση   (g) το ράδιο-κασετόφωνο
(d) το επιστολόχαρτο   (h) η γραφομηχανή

9   How expensive are Greek students?

These illustrations demonstrate the expense of Greek education.

Πόσο «κοστίζει» ο μαθητής (κατά μέσο όρο ετησίως)

Τα ποσά είναι σε χιλιάδες δραχμές

ΒΑΘΜΙΔΑ	ΕΞΟΠΛΙΣΜΟΣ - ΜΕΤΑΚΙΝΗΣΕΙΣ ΧΑΡΤΖΙΛΙΚΙ	ΞΕΝΗ ΓΛΩΣΣΑ	ΩΔΕΙΟ ή ΓΥΜΝΑΣΤΗΡΙΟ ή-ΧΟΡΟΣ	ΦΡΟΝΤΙΣΤΗΡΙΟ ή ΙΔΙΑΙΤΕΡΑ	ΣΥΝΟΛΟ
Μαθητής Δημοτικού	*60 - 180*	*100*	*100*	-	**260**
Μαθητής Γυμνασίου	*60 - 180*	*130*	*120*	*200*	**570**
Μαθητής Λυκείου	*60 - 180*	*160*	*130*	*500*	**970**

Πηγή: Δημοσιεύματα Τύπου, ανακοινώσεις Ιδιοκτητών Φροντιστηρίων, αξιοποίηση - επεξεργασία ερευνητικών στοιχείων
(Αρχείο Αντιτετράδια της Εκπαίδευσης)

TA NEA

ποσά   *amounts*
σε χιλιάδες δραχμές   *in thousands*
ο μαθητής   *pupil* (m)
το Δημοτικό   6-12 years of age –
   compulsory schooling
το Γυμνάσιο   12-15 years of age –
   compulsory schooling
το Λύκειο   15-18 years of age – non
   compulsory

ο εξοπλισμός   *necessary student's
   items* (m)
το χαρτζιλίκι   *allowance, pocket
   money* (n)
το ωδείο   *music school* (n)
το γυμναστήριο   *gym* (n)
το φροντιστήριο   *tutorial school*
   (n), *private lessons*
το σύνολο   *total* (n)

η τσάντα   *school bag* (f)
το μολύβι   *pencil* (n)
η γόμα   *rubber, eraser* (f)
το ντοσιέ   *folder* (n)

το τετράδιο   *notebook* (n)
η κασετίνα   *pencilcase/ pen holder /
   box* (f)
το φύλλο   *page* (n) /*sheet of paper*

(*a*)   Where do Greek families spend money most?
(*b*)   Where do Greek families spend money least?
(*c*)   Which is the most expensive student item?
(*d*)   Which is the least expensive student item?

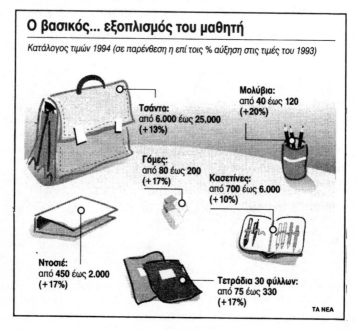

Ο βασικός... εξοπλισμός του μαθητή

Κατάλογος τιμών 1994 (σε παρένθεση η επί τοις % αύξηση στις τιμές του 1993)

Μολύβια:
από 40 έως 120
(+20%)

Τσάντα:
από 6.000 έως 25.000
(+13%)

Γόμες:
από 80 έως 200
(+17%)

Κασετίνες:
από 700 έως 6.000
(+10%)

Ντοσιέ:
από 450 έως 2.000
(+17%)

Τετράδια 30 φύλλων:
από 75 έως 330
(+17%)

TA NEA

10 Listening comprehension

Listen to the last dialogue of Unit 14 again and fill in the missing words. If you don't have the cassette try to fill in the gaps from the words provided below.

Κώστας Στη Ρόδο πήγατε;

Tim Όχι ακόμα. Αλλά έχουμε (a) _____ τόσα πολλά γι'αυτήν. Είναι όλα πράγματι (b) _____;

Κώστας Ναι είναι. Έχει τόσα πολλά να (c) _____ Έχει την παλιά πόλη, το Μαντράκι, το Ενυδρείο, το Μουσείο, αρχαιολογικούς χώρους, την Ακρόπολη στη Λίνδο...

Tim Κι'από βραδινή (d) _____;

Κώστας Εκεί δεν έχει να ζηλέψει τίποτα από την βραδινή (d) _____ οποιασδήποτε άλλης (e) _____ πόλης. (f) _____, νάιτ κλαμπ, μπουάτ, μπυραρίες, μπαρ, εστιατόρια ... Παντού (g) _____, παντού κοσμοσυρροή.

Tim Και πώς πάει κανείς εκεί;

Κώστας (h) _____. Με το αεροπλάνο σε 45 λεπτά και με το (i) _____ σε 14 ώρες. Αλλά το (j) _____ επίπεδο είναι από τα πιο ακριβά σ'όλη την Ελλάδα. Είναι ακριβά να πας εκεί, να μείνεις εκεί, να (k) _____ εκεί. Αλλά είναι ωραία.

Tim Μήπως (l) _____ ένας χρόνος να μην είναι αρκετός στην Ελλάδα! Πρέπει (m) _____ να ζητήσουμε άλλον ένα χρόνο παράταση από τις δουλειές μας για να τη μάθουμε καλύτερα ...

Κώστας Αυτό νομίζω κι εγώ. Καλή (n) _____!

ζωή	εύκολα	κόσμος	δισκοθήκες
τελικά	ακούσει	βιοτικό	αλήθεια
πλοίο	μάλλον	τύχη	προσφέρει
διασκεδάσεις	κοσμοπολίτικης		

Συγχαρητήρια! *Congratulations!* You have reached the end of the book. However, you should not close it, but instead continue practising and becoming ever more familiar with the Greek language. Set yourself goals, and speak the language whenever you are in the company of Greeks, so that you keep on learning. **Good luck! Καλή Τύχη!**

KEY TO
THE EXERCISES

Introduction

1 (3) Arsenal – Chelsea; (4) Aston Villa – Coventry; (5) West Ham – Southampton; (6) Wimbledon – Tottenham; (7) Q.P.R. – Bolton; (8) Blackburn – Middlesborough; (9) Newcastle – Everton; (10) Sheffield Wednesday – Leeds; (11) Watford – Tranmere; (12) Barnsley – Charlton; (13) Reading – Sunderland.
2 Toyota, Fiat, Volkswagen, Nissan, Opel, Seat, Suzuki, Hyundai, Citroën, Peugeot, Alfa Romeo, Rover, Ford, Renault, Lancia, Mercedes, Audi, BMW
3 Actors: John Travolta, Gene Hackman, Rene Rousseau, Danny De Vito.
Cinema: Ideal, Astron, Nirvana, Nana, Metallion, Cronus. **4 1.85:**
Brooke Shields, Uma Thurman, Jerry Hall. **1.82:** Elle MacPherson, Kim Basinger, Sigourney Weaver, Brigitte Nielsen, Geena Davis.
1.77: Daryl Hannah, Nicole Kidman, Princess Diana. **1.76:** Cindy Crawford, Kelly MacGillis, Mariah Carey. **1.73:** Julia Roberts, Liz Hurley. **1.50:** Dolly Parton.
1.55: Kylie Minogue, Bette Midler.
1.58: Madonna. **1.60:** Liz Taylor,
Pamela Anderson, Tina Turner, Patsy Kensit, Cindy Lauper. **1.61:** Janet Jackson. **1.62:** Drew Barrymore.
1.65: Marilyn Monroe, Brigitte Bardot.
5 Women: (1) Steffi Graf, (2) Monica Seles, (3) Arancha Sanchez, (4) Conchita Martinez, (5) Jana Novotna, (6) Mary Pierce, (7) Kimiko Date, (8) Magdalena Maleeva, (9) Gabriella Sabatini, (10) Lyndsey Davenport. **Men:** (1) Andre Agassi, (2) Pete Sampras, (3) Thomas Muster, (4) Boris Becker, (5) Michael Chang, (6) Goran Ivanisevich, (7) Eugene Kafelnikov, (8) Michael Stich, (9) Thomas Endqvist, (10) Wayne Ferreira.
6 Actors: Melanie Griffith, Don Johnson, John Goodman, Val Kilmer, Tommy Lee Jones, Jim Carey, Nicole Kidman, Chris O'Donnell. **Cinemas:** Cine Refresh, Broadway, Flerry, Sporting, Natalie.

Unit 1

1 (*a*) Πώς σας λένε; (b) Γεια σου! Τι κάνεις; (*c*) Γεια σας! Τι κάνετε; (*d*) καλημέρα, καλησπέρα, καληνύχτα. (*e*) Δυστυχώς, δεν

ξέρω Ελληνικά; (f) Μιλάτε Αγγλικά;
2 (a) iii, (b) iv, (c) ii, (d) i. **3** (c),
(a), (d), (b). **4** (a) Με λένε Ρόμπερτ,
(b) Είμαι από την Αγγλία, (c) Από
το Λονδίνο, (d) Αγγλικά (Γαλλικά,
Ιταλικά, Ελληνικά) **5** (a) x, (b)
viii, (c) i, (d) ii, (e) iii, (f) iv, (g) vii, (h)
v, (i) vi, (j) ix. **6** (a) Ρόμπερτ, (b)
Ελένη, (c) Ελληνίδα, (d) Αγγλία (e)
Δεν, (f) Είσαι: shaded word =
Ελλάδα (*Greece*). **7** a: αλλά, να,
από, σας. e: λένε, ναι, ξέρω, με.
8 (a) είσαι, (b) είμαι, (c) πόλη, (d)
αλλά, (e) Ξέρεις, (f) μόνο, (g)
Εσένα, (h) Ωραία. **9** (a) F, (b) T,
(c) F, (d) T. **10** (a) i, (b) i, (c) i, (d) ii.

Unit 2

1 (a) Είμαι πολύ καλά. (b) εσύ; –
εσείς; (c) Τι κάνετε; (d) Είμαι λίγο
κουρασμένος/κουρασμένη. (e) A!
το ξέχασα! (f) Έχω (είμαι)
δύο/τρεις/τέσσερις πέντε μέρες
στην Αθήνα. **2** (a) iv, (b) iii, (c) i,
(d) ii. **3** (c), (a), (b), (d), (e). **4**
(a) Με λένε William Jones, αλλά
όλοι με φωνάζουν Bill. (b) Από
την Αγγλία, αλλά γιατί μου μιλάς
στον πληθυντικό; (c) Από το
Λίβερπουλ, εσύ; (d) Νομίζω δύο ή
τρεις μέρες μόνο. **5** (a) vii, (b) v,
(c) viii, (d) i, (e) x, (f) ii, (g) vi, (h) iii,
(i) iv, (j) ix. **6** **Horizontal** ΕΣΥ,
ΜΗ, ΜΕ, ΠΑΣ, ΚΥΡΙΕ; **Vertical**
ΟΜΩΣ, ΠΕΝΤΕ; **Diagonal** ΕΧΩ,
ΝΑΙ, ΣΕ. **7** ι: κύριε, είναι,
τρεις, στην. ο: κοντά, μόνο, πως,
όμως. **8** (a) χαίρομαι, (b) είσαι,
(c) πιστεύω, (d) είμαι, (e) πώς, (f)
πόσες, (g) νομίζω, (h) θυμάμαι. **9**
(a) T, (b) F, (c) T, (d) F.

Unit 3

1 (a) Ένα ούζο (ουζάκι) και μία

ποικιλία. (b) Θαυμάσιο! Απαίσιο!
(c) Μου αρέσει πολύ – Δε μου
αρέσει. (d) σκέτο – με πάγο.
(e) τον κατάλογο παρακαλώ! (f)
Ένα τσάι με γάλα, παρακαλώ. **2**
(a) iii, (b) i, (c) iv, (d) ii. **3** (e), (b),
(d), (c), (a), (f). **4** (a) Μας φέρνετε
τον κατάλογο παρακαλώ; (b) Ναι,
ένα φραπέ και ένα νες (καφέ). (c)
Τίποτα άλλο για την ώρα.
Ευχαριστώ. (d) (Μας φέρνετε) το
λογαριασμό παρακαλώ; **5** (a)
ΚΑΦΕ, (b) ΜΑΡΜΕΛΑΔΑ, (c)
ΣΚΕΤΟ, (d) ΝΕΣ, (e) ΠΩΣ, (f)
ΣΙΝΕΜΑ: shaded word = **ΑΜΕΣΩΣ**.
6 (a) vii, (b) vi, (c) viii, (d) ix, (e) ii,
(f) iv, (g) x, (h) i, (i) v, (j) iii. **7** (a)
έτοιμοι, (b) φέρνετε, (c) βέβαια,
(d) πρωινά, (e) ομελέτες, (f)
χυμούς, (g) με, (h) ή, (i) Φέρτε, (j)
ψωμί. **8** (a) F, (b) F, (c) F, (d) F.
9 (a) i, (b) i, (c) ii, (d) i.

Unit 4

1 (a) Καλή Όρεξη! Καλή
Χώνεψη! (b) Μήπως έχετε
μελιτζανοσαλάτα; ποικιλία; μικρή
ποικιλία για το ούζο; μουσακά; (c)
Τον κατάλογο παρακαλώ – το
λογαριασμό παρακαλώ; (d) Θα
πιείτε κάτι; (e) Ένα μικρό
μπουκάλι ούζο Μυτιλήνης; (f)
Έλα τώρα! (g) Πόσο κάνουν;
2 (a) iv, (b) iii, (c) i, (d) ii. **3** (e),
(f), (c), (d), (b), (a). **4** (a) Τον
κατάλογο παρακαλώ. (b) Ναι.
(Μήπως) έχετε μοσχαρίσιες
μπριζόλες; (c) Εντάξει! Μία
χοιρινή μπριζόλα, ένα μουσακά
και μία σαλάτα εποχής. (d) Ένα
μικρό μπουκάλι ούζο. Τί ούζο
έχετε; (e) Ένα μικρό μπουκάλι
Μυτιλήνης. (f) Τίποτα άλλο για
την ώρα. **5** (a) iii, (b) iv, (c) v, (d)
i, (e) ii; (f) vii, (g) x, (h) vi, (i) viii,

(j) ix. 6 (a) ΕΛΙΕΣ, (b) ΦΕΤΑ,
(c) ΝΤΟΜΑΤΑ, (d)
ΚΡΕΜΜΥΔΙΑ, (e) ΠΙΠΕΡΙΕΣ, (f)
ΑΓΓΟΥΡΙΑ, (g) ΞΥΔΙ, (h) ΛΑΔΙ.
7 (a) είπατε, (b) θέλετε, (c) μέσα,
(d) καταλαβαίνω, (e) ντομάτα, (f)
και. 8 (a) Τ, (b) F, (c) F, (d) Τ, (e)
Τ, (f) F.

Unit 5

1 (a) Είναι υπέροχος! Είναι
απαίσιος! (b) Μου δίνετε τον
κατάλογο παρακαλώ. Φέρτε μου
το λογαριασμό παρακαλώ. (c)
Φέρτε μου (θα ήθελα/θέλω) ένα
μέτριο, γλυκό, σκέτο (Ελληνικό)
καφέ. (d) Ένα τσάι με γάλα. Ένα
τσάι με λεμόνι παρακαλώ. (e) The
invitation was *Come and have a glass
of ouzo (with me)*. You could probably
answer Ωραία, πάμε για ένα ουζάκι
or Συγγνώμη, είμαι κουρασμένος/-η.
(f) The invitation is to go to a fish
taverna. (g) Μου φέρνετε λίγες
φρυγανιές, βούτηρο και
μαρμελάδα. (h) Είμαι κουρασμένος
γιατί δεν κοιμάμαι καθόλου. (i)
Shall we go to the cinema? Γιατί όχι;
Πάμε! Or Όχι σήμερα! (j) He or she
wants to know where you live. Μένω
στην Αθήνα τώρα. Μένω στο
Λονδίνο τώρα, and so on. 2 (f),
(b), (c), (i), (e), (g), (a), (j), (d), (h).
3 (a) το μπουκάλι, (b) οι
γλώσσες, (c) οι χυμοί, (d) οι
φρυγανιές, (e) ο κατάλογος, (f) τα
δωμάτια, (g) η (η)μέρα, (h) τα
ουζάκια, (i) οι μεζέδες (j) η
ποικιλία, (k) οι ομελέτες, (l) τα
ούζα, (m) το μάθημα, (n) ο
συνάδελφος. 4 ο: πόνος, καφές,
κατάλογος, χυμός, μεζές; η: πόλη,
μέρα, νύχτα, ταβέρνα, τυρόπιτα;
το: πρόγραμμα, λάθος, ξενοδοχείο,

ταξίδι, μουσείο. 6 (a) Australia,
(b) Austria, (c) Belgium, (d) France,
(e) Germany, (f) Gibraltar, (g)
Denmark, (h) Switzerland, (i) Estonia,
(j) United Emirates, (k) Ireland, (l)
Spain, (m) Italy, (n) Cyprus, (o)
Luxemburg, (p) Morocco, (q) Great
Britain, (r) Norway, (s) South Africa,
(t) Holland, (u) Hungary (v) Portugal,
(w) Singapore, (x) Sweden, (y)
Thailand, (z) Turkey, (aa) Finland,
(bb) Hong Kong. 7 Μου δίνετε
ένα σουβλάκι καλαμάκι
παρακαλώ, δύο πίτες χωριάτικες
με γύρο, μια μερίδα μπιφτέκι
πολίτικο, μία μερίδα σεφταλιές
Κυπριακές και μία σαλάτα
χωριάτικη. Επίσης μία μικρή
μπύρα και δύο μεγάλες. (This is of
course not the only possible order you
could place in this exercise. It serves
only as an example.) 8 (a) The
Athenian, open since 1932, its
speciality is ouzo with appetizers; (b)
Athens Festival, 1993. 9 1995: Tokyo
(Japan), Sao Paolo (Brazil), New York
(USA), Mexico City, Bombay (India),
Shanghai (China), Los Angeles (USA),
Peking (China), Calcutta (India), Seoul
(South Korea); 2015: Lagos (Nigeria),
Jakarta (Indonesia), Karatchi (Pakistan),
Dhaka (Bangladesh). 10 (a)
Business English, Beginner's English,
Advanced English, Arabic, Afrikaans,
Beginner's French, Advanced French,
Beginner's German, Advanced
German, Danish; (b) Greek for
foreigners, Hebrew, Japanese,
Indonesian, Hindi, Irish, Icelandic,
Spanish, Spanish (Central and South
America), Italian, Chinese; (c) Korean,
Malay, Norwegian, Dutch, Polish,
Portuguese, Russian, Serbo-Croat,
Swedish, Thai, Finnish.

11 ΩΡΕΣ (*hours*) 4: τέσσερις, 5: πέντε, 6: έξι, 8: οκτώ, 11: έντεκα, 13: δεκατρείς, 19: δέκα εννιά ΧΡΟΝΙΑ (*years*) 5: πέντε, 15: δέκα πέντε, 20: είκοσι, 25: είκοσι πέντε, 50: πενήντα, 60: εξήντα, 75: εβδομήντα πέντε. **12** (*a*) εξυπηρετηθεί, (*b*) πατάτες, (*c*) μέγεθος, (*d*) ρωτήσω, (*e*) κρεμμύδι, (*f*) σαλάτα, (*g*) μένα, (*h*) έχουμε.

Unit 6

1 (*a*) Συγγνώμη – Με συγχωρείτε. (*b*) Πού είναι το Ξενοδοχείο Απόλλων; (*c*) Είναι μακριά; – είναι κοντά; (*d*) right, straight, left, straight ahead, (*e*) trolley bus, bus, taxi, (*f*) Γεια σας και ευχαριστώ (πολύ)! (*g*) Δεν καταλαβαίνω Ελληνικά καλά. Μιλάτε λίγο πιο σιγά; **2** (*a*) ii, (*b*) i, (*c*) iii, (*d*) iv. **3** (*a*), (*b*), (*c*), (*d*), (*e*), (*f*). **4** (*a*) Μείνετε σ'αυτόν τον δρόμο. (*b*) Μετά, στρίψτε αριστερά στο τρίτο στενό. (*c*) Μετά, συνεχίστε ίσια (ευθεία). Η πλατεία είναι στα δεξιά. (*d*) Παρακαλώ. **5** (*a*) iii, (*b*), ix, (*c*) i, (*d*) vi, (*e*) ii, (*f*) viii, (*g*) iv, (*h*) x, (*i*) vii, (*j*) v. **6** (*a*) κάνουμε, (*b*) Μείνετε, (*c*) είναι, (*d*) μπορείτε, (*e*) αντέχω, (*f*) κατέβα, (*g*) Μιλάτε. **7** (*a*) είσοδος, (*b*) πάνω, (*c*) τέλος, (*d*) μακριά, (*e*) ήδη, (*f*) κουρασμένοι, (*g*) είστε, (*h*) μπορείτε, (*i*) είπατε, (*j*) μόνο, (*k*) ωραία, (*l*) αντέχω, (*m*) ζέστη. **8** (*a*) Τ, (*b*) F, (*c*) F, (*d*) Τ, (*e*) Τ.

Unit 7

1 (*a*) Υπάρχει πτήση κάθε μέρα; (*b*) Πόση ώρα κάνει η πτήση; (*c*) Πόσο κάνει η πτήση; (*d*) Είναι μόνο πήγαινε η μετ'επιστροφής; (*e*) Μπορώ να κάνω κράτηση τώρα; (*f*) Μπορώ να έχω ένα πρόγραμμα; (*g*) Κάθε πότε; Πόσο κάνει ...; Πόσο κάνει ...; **2** (*a*) iii, (*b*) iv, (*c*) i, (*d*) ii. **3** (*b*), (*e*), (*c*), (*a*), (*d*), (*f*), (*g*). **4** (*a*) Θα ήθελα δύο εισιτήρια για (την) Ρόδο. (*b*) Πόσο κάνει με το καράβι; (*c*) Δεύτερη θέση. (*d*) Και μετ'επιστροφής; (*e*) Πόση ώρα κάνει; (*f*) Τι; Δέκα οκτώ (18) ώρες! Εγώ δεν αντέχω τέσσερις (4) ώρες στο καράβι! **5** (*a*) vii, (*b*) viii, (*c*) ix, (*d*) x, (*e*) ii, (*f*) i, (*g*) iii, (*h*) iv, (*i*) v, (*j*) vi. **6** ΤΟ *the*, ΠΟΥ *where*, ΤΟΥ *of the*, ΤΟΝ *(in) to the*, ΝΤΟ *do*, ΠΟΥ *that*; ΤΟΣΟ *so much*, ΠΟΤΕ *when*, ΠΟΤΕ *never*, ΠΟΣΗ *how long*, ΤΟΣΗ *so much*, ΝΕΡΟ *water*, ΣΟΥΤ *shoot*, ΣΤΟΝ *(in) to the*, ΡΕΝΟ *Renault*, ΝΕΤΟ *net*; ΤΡΕΝΟ *train*, ΣΤΕΝΟ *back street*, ΠΕΤΡΟ *Peter*, ΝΤΟΥΣ *shower*, ΤΟΥΠΕ *wig*, ΠΕΣΤΟ *say it*; ΠΟΥΡΕΣ *mashed potatoes*, ΠΟΡΤΕΣ *doors*, ΤΟΥΡΝΕ *tour*. **7** (*a*) πληροφοριών, (*b*) μέσα, (*c*) υπάρχει, (*d*) δω, (*e*) φεύγει, (*f*) φεύγουμε (*g*) ταξίδι, (*h*) θέσεις, (*i*) επιστροφή, (*j*) πότε, (*k*) πριν, (*l*) τίποτα **8** (*a*) οκτώ και τέταρτο, (*b*) εννέα και είκοσι πέντε, (*c*) επτά παρά δέκα, (*d*) τρεισήμισυ, (*e*) έξι παρά δέκα, (*f*) μία, (*g*) επτάμιση, (*h*) τρεις παρά είκοσι πέντε, (*i*) τέσσερις, (*j*) επτά και πενήντα δύο, (*k*) τέσσερις και είκοσι τρία, (*l*) εννέα και σαράντα εννιά, (*m*) επτά και δώδεκα, (*n*) μιάμιση, (*o*) μία και σαράντα τρία. **9** (*a*) 13.00, (*b*) 13.00, (*c*) 14.00, (*d*) 7.00, (*e*) 13.00, (*f*) 13.00, (*g*) 2.00, (*h*) 13.00, (*i*) 14.00, (*j*) 14.00. **10** (*a*) Τ, (*b*) F, (*c*) F, (*d*), F (*e*) Τ.

Unit 8

1 (a) Έχετε δωμάτια; (b) Θα ήθελα ένα μονόκλινο/δίκλινο. (c) Έχετε ένα μονόκλινο για τέσσερις ημέρες; (d) Θα ήθελα ένα δίκλινο με ντους/μπάνιο, ήσυχο, θέα. (e) Πόσο κάνει/είναι (αυτό το δωμάτιο); (f) Έχω κάνει κράτηση. (g) Δεν μου αρέσει το δωμάτιο. Δεν είναι ήσυχο και δεν έχει θέα. 2 (a) iii, (b) ii, (c) i, (d) iv. 3 (d), (b), (c), (e), (a), (f). 4 (a) Γεια σας! Με λένε Joanna Wilke. Έχω κλείσει ένα δωμάτιο για δύο μέρες. (b) Ορίστε! Μπορώ να έχω ένα στυλό παρακαλώ; (c) Δεν με πειράζει. Είμαι πολύ κουρασμένη και θα προτιμούσα να κοιμηθώ αμέσως. (d) Πού είναι το ασανσέρ; 5 (a) v, (b) ix, (c) vii, (d) i, (e) x, (f) ii, (g) iii, (h) vi, (i) iv, (j) viii. 6 Horizontal: ΘΕΣΗ, ΕΧΕΙ, ΞΕΝΟΔΟΧΕΙΟ, ΜΕΡΕΣ, ΘΑ, ΠΡΟΤΙΜΩ, ΝΕΡΟ(Υ), ΣΚΕΠΤΟΝΤΑΙ, ΑΝΑΜΟΝΗ (waiting). Vertical: ΑΡΕΣΩ, ΘΕΑ, ΘΑ, ΕΝΤΑΞΕΙ, ΣΟΥ, ΠΑΠΑ (priest), ΔΩΡΑ (presents) Ο, ΜΟΝΟ, ΕΧΕΤΕ, ΧΕΡΙ (hand), ΤΟ, ΙΟΣ (virus) 7 /af/ γράφω, αυτός, καφές, /ef/ εύκολο, ευχαριστώ, ευθεία, /ev/ αποσκευή, γεύμα, φεύγω. 8 (a) Δωμάτιο, (b) Μπάνιο, (c) Κουρτίνα, (d) Κανένα, (e) Κάνω, (f) Νερά, (g) Μη, (h) Στεγνώνει. 9 1–821, 2–825, 3–554, 4–954, 5–557, 6–747, 7–421, 8–480, 9–780, 10–325. 10 (a) T, (b) T, (c) T, (d) T, (e) F, (f) F, (g) T, (h) F.

Unit 9

1 (a) Θέλεις παρέα; (b) Χρειάζομαι να/ Πρέπει να /

Θέλω να → κάνω μερικά ψώνια. (c) Σε ποιον όροφο είναι το τμήμα ανδρικών / γυναικείων / παιδικών; (d) Θα ήθελα μία κολόνια, μία κρέμα προσώπου, μία φωτογραφική μηχανή, μία φούστα, ένα πουκάμισο, μία τσάντα, μία γραββάτα, μία ομπρέλα. (e) Θα ήθελα μία μονόχρωμη / δίχρωμη / τρίχρωμη / εμπριμέ φούστα. Θα ήθελα ένα μονόχρωμο / δίχρωμο / τρίχρωμο / εμπριμέ πουκάμισο. Ριγέ, καρό ή πουά. (f) Θα προτιμούσα κάτι μικρότερο, καλύτερο και φθηνότερο! 2 ΧΡΩΜΑΤΑ: ουρανής, κίτρινο, λαχανής, βυσσινής, μαύρο; ΠΟΛΥΚΑΤΑΣΤΗΜΑ: χαρτοφύλακας, γάντια, φούστα, παλτό, τσάντα; ΛΑΙΚΗ ΑΓΟΡΑ: σέλινο, λάχανο, βύσσινο, πορτοκάλι, μελιτζάνα. 3 TEST 1: κόκκινο, πορτοκαλί, πράσινο; TEST 2: άσπρο, κόκκινο, ροζέ; TEST 3: (probably optional!) κίτρινο, καφέ, μπλε, κόκκινο; TEST 4: κόκκινο, πορτοκαλί, κίτρινο, πράσινο, γαλάζιο, μπλέ, μωβ. TEST 5: μαύρο, άσπρο 4 (a) Θα ήθελα ένα κιλό πορτοκάλια και δύο ιλά μήλα. (b) Είναι νόστιμα τα καρπούζια; (c) Δώστε μου ένα μικρό, όχι πιο πολύ από πέντε κιλά. (d) Αυτά για την ώρα. Πόσο κάνουν; (e) Ορίστε!, Δύο χιλιάδες. (f) Ευχαριστώ, Γεια σας. 5 (a) viii, (b) v, (c) x, (d) ii, (e) ix, (f) iv, (g) i, (h) vi, (i) vii, (j) iii. 6 (a) ΥΠΟΓΕΙΟ, (b) ΚΙΤΡΙΝΟ, (c) ΓΑΛΑΖΙΟ, (d) ΒΥΣΣΙΝΟ, (e) ΙΣΟΓΕΙΟ, (f) ΚΟΚΚΙΝΟ. 7 (a) φάμε, (b) Ελληνίδα, (c) ίδιο, (d) παρόμοιο, (e) πάντων, (f) νοιάζει, (g) πάρουμε, (h) φτηνά, (i) πάρουμε, (j) ξένους, (k) μεγαλύτερα, (l) νοστιμότατα, (m) Δώστε, (n) Πόσο, (o) μαρούλια, (p) χόρτα, (q) δίπλα. **8** (a) T, (b) T, (c) F, (d) F, (e) T, (f) F, (g) T, (h) T, (i) T, (j) T, (k) T, (l) T.

Unit 10

1 (a) Πού είναι ο σταθμός; – Πού είναι η πλατεία; – Πού είναι το κέντρο; (b) Δεν καταλαβαίνω Ελληνικά καλά. Μιλάτε λίγο πιο σιγά; (c) Right on the first street, Right on the second corner, Right on the third block (side street), (d) Πόσο κάνουν τα μήλα; – 350 drs/kilo – Μου δίνετε τρία κιλά μήλα σας παρακαλώ; (e) Πάμε στο πάρκο; On foot or by car? (f) Έχετε χάρτες; Πόσο κάνει (αυτός) ο χάρτης; (g) Υπάρχει πτήση στη Θεσσαλονίκη κάθε μέρα; Πόσες πτήσεις υπάρχουν την ημέρα; Και πότε; (h) Μου δίνετε το πρόγραμμα με τα δρομολόγια από Αθήνα για Θεσσαλονίκη; Πότε πρέπει να κλείσω θέση; (i) 8.750 drs. Είναι μόνο πήγαινε ή μετ'επιστροφής; (j) Do you like light or dark colours? One-coloured shirts or multiple colours? Μου αρέσουν τ'ανοικτά χρώματα και συνήθως τα μονόχρωμα. This is not the only possible answer. **2** (a) vi, (b) iv, (c) ix, (d) i, (e) x, (f) ii, (g) v, (h) iii, (i) viii, (j) vii. **3** (a) v, (b) i, (c) viii, (d) iii, (e) ii, (f) x, (g) iv, (h) ix, (i) vii, (j) xiii, (k) xiv, (l) xi, (m) vi, (n) xii.
4 UK size followed by US size: (a) 36,14; (b) 9,9½; (c) 7½,9; (d) 42, (e) 46, (f) 11, (g) 42,20.
5 (a) Στρίψτε δεξιά στη Μυθήμνης. Πηγαίνετε δύο στενά.

Κάντε δεξιά στη γωνία που είναι το TEXACO. Πηγαίνετε μόνο ένα τετράγωνο και στη Σπάρτης στρίβετε πάλι δεξιά. Η ταβέρνα το Αρχοντόσπιτο είναι στ'αριστερά σας απέναντι από το γκαράζ της SHELL. (b) Πηγαίνω ευθεία για δύο τετράγωνα. Στρίβω δεξιά στη Σωκράτους και η Αθίδων είναι το δεύτερο στενό. Ο αριθμός 27 είναι στη γωνία Αθίδων και Σωκράτους. (c) **Η πλατεία** – Πού είναι η πλατεία παρακαλώ; – Πηγαίνετε ευθεία. Μετά από τρία στενά, στρίψτε δεξιά. Η πλατεία είναι στη μέση του τετραγώνου δεξιά σας = Letter Β. **Το σχολείο** – Πού είναι το σχολείο παρακαλώ; – Στρίψτε δεξιά στον πρώτο δρόμο. Προχωρείστε ευθεία για δύο τετράγωνα και στρίψτε αριστερά. Μετά το πρώτο στενό το σχολείο είναι στ'αριστερά σας πριν το τέλος του τετραγώνου. = Letter C. **Ο σταθμός** – Πού είναι ο σταθμός παρακαλώ; – Είναι πολύ εύκολο. Δεξιά εδώ στο πρώτο στενό. Μετά από τρία τετράγωνα στρίψτε αριστερά και είναι ακριβώς στην επόμενη γωνία στ'αριστερά σας. **6** (a) με το αεροπλάνο, (b) με το ποδήλατο, (c) με τον ηλεκτρικό/υπόγειο, (d) με τα πόδια, (e) με το τρένο, (f) με το λεωφορείο, (g) με το καράβι/ πλοίο, (h) με το αυτοκίνητο, (i) με το ταξί, (j) με το εξπρές τρένο, (k) τρέχοντας, (l) με το πούλμαν. **7** (a) F, (b) T, (c) F, (d) F, (e) F, (f) T. (g) We don't know. It is not mentioned in the dialogue! (h) T **8** (a) vii, (b) viii, (c) iv, (d) iii, (e) v, (f) vi, (g) ii, (h) i.

9 (a) οκτώ, (b) έξι, (c) έντεκα, (d) επτά, (e) δώδεκα, (f) τρεις, (g) δύο, (h) μία, (i) πέντε, (j) τέσσερις. 10 (a) Στις τρεισήμισυ ... (b) Στις εντεκάμισυ ... (c) Στις δέκα ... (d) Στη μία ... (e) Στις δέκα και τέταρτο ... (f) Στις δύομισυ ...; (c), (e), (b), (d), (f), (a). 11 (a) πουκάμισα, (b) τμήμα, (c) ασανσέρ, (d) σκάλες, (e) φτάσαμε, (f) βάθος, (g) ποικιλία, (h) ανοικτό, (i) μονόχρωμα, (j) ριγέ, (k) μέγεθος, (l) νούμερο, (m) σ'αρέσει.

Unit 11

1 (a) Μπορώ να κάνω ένα τοπικό και ένα υπεραστικό τηλέφωνο; (b) Με λένε ... και δουλεύω / εργάζομαι στην ... (c) You have to follow him/her! (d) Καθήστε! Πάρτε μια καρέκλα! (e) Τα χαιρετίσματα μου στη σύζυγο σου/σας. (f) Μην το ξεχάσεις! (g) (Γιάννη) Να σου γνωρίσω / συστήσω τον κ. Smith. (h) Γιάννη, να σου γνωρίσω / συστήσω το Γιώργο. (i) Καλώς όρισες! Καλώς ήρθατε! 2 (a) v, (b) iv, (c) i, (d) iii, (e) ii. 3 (e), (a), (f), (b), (d), (c), (g). 4 (a) Χρειάζομαι το Νικόλα γιατί ξέρει πολύ καλά Ελληνικά. (b) Δεν με νοιάζει ποιος είναι φτηνότερος. Με νοιάζει ποιος είναι ο καλύτερος. (c) Ας ξεκινήσουμε με το Νικόλα και αν υπάρχει προβληματική συνεργασία τότε βλέπουμε. (d) Ποτέ δεν είναι πολύ αργά. 5 (a) viii, (b) v, (c) vi, (d) i, (e) x, (f) ii, (g) iii, (h) ix, (i) iv, (j) vii. 6 (a) ανέβω, (b) δω, (c) πάρω, (d) πάω, (e) ρωτήσω, (f) τελειώσω, (g) φάω, (h) φύγω. 7 (a) Θέλω να πάω στην πλατεία. (b) Ναι! Έχω

ραντεβού με τον κ. Πέτρου. (c) Θέλει να πάμε στη Θεσσαλονίκη αύριο. (d) Θα ήθελα ένα μονόκλινο με μπάνιο και τηλεόραση. (e) Πού είναι το εστιατόριο; (f) (Αυτό) θα ήταν καλύτερα για μένα. (g) Θα προτιμούσα ένα δωμάτιο με θέα. (h) Ένα αναψυκτικό, αν δεν σας κάνει κόπο. 8 Horizontal: ΣΑΣ, ΑΝ, ΚΑΙΡΟΣ, ΕΛΑ, ΤΩΡΑ, ΟΜΩΣ, ΑΝΕΒΩ, ΤΗΝ ΞΕΚΙΝΗΣΩ; Vertical: ΗΘΕΛΑ, ΤΡΩΩ, ΣΤΗ, ΤΗΣ, ΠΑΙΡΝΩ. 9 (a) γνωρίσω, (b) χαίρω, (c) καθίστε, (d) προσπαθώ, (e) υπέροχα, (f) προσφέρω, (g) κόπο, (h) ελπίζει, (i) συνεργασία, (j) εύχομαι, (k) φύγεις, (l) χρειάζομαι. 10 (a) T, (b) T, (c) T, (d) F, (e) T, (f) T, (g) F, (h) F. 11 (a) Ναι έχει πολλές ομοιότητες. (b) Υπάρχουν πάνω από δέκα. (c) Υπάρχουν πάνω από δέκα πέντε. (d) Σε συνάλλαγμα, σε δραχμές ή και τα δύο. (e) Όλες οι Τράπεζες δέχονται και δίνουν συνάλλαγμα. (f) Ανοίγουν στις 8:00 π.μ. και κλείνουν στις 2:00 μ.μ. εκτός από Παρασκευή που κλείνουν στη 1:30 μ.μ.

Unit 12

1 (a) Καλή βδομάδα! or Επίσης! (b) Καλό μήνα! (c) Ευχαριστώ, επίσης! (d) Σε χάσαμε! Πού ήσουν; (e) Πώς πέρασες το Σαββατοκύριακο; Πού πήγες; (f) Ένα γιατρό αμέσως! (γρήγορα!) (g) Είσαι άρρωστος; Φαίνεσαι λίγο χλωμός! 2 (a) iii, (b) v, (c) i, (d) iv, (e) ii. 3 (a) v, (b) i, (c) ii, (d) iii, (e) iv. 4 (a) vii, (b) v, (c) vi, (d) iv,

(e) iii, (f) i, (g) ii. **5** (a) Ήμουν
ταξίδι στην Κρήτη. (b) Ήταν
ταξίδι για δουλειές. (c) Έμεινα
τρεις μέρες. (d) Πήγα μόνος και η
σύζυγος μου ήλθε την επόμενη
ημέρα. (e) Περάσαμε ωραία.
Ειδικά η σύζυγος μου διότι
πήγαινε για ψώνια κάθε μέρα. (f)
Άρρωστη; Τι της συναίβει; (Τι
είχε) (g) Αυτό δεν είναι ωραίο.
Πώς είναι τώρα; (Πώς πάει τώρα)
(h) Ελπίζω να γίνει καλύτερα
σύντομα! **6** (a) ΠΟΔΟΣΦΑΙΡΟ,
(b) ΚΟΛΥΜΒΙ, (c) ΣΥΝΗΘΩΣ, (d)
ΠΟΤΕ, (e) ΑΓΧΟΣ, (f) ΕΞΕΤΑΣΗ,
(g) ΠΙΛΟΤΟΣ, (h) ΖΩΓΡΑΦΟΣ
Shaded word: ΣΥΝΕΧΕΙΑ. **7**
(a) x, (b) vi, (c) vii, (d) ix, (e) viii, (f)
i, (g) iii, (h) iv, (i) v, (j) ii. **8** (a)
άρρωστος, (b) φαίνεσαι, (c) νησί,
(d) υπερκόπωση, (e) απαισιόδοξος,
(f) συνήθισες, (g) υπάλληλος, (h)
μάγειρας, (i) ψηλά, (j) συμβουλή.
9 (a) Τ, (b) Τ, (c) F, (d) F, (e) Τ, (f)
Τ, (g) Τ, (h) F.

Unit 13

1 (a) Τι καιρό κάνει στην
Ελλάδα; (b) Έχει συννεφιά συχνά.
(c) Βρέχει πολλές φορές. (d)
Χιονίζει το χειμώνα και κάνει
πολύ κρύο. (e) Μου αρέσει όταν
έχει λιακάδα και κάνει ψύχρα. (f)
Ρίχνει χιόνι ή χαλάζι στην
Ελλάδα; (g) In summer it is very hot
in Greece, but it's not humid. **2** (a)
ii, (b) iv, (c) v, (d) i, (e) iii. **3** (e),
(b), (c), (g), (a), (f), (d), (h). **4** (a)
Τι να σας πω; (b) Δεν ξέρω. Δεν
έχω στεναχωρηθεί ποτέ άλλοτε
έτσι. (c) Ο καιρός ήταν απαίσιος
και πολύ άστατος. (d) Όχι. Όλοι
μου έλεγαν ότι ο καιρός θα ήταν

αίθριος και θαυμάσιος. Αντίθετα ...
(e) Τι θέλεις (θέλετε) να κάνω;
5 (a) vi, (b) iii, (c) ix, (d) i, (e) viii,
(f) ii, (g) v, (h) vii, (i) v. **6** (b)
είδα-έβλεπα, (c) πήρα-έπαιρνα, (d)
πήγα-πήγαινα, (e) ρώτησα-
ρωτούσα, (f) τελείωσα-τελείωνα,
(g) έφαγα-έτρωγα, (h) έφυγα-
έφευγα. **7Α** (a) καλοκαίρι, (b)
φθινόπωρο, (c) χειμώνας, (d)
άνοιξη. Β (a) Δεκέμβριος, (b)
Ιανουάριος, (c) Φεβρουάριος, (d)
Μάρτιος, (e) Απρίλιος, (f) Μάιος,
(g) Ιούνιος, (h) Ιούλιος, (i)
Αύγουστος, (j) Σεπτέμβριος, (k)
Οκτώβριος, (l) Νοέμβριος.
C Religious holidays: 2, 4, 5, 6, 7, 9,
10, 12, 13. D (a) Ιούλιος –
Αύγουστος, (b) Ιούνιος – Ιούλιος,
(c) Οκτώβριος – Νοέμβριος, (d)
Απρίλιος – Μάιος. **8** (a)
Φαίνεσαι πολύ στεναχωρημένος.
Τι συμβαίνει; (b) Έχεις πάει κι
άλλες φορές (πολλές φορές) πριν
στην Κέρκυρα. Έτσι δεν είναι; (c)
Ο καιρός μας χάλασε τα σχέδια.
(d) Τι άσχημος καιρός! (Πω, πω
παλιόκαιρος!) Δεν μου αρέσει
καθόλου. (e) Είδες τηλεόραση;
Έφαγες; Μίλησες; (or, είδατε
φάγατε/μιλήσατε). (f) Θα έχεις
την ευκαιρία να πας πίσω πάλι
(ξανά). (g) Ναι, Βέβαια! Του
χρόνου, το πιο νωρίς! **9**
Horizontal: Οριζόντια (in Greek!):
ΛΙΑΚΑΔΑ, ΑΠΟΡΩ (I wonder),
ΘΟΡΥΒΟΣ, ΒΡΟΧΗ, ΣΙΝΕΜΑ,
ΑΓΩΝΙΑ (agony), ΠΑΓΩΝΙΑ
(frost). **Vertical:** Κάθετα (in Greek):
ΛΑΘΟΣ, ΒΙΑ (violence), ΚΡΥΟ,
ΧΜ (Hm! When thinking!), ΔΥΟ,
ΑΣΣΟΣ (ace). **10** (a)
αποφασίσει, (b) παραχρόνου,
(c) κοίτα, (d) βρέξει, (e) παρόμοιος,

(f) δίκιο, (g) Προχτές, (h)
επικίνδυνοι, (i) έλθει, (j) κρύο, (k)
ήλιο, (l) σ'έστειλε, (m) χειμώνας,
(n) περίμενα, (o) εποχή, (p)
έλεγαν. 11 (a) Τ, (b) F, (c) Τ, (d)
Τ, (e) Τ, (f) Τ, (g) F, (h) F, (i) F,
(j) Τ.

Unit 14

1 (a) Πώς το λέτε στα Ελληνικά;
(b) Γιορτάζεις; (c) Να σου ζήσει!
Να σου ζήσει! Να σας ζήσει! (d)
Ευχαριστώ/-ούμε, ό, τι επιθυμείς/
-είτε. (e) Χρόνια (σου/σας) πολλά!
Επίσης! (f) Πού πήγες / πήγατε;
Τι έκανες / κάνατε; (g) Πού
αλλού πήγες / πήγατε; Τι άλλο
έκανες / κάνατε; 2 (a) iv, (b) i,
(c) v, (d) ii, (e) iii. 3 (d), (f), (e), (b),
(a), (c), (g). 4 (a) Είναι στο πιο
βόρειο μέρος της Κεφαλονιάς. (b)
Περάσαμε καλά. Σταματήσαμε
εκεί όλο το Σαββατοκύριακο. (c)
Υπήρχε ένα πανηγύρι και είχαμε
την ευκαιρία να δούμε τοπικούς
χορούς και ν'ακούσουμε τοπική
παραδοσιακή μουσική. (d) Ήταν
πολύ συναρπαστικό. Ειδικά για
έναν ξένο. (e) Φυσικά ναι. Δεν θα
με πείραζε να ξαναδώ οτιδήποτε
είναι ωραίο. 5 (a) viii, (b) v, (c)
iv, (d) i, (e) ix, (f) ii, (g) iii, (h) iv, (i)
x, (j) vii. 6 (a) Έφτασα, (b)
γνώρισες, (c) είχες φάει, (d)
σταματούσα, (e) είδες, (f) all three!
7 (a) πότε, (b) πόσο, (c) πουθενά,
(d) μεταξύ, (e) κοντά, (f)
τουλάχιστον, (g) γύρω, (h) αμέσως,
(i) πάλι, (j) μαζί.
8 Horizontal: ΠΟΤΕ, ΤΟΤΕ,
ΟΣΑ/ΣΑΝ/ΑΝ, ΤΟ, ΚΟΝΤΑ,
ΜΕΤΑΞΥ; Vertical: ΣΤΟ, ΠΟΣΟ,
ΟΤΑΝ, ΤΕΝΤΑ (ΤΕΝΤ), ΕΦΤΑ,

ΠΟΛΥ. 9 (a) Πανηγύρι, (b)
παραδοσιακή, (c) ενδιαφέρον, (d)
Υποσχεθεί, (e) Συναρπαστικό, (f)
Γνωστοί, (g) Τρομερό, (h)
Μυστικά, (i) χώρα, (j) Παραπάνω,
(k) χαίρομαι, (l) Εντύπωση.
10 (a) Τ, (b) F, (c) Τ, (d) F, (e) Τ,
(f) F, (g) Τ, (h) F, (i) Τ, (j) Τ.

Unit 15

1 (a) Να σου ζήσει – Να σου
ζήσει – Να σας ζήσει. (b) Καλή
βδομάδα! – Καλό μήνα! – Καλό
χρόνο – Ευχαριστώ, επίσης. (c)
For name days, birthdays but even
during public or religious holidays
(e.g. Christmas, New Year's, Easter
etc.) – Επίσης, ό, τι επιθυμείτε
(επιθυμείς)! (d) Πώς είναι ο καιρός
στην Ελλάδα σήμερα; Πώς ήταν ο
καιρός στην Ελλάδα (ε)χτές; Πώς
θα είναι ο καιρός στην Ελλάδα
αύριο; (e) Όχι, δεν ρίχνει πολλές
βροχές και χαλάζι στην Αθήνα.
(f) Είναι κρύος το χειμώνα με
πολλές βροχές, χαλάζι και χιόνι.
Το καλοκαίρι είναι ζεστός αλλά
όχι όπως στην Ελλάδα. Η
θερμοκρασία είναι γύρω ή κάτω
από το 0° το χειμώνα και γύρω
στους 15°–18° βαθμούς το
καλοκαίρι. (g) Είσαι άρρωστος;
Δεν φαίνεσαι (και) πολύ καλά. Να
φωνάξω ένα γιατρό; (h) Έχω πολύ
καιρό να σε δω. Πού ήσουν;
Σ'έχασα Γιώργο. (i) Τι δουλειά
κάνεις; – Εγώ είμαι τραπεζίτης /
ζωγράφος / λογιστής / νοσοκόμος
/ κτίστης / δάσκαλος. For men
only. If you are a woman you could
say: Εγώ είμαι τραπεζίτης /
ζωγράφος / λογίστρια / νοσοκόμα
/ κτίστρια / δασκάλα. (j) Τι σπορ

— 250 —

σου αρέσουν; – Εμένα μου
αρέσουν το κολύμβι / η
ποδηλασία / η ιππασία / το βόλευ
μπολ / το τροχάδην / το
ποδόσφαιρο. **2** (*a*) Αα! Είσαι
μάνατζερ (διευθυντής)! (*b*) Πώς
λένε το ξενοδοχείο σας στα
Ελληνικά; (*c*) Η Ρόδος είναι νησί.
Έτσι δεν είναι; (*d*) Έχετε και
εστιατόρια και διαμερίσματα; (*e*)
Πού είναι το Φισκάρδο; (*f*) Μου
δίνετε τον αριθμό τηλεφώνου σας,
παρακαλώ; **3** (*a*) 118.500 Δρχ.
(*b*) Η πτήση του Δουβλίνου είναι
ακριβότερη. (*c*) Η πτήση του
Δουβλίνου – 154.500 Δρχ. (*d*) Είναι
με επιστροφή. (*e*) Istanbul. (*f*) Ρώμη,
Φλωρεντία, Βενετία, Μιλάνο.
(Rome, Florence, Venice, Milan)
4 (*a*) Έχει καλό καιρό με
λιακάδα και μερικές συννεφιές.
(*b*) Στη Μαδρίτη και τη Δαμασκό
με 37 βαθμούς. (*c*) Στο Όσλο με 20
βαθμούς. (*d*) Atlantic Ocean. (*e*)
Mediterranean Sea. (*f*) Πράγα,
Μαύρη Θάλασσα, Λισσαβώνα,
Βερολίνο, Βρυξέλλες. (*g*) Κοντά
στη Μαδρίτη, Βαρσοβία και
Δαμασκό. **5** (*a*) 100, (*b*) 108, (*c*)
166, (*d*) 199, (*e*) 109, (*f*) 191, (*g*)
9–107, (*h*) 9–102, (*i*) 9–150, (*j*) 9–171.
6 (*a*) Τον Αύγουστο, (*b*) Theatrical
play – Θεατρικό έργο / Concert –
κοντσέρτο or συναυλία, (*c*) Δύο
ημέρες – Δύο ημέρες, (*d*) Το
Βράδυ – 9:00 μ.μ. (*e*) BACH
ENGLISH FESTIVAL, (*f*) Probably
the most popular Greek singer. In
1995 he had been singing many kinds
of Greek and international music for
over 30 years. (*g*) Το θεατρικό έργο,
γιατί έχει εισιτήρια για φοιτητές
(students) για 1.000 δραχμές.
7 (*a*) Απρίλιος, Ιούνιος,

Σεπτέμβριος, Νοέμβριος. (*b*)
Ιανουάριος, Μάρτιος, Μάϊος,
Ιούλιος, Αύγουστος, Οκτώβριος,
Δεκέμβριος. (*c*) η Κυριακή, η
Δευτέρα, η Τρίτη, η Τετάρτη, η
Πέμπτη, η Παρασκευή, το
Σάββατο. **8** (*a*) ii, (*b*) v, (*c*) iii, (*d*)
vii, (*e*) i, (*f*) vi, (*g*) iv, (*h*) viii. **9** (*a*)
They spend it on tutorials and private
lessons for their children. (*b*) On
children's pocket money for spending
or transport. (*c*) Η τσάντα – μέχρι
25.000 δραχμές. (*d*) Τα μολύβια –
από 40 μέχρι 120 δραχμές. **10**
(*a*) ακούσει. (*b*) αλήθεια, (*c*)
προσφέρει, (*d*) ζωή, (*e*)
κοσμοπολίτικης, (*f*) δισκοθήκες,
(*g*) κόσμος, (*h*) εύκολα, (*i*) πλοίο,
(*j*) βιοτικό, (*k*) διασκεδάσεις, (*l*)
τελικά, (*m*) μάλλον, (*n*) τύχη.

GRAMMAR REFERENCE TABLES & NOTES

Nouns

MASCULINE NOUNS

in -ος, -οι

Nom.	ο	άγγελος	the	} angel
Gen.	του	αγγέλου	of the	
Acc.	τον	άγγελο	the	
Nom.	οι	άγγελοι	the	} angels
Gen.	των	αγγέλων	of the	
Acc.	τους	αγγέλους	the	

in -ης, -ες

Nom.	ο	μαθητής	the	} student
Gen.	του	μαθητή	of the	
Acc.	το	μαθητή	the	
Nom.	οι	μαθητές	the	} students
Gen.	των	μαθητών	of the	
Acc.	τους	μαθητές	the	

in -ας, -ες

Nom.	ο	πατέρας	the
Gen.	του	πατέρα	of the
Acc.	τον	πατέρα	the

} father

Nom.	οι	πατέρες	the
Gen.	των	πατέρων	of the
Acc.	τους	πατέρες	the

} fathers

FEMININE NOUNS

in -α, -ες

Nom.	η	μητέρα	the
Gen.	της	μητέρας	of the
Acc.	τη	μητέρα	the

} mother

Nom.	οι	μητέρες	the
Gen.	των	μητέρων	of the
Acc.	τις	μητέρες	the

} mothers

in -η, -ες

Nom.	η	αγάπη	the
Gen.	της	αγάπης	of the
Acc.	την	αγάπη	the

} love

Nom.	οι	αγάπες	the
Gen.	των	αγαπών	of the
Acc.	οι	άγαπες	the

} loves

in -η, -εις

Nom.	η	λέξη	the	} word
Gen.	της	λέξης	of the	
Acc.	τη	λέξη	the	
Nom.	οι	λέξεις	the	} words
Gen.	των	λέξεων	of the	
Acc.	τις	λέξεις	the	

in -ος, -οι

Nom.	η	έξοδος	the	} exit
Gen.	της	εξόδου	of the	
Acc.	την	έξοδο	the	
Nom.	οι	έξοδοι	the	} exits
Gen.	των	εξόδων	of the	
Acc.	τις	εξόδους	the	

NEUTER NOUNS

in -ο, -α

Nom.	το	θέατρο	the	} theatre
Gen.	του	θεάτρου	of the	
Acc.	το	θέατρο	the	
Nom.	τα	θέατρα	the	} theatres
Gen.	των	θεάτρων	of the	
Acc.	τα	θέατρα	the	

in -ι, -ια

Nom.	το	σπίτι	the	} house
Gen.	του	σπιτιού	of the	
Acc.	το	σπίτι	the	
Nom.	τα	σπίτια	the	} houses
Gen.	των	σπιτιών	of the	
Acc.	τα	σπίτια	the	

in -μα, -ματα

Nom.	το	γράμμα	the	} letter
Gen.	του	γράμματος	of the	
Acc.	το	γράμμα	the	
Nom.	τα	γράμματα	the	} letters
Gen.	των	γραμμάτων	of the	
Acc.	τα	γράμματα	the	

in -ος, -η

Nom.	το	έθνος	the	} nation
Gen.	του	έθνους	of the	
Acc	το	έθνος	the	
Nom.	τα	έθνη	the	} nations
Gen.	των	εθνών	of the	
Acc.	τα	έθνη	the	

Adjectives

in -ος, -η, -ο

Nom.	ο	όμορφος	η	όμορφη	το	όμορφο	the	
Gen.	του	όμορφου	της	όμορφης	του	όμορφου	of the	beautiful
Acc.	τον	όμορφο	την	όμορφη	το	όμορφο	the	
Nom.	οι	όμορφοι	οι	όμορφες	τα	όμορφα	the	
Gen.	των	όμορφων	των	όμορφων	των	όμορφων	of the	beautiful
Acc.	τους	όμορφους	τις	όμορφες	τα	όμορφα	the	

in -ος, -α, -ο

Nom.	ο	αρχαίος	η	αρχαία	το	αρχαίο	the	
Gen.	του	αρχαίου	της	αρχαίας	του	αρχαίου	of the	ancient
Acc.	τον	αρχαίο	την	αρχαία	το	αρχαίο	the	
Nom.	οι	αρχαίοι	οι	αρχαίοι	τα	αρχαία	the	
Gen.	των	αρχαίων	των	αρχαίων	των	αρχαίων	of the	ancient
Acc.	τους	αρχαίους	τις	αρχαίες	τα	αρχαία	the	

in -ος, -ια, -ο

Nom.	ο	φρέσκος	η	φρέσκια	το	φρέσκο	the	
Gen.	του	φρέσκου	της	φρέσκιας	του	φρέσκου	of the	fresh
Acc.	τον	φρέσκο	την	φρέσκια	το	φρέσκο	the	
Nom.	οι	φρέσκοι	οι	φρέσκιες	τα	φρέσκα	the	
Gen.	των	φρέσκων	των	φρέσκων	των	φρέσκων	of the	fresh
Acc.	τους	φρέσκους	τις	φρέσκιες	τα	φρέσκα	the	

in -ύς, -ιά, -ύ

Nom.	ο μακρύς	η μακριά	το μακρύ	the	long
Gen.	του μακριού	της μακριάς	του μακριού	of the	
Acc.	τον μακρύ	την μακριά	το μακρύ	the	
Nom.	οι μακριοί	οι μακριές	τα μακριά	the	long
Gen.	των μακριών	των μακριών	των μακριών	of the	
Acc.	τους μακριούς	τις μακριές	τα μακριά	the	

Pronouns

PERSONAL PRONOUNS

Subject	Direct object		Indirect object		
	Type I	Type II	Type I	Type II	
εγώ	με	εμένα	μου	σ'εμένα	για μένα
εσύ	σε	εσένα	σου	σ'εσένα	για σένα
αυτός	τον	αυτόν	του	σ'αυτόν	γι'αυτόν
αυτή	την	αυτή	της	σ'αυτή	γι'αυτή
αυτό	το	αυτό	του	σ'αυτό	γι'αυτό
εμείς	μας	εμάς	μας	σ'εμάς	για μας
εσείς	σας	εσάς	σας	σ'εσάς	για σας
αυτοί	τους	αυτούς	τους	σ'αυτούς	γι'αυτούς
αυτές	τις	αυτές	τους	σ'αυτές	γι'αυτές
αυτά	τα	αυτά	τους	σ'αυτά	γι'αυτά

POSSESSIVE PRONOUNS

		Singular		Plural		
Masculine	Nom.	δικός	μου	δικοί	μου	*mine*
	Acc.	δικό	σου	δικούς	σου	*yours*
Feminine	Nom.	δική(-ιά)	του/της/του	δικές	του/της/του	*his/hers/its*
	Acc.	δική(-ια)	μας	δικές	μας	*ours*
Neuter	Nom.	δικό	σας	δικά	σας	*yours*
	Acc.	δικό	τους	δικά	τους	*theirs*

Verbs

GROUP I

Present	Simple past	Past continuous
I buy	*I bought*	*I was buying*
αγοράζω	αγόρασα	αγόραζα
αγοράζεις	αγόρασες	αγόραζες
αγοράζει	αγόρασε	αγόραζε
αγοράζουμε	αγοράσαμε	αγοράζαμε
αγοράζετε	αγοράσατε	αγοράζατε
αγοράζουν(ε)	αγοράσανε (αγόρασαν)	αγοράζανε (αγόραζαν)

Simple future	Future continuous	Simple subjunctive	Continuous subjunctive
I will buy	*I will be buying*	*(I want) to buy*	*(I want) to be buying*
θα αγοράσω	θα αγοράζω	να αγοράσω	να αγοράζω
θα αγοράσεις	θα αγοράζεις	να αγοράσεις	να αγοράζεις
θα αγοράσει	θα αγοράζει	να αγοράσει	να αγοράζει
θα αγοράσουμε	θα αγοράζουμε	να αγοράσουμε	να αγοράζουμε
θα αγοράσετε	θα αγοράζετε	να αγοράσετε	να αγοράζετε
θα αγοράσουν(ε)	θα αγοράζου(ν)	να αγοράσουν	να αγοράζουν

Present perfect	Past perfect
I have bought	*I had bought*
έχω αγοράσει	είχα αγοράσει
έχεις αγοράσει	είχες αγοράσει
έχει αγοράσει	είχε αγοράσει
έχουμε αγοράσει	είχαμε αγοράσει
έχετε αγοράσει	είχατε αγοράσει
έχουν(ε) αγοράσει	είχαν(ε) αγοράσει

Notes: The simple present tense could also be used for both English present continuous (*I am buying*) and the present perfect continuous (*I have been buying*).

The use of the continuous subjunctive has been replaced in English by the simple subjunctive. So θέλω να αγοράσω (*I want to buy* – only once) or θέλω να αγοράζω – from now on (*I want to be buying* – many times) both are translated as *I want to buy* in English.

GROUP II

Present	Simple past	Past continuous
I speak	*I spoke*	*I was speaking*
μιλάω (μιλώ)	μίλησα	μιλούσα
μιλάς	μίλησες	μιλούσες
μιλάει (μιλά)	μίλησε	μιλούσε
μιλάμε (μιλούμε)	μιλήσαμε	μιλούσαμε
μιλάτε	μιλήσατε	μιλούσατε
μιλάνε (μιλούν)	μιλήσανε (μίλησαν)	μιλούσαν(ε)

Simple future	Future continuous	Simple subjunctive	Continuous subjunctive
I will speak	*I will be speaking*	*(I want) to speak*	*(I want) to be speaking*
θα μιλήσω	θα μιλάω (μιλώ)	να μιλήσω	να μιλάω (μιλώ)
θα μιλήσεις	θα μιλάς	να μιλήσεις	να μιλάς
θα μιλήσει	θα μιλάει (μιλά)	να μιλήσει	να μιλάει (μιλά)
θα μιλήσουμε	θα μιλάμε (μιλούμε)	να μιλήσουμε	να μιλάμε (μιλούμε)
θα μιλήσετε	θα μιλάτε	να μιλήσετε	να μιλάτε
θα μιλήσουν(ε)	θα μιλάνε (μιλούν)	να μιλήσουν(ε)	να μιλάνε (μιλούν)

Present perfect	Past perfect
I have spoken	*I had spoken*
έχω μιλήσει	είχα μιλήσει
έχεις μιλήσει	είχες μιλήσει
έχει μιλήσει	είχε μιλήσει
έχουμε μιλήσει	είχαμε μιλήσει
έχετε μιλήσει	είχατε μιλήσει
έχουν(ε) μιλήσει	είχαν(ε) μιλήσει

GROUP III

Present	Simple past	Past continuous
I proceed	*I proceeded*	*I was proceeding*
προχωράω(ώ)	προχώρησα	προχωρούσα
προχωρείς	προχώρησες	προχωρούσες
προχωρεί(άει) (ά)	προχώρησε	προχωρούσε
προχωρούμε(άμε)	προχωρήσαμε	προχωρούσαμε
προχωρείτε(άτε)	προχωρήσατε	προχωρούσατε
προχωρούν(ε)	προχωρήσανε (προχώρησαν)	προχωρούσαν(ε)

Simple future	Future continuous	Simple subjunctive	Continuous subjunctive
I will proceed	*I will be proceeding*	*(I want) to proceed*	*(I want) to be proceeding*
θα προχωρήσω	θα προχωράω(ώ)	να προχωρήσω	να προχωράω (ώ)
θα προχωρήσεις	θα προχωρείς	να προχωρήσεις	να προχωρείς
θα προχωρήσει	θα προχωρεί(άει) (ά)	να προχωρήσει	να προχωρεί
θα προχωρήσουμε	θα προχωρούμε(άμε)	να προχωρήσουμε	να προχωράμε
θα προχωρήσετε	θα προχωρείτε(άτε)	να προχωρήσετε	να προχωράτε
θα προχωρήσουν(ε)	θα προχωρούν(ε)	να προχωρήσουν	να προχωρούν(ε)

Present perfect	Past perfect
I have proceeded	*I had proceeded*
έχω προχωρήσει	είχα προχωρήσει
έχεις προχωρήσει	είχες προχωρήσει
έχει προχωρήσει	είχε προχωρήσει
έχουμε προχωρήσει	είχαμε προχωρήσει
έχετε προχωρήσει	είχατε προχωρήσει
έχουν(ε) προχωρήσει	είχαν(ε) προχωρήσει

GROUP IV

Present	Simple past
I am	*I was*
είμαι	είμουν(α)
είσαι	είσουν(α)
είναι	είταν(ε)
είμαστε	είμασταν
είσαστε (είστε)	είσασταν
είναι	είταν(ε)

Simple future	Simple subjunctive
I will be	*(I want) to be*
θα είμαι	να είμαι
θα είσαι	να είσαι
θα είναι	να είναι
θα είμαστε	να είμαστε
θα είσαστε (είστε)	να είσαστε (είστε)
θα είναι	να είναι

Notes: The verb είμαι (*to be*) is the only verb in Group IV. As you can see it is never conjugated in the following tenses: past continuous, future continuous, subjunctive, present perfect or past perfect.

GROUP V

A – ending in -αμαι

Present	Simple past	Past continuous
I sleep	*I slept*	*I was sleeping*
κοιμάμαι (κοιμούμαι)	κοιμήθηκα	κοιμόμουν(α)
κοιμάσαι	κοιμήθηκες	κοιμόσουν(α)
κοιμάται	κοιμήθηκε	κοιμόταν(ε)
κοιμόμαστε	κοιμηθήκαμε	κοιμόμασταν
(κοιμούμαστε)		
κοιμάστε	κοιμηθήκατε	κοιμόσασταν
κοιμούνται	κοιμηθήκανε (κοιμήθηκαν)	κοιμόντουσαν
		(κοιμόνταν)

Simple future	Future continuous	Simple subjunctive	Continuous subjunctive
I will sleep	*I will be sleeping*	*(I want) to sleep*	*(I want) to be sleeping*
θα κοιμηθώ	θα κοιμάμαι	να κοιμηθώ	να κοιμάμαι
	(θα κούμαι)		(να κοιμούμαι)
θα κοιμηθείς	θα κοιμάσαι	να κοιμηθείς	να κοιμάσαι
θα κοιμηθεί	θα κοιμάται	να κοιμηθεί	να κοιμάται
θα κοιμηθούμε	θα κοιμόμαστε	να κοιμηθούμε	να κοιμόμαστε
	(θα κοιμούμαστε		(να κοιμόμαστε)
θα κοιμηθείτε	θα κοιμάστε	να κοιμηθείτε	να κοιμάστε
θα κοιμηθούν(ε)	θα κοιμούνται	να κοιμηθούν(ε)	να κοιμούνται

Present perfect	Past perfect
I have slept	*I had slept*
έχω κοιμηθεί	είχα κοιμηθεί
έχεις κοιμηθεί	είχες κοιμηθεί
έχει κοιμηθεί	είχε κοιμηθεί
έχουμε κοιμηθεί	είχαμε κοιμηθεί
έχετε κοιμηθεί	είχατε κοιμηθεί
έχουν(ε) κοιμηθεί	είχαν(ε) κοιμηθεί

GROUP V

B – ending in -έμαι

Present	Simple past	Past continuous
I deny	*I denied*	*I was denying*
αρνιέμαι	αρνήθηκα	αρνιόμουν(α)
αρνιέσαι	αρνήθηκες	αρνιόσουν(α)
αρνιέται	αρνήθηκε	αρνιόταν(ε)
αρνιόμαστε	αρνηθήκαμε	αρνιόμασταν
αρνιέστε	αρνηθήκατε	αρνιόσασταν
		(αρνιόντουσταν)
αρνιόνται	αρνήθηκαν	αρνιόντουσαν

Simple future	Future continuous	Simple subjunctive	Continuous subjunctive
I will deny	*I will be denying*	*(I want) to deny*	*(I want) to be denying*
θα αρνηθώ	θα αρνιέμαι	να αρνηθώ	να αρνιέμαι
θα αρνηθείς	θα αρνιέσαι	να αρνηθείς	να αρνιέσαι
θα αρνηθεί	θα αρνιέται	να αρνηθεί	να αρνιέται
θα αρνηθούμε	θα αρνιόμαστε	να αρνηθούμε	να αρνιόμαστε
θα αρνηθείτε	θα αρνιέστε	να αρνηθείτε	να αρνιέστε
θα αρνηθούν(ε)	θα αρνιόνται	να αρνηθούν(ε)	να αρνιόνται

Present perfect	Past perfect
I have denied	*I had denied*
έχω αρνηθεί	είχα αρνηθεί
έχεις αρνηθεί	είχες αρνηθεί
έχει αρνηθεί	είχε αρνηθεί
έχουμε αρνηθεί	είχαμε αρνηθεί
έχετε αρνηθεί	είχατε αρνηθεί
έχουν αρνηθεί	είχαν αρνηθεί

GROUP V

C – ending in -ομαι

Present	Simple past	Past continuous
I think	*I thought*	*I was thinking*
σκέπτομαι (σκέφτομαι)	σκέπτηκα (σκέφτηκα)	σκεπτόμουν(α) σκεφτόμουν(α)
σκέπτεσαι (σκέφτεσαι)	σκέπτηκες (σκέφτηκες)	σκεπτόσουν(α) σκεφτόσουν(α)
σκέπτεται (σκέφτεται)	σκέπτηκε (σκέφτηκε)	σκεπτόταν(ε) σκεφτόταν(ε)
σκεπτόμαστε	σκεπτήκαμε	σκεπτόμασταν
(σκεφτόμαστε)	(σκεφτήκαμε)	(σκεφτόμασταν)
σκέπτεστε	σκεπτήκατε	σκεπτόσασταν
(σκέφτεστε)	(σκεφτήκατε)	(σκεφτόσασταν)
σκέπτονται (σκέφτονται)	σκέπτηκαν (σκέφτηκαν)	σκεπτόντουσαν (σκέπτονταν)
		σκεφτόντουσαν (σκέφτονταν)

Simple future	Future continuous	Simple subjunctive	Continuous subjunctive
I will think	*I will be thinking*	*(I want) to think*	*(I want) to be thinking*
θα σκεπτώ	θα σκέπτομαι	να σκεπτώ	να σκέπτομαι
(θα σκεφτώ)	(θα σκέφτομαι)	(να σκεφτώ)	(να σκέφτομαι)
θα σκεπτείς	θα σκέπτεσαι	να σκεπτείς	να σκέπτεσαι
(θα σκεφτείς)	(θα σκέφτεσαι)	(να σκεφτείς)	(να σκέφτεσαι)
θα σκεπτεί	θα σκέπτεται	να σκεπτεί	να σκέπτεται
(θα σκεφτεί)	(θα σκέφτεται)	(να σκεφτεί)	(να σκέφτεται)
θα σκεπτούμε	θα σκεπτόμαστε	να σκεπτούμε	να σκεπτόμαστε
(θα σκεφτούμε)	(θα σκεφτόμαστε)	(να σκεφτούμε)	(να σκεφτόμαστε)
θα σκεπτείτε	θα σκέπτεστε	να σκεπτείτε	να σκέπτεστε
(θα σκεφτείτε)	(θα σκέφτεστε)	(να σκεφτείτε)	(να σκέφτεστε)
θα σκεπτούν(ε)	θα σκέπτονται	να σκεπτούν(ε)	να σκέπτονται
(θα σκεφτούν(ε))	(θα σκέφτονται)	(να σκεφτούν(ε))	να σκέφτονται

Present perfect	Past perfect
I have thought	*I had thought*
έχω σκεπτεί (σκεφτεί)	είχα σκεπτεί (σκεφτεί)
έχεις σκεπτεί (σκεφτεί)	είχες σκεπτεί (σκεφτεί)
έχει σκεπτεί (σκεφτεί)	είχε σκεπτεί (σκεφτεί)
έχουμε σκεπτεί (σκεφτεί)	είχαμε σκεπτεί (σκεφτεί)
έχετε σκεπτεί (σκεφτεί)	είχατε σκεπτεί (σκεφτεί)
έχουν(ε) σκεπτεί (σκεφτεί)	είχαν(ε) σκεπτεί (σκεφτεί)

Note that not all verbs in Type C have two different forms, e.g. ονομάζομαι (*I am named*), έρχομαι (*I come*) or εργάζομαι (*I work*).

GROUP VI

A – ending in -ει preceded by μου

Present	Simple past	Past continuous
I like	*I liked*	*I liked*
μου αρέσει	μου άρεσε	μου άρεσε
σου αρέσει	σου άρεσε	σου άρεσε
του αρέσει	του άρεσε	του άρεσε
της αρέσει	της άρεσε	της άρεσε
μας αρέσει	μας άρεσε	μας άρεσε
σας αρέσει	σας άρεσε	σας άρεσε
τους αρέσει	τους άρεσε	τους άρεσε

Simple future	Future continuous	Simple subjunctive	Continuous subjunctive
I will like	*I will like*	*(I want) to like*	*(I want) to like*
θα μου αρέσει	θα μου αρέσει	να μου αρέσει	να μου αρέσει
θα σου αρέσει	θα σου αρέσει	να σου αρέσει	να σου αρέσει
θα του αρέσει	θα του αρέσει	να του αρέσει	να του αρέσει
θα της αρέσει	θα της αρέσει	να της αρέσει	να της αρέσει
θα μας αρέσει	θα μας αρέσει	να μας αρέσει	να μας αρέσει
θα σας αρέσει	θα σας αρέσει	να σας αρέσει	να σας αρέσει
θα τους αρέσει	θα τους αρέσει	να τους αρέσει	να τους αρέσει

Present perfect	Past perfect
I have liked	*I had liked*
μου έχει αρέσει	μου είχε αρέσει
σου έχει αρέσει	σου είχε αρέσει
του έχει αρέσει	του είχε αρέσει
της έχει αρέσει	της είχε αρέσει
μας έχει αρέσει	μας είχε αρέσει
σας έχει αρέσει	σας είχε αρέσει
τους έχει αρέσει	τους είχε αρέσει

Note that **αρέσει** changes to **αρέσουν** and **άρεσε** to **άρεσαν** when what you like is more than one person or thing! Likewise, **έχει** changes to **έχουν** and **είχε** to **είχαν**.

GROUP VI

B – ending in -ει preceded by με

Present	Simple past	Past continuous
I mind	*I minded*	*I was minding*
με πειράζει	με πείραξε	με πείραζε
σε πειράζει	σε πείραξε	σε πείραζε
τον πειράζει	τον πείραξε	τον πείραζε
την πειράζει	την πείραξε	την πείραζε
το πειράζει	το πείραξε	το πείραζε
μας πειράζει	μας πείραξε	μας πείραζε
σας πειράζει	σας πείραξε	σας πείραζε
τους πειράζει	τους πείραξε	τους πείραζε

Simple future	Future continuous	Simple subjunctive	Continuous subjunctive
I will mind	*I will be minding*	*(I want) to mind*	*(I want) to be minding*
θα με πειράξει	θα με πειράζει	να με πειράξει	να με πειράζει
θα σε πειράξει	θα σε πειράζει	να σε πειράξει	να σε πειράζει
θα τον πειράξει	θα τον πειράζει	να τον πειράξει	να τον πειράζει
θα την πειράξει	θα την πειράζει	να την πειράξει	να την πειράζει
θα το πειράξει	θα το πειράζει	να το πειράξει	να το πειράζει
θα μας πειράξει	θα μας πειράζει	να μας πειράξει	να μας πειράζει
θα σας πειράξει	θα σας πειράζει	να σας πειράξει	να σας πειράζει
θα τους πειράξει	θα τους πειράζει	να τους πειράξει	να τους πειράζει

Present perfect	Past perfect
I have minded	*I had minded*
με έχει πειράξει	με είχε πειράξει
σε έχει πειράξει	σε είχε πειράξει
τον έχει πειράξει	τον είχε πειράξει
την έχει πειράξει	την είχε πειράξει
το έχει πειράξει	το είχε πειράξει
μας έχει πειράξει	μας είχε πειράξει
σας έχει πειράξει	σας είχε πειράξει
τους έχει πειράξει	τους είχε πειράξει

GROUP VI

C – ending in -ε preceded by με

Present	Simple past	Past continuous
I am called	*I was called (once)*	*I was called (many times)*
με λένε	με είπαν	με έλεγαν
σε λένε	σε είπαν	σε έλεγαν
τον λένε	τον είπαν	τον έλεγαν
την λένε	την είπαν	την έλεγαν
το λένε	το είπαν	το έλεγαν
μας λένε	μας είπαν	μας έλεγαν
σας λένε	σας είπαν	σας έλεγαν
τους λένε	τους είπαν	τους έλεγαν

Simple future	Future continuous	Simple subjunctive	Continuous subjunctive
I will be called (once)	*I will be called (many times)*	*(I want) to be called (once)*	*(I want) to be called (many times)*
θα με πουν	θα με λένε	να με πουν	να με λένε
θα σε πουν	θα σε λένε	να σε πουν	να σε λένε
θα τον πουν	θα τον λένε	να τον πουν	να τον λένε
θα την πουν	θα την λένε	να την πουν	να την λένε
θα το πουν	θα το λένε	να το πουν	να το λένε
θα μας πουν	θα μας λένε	να μας πουν	να μας λένε
θα σας πουν	θα σας λένε	να σας πουν	να σας λένε
θα τους πουν	θα τους λένε	να τους πουν	να τους λένε

Present perfect	Past perfect
I have been called	*I had been called*
με έχουν πει	με είχαν πει
σε έχουν πει	σε είχαν πει
τον έχουν πει	τον είχαν πει
την έχουν πει	την είχαν πει
το έχουν πει	το είχαν πει
μας έχουν πει	μας είχαν πει
σας έχουν πει	σας είχαν πει
τους έχουν πει	τους είχαν πει

Note that **με έχουν πει** changes to **με έχει πει** and **με είχαν πει** to **με είχε πει** when you refer to only one person rather than many. Likewise, **λένε** becomes **λέει**, **είπαν** to **είπε**, **έλεγαν** to **έλεγε** and **πουν** to **πει**.

Irregular verbs

VERBS WITH THREE DIFFERENT STEMS

	Present	Simple future	Past
to see	βλέπω	θα δω	είδα
to find	βρίσκω	θα βρω	βρήκα
to say	λέω	θα πω	είπα
to take	παίρνω	θα πάρω	πήρα
to go	πηγαίνω (πάω)	θα πάω	πήγα
to drink	πίνω	θα πιω	ήπια
to eat	τρώω	θα φάω	έφαγα
to exist	υπάρχω	θα υπάρξω	υπήρχα
to go up	ανεβαίνω	θα ανέβω (ανεβώ)	ανέβηκα
to go down	κατεβαίνω	θα κατέβω (κατεβώ)	κατέβηκα
to enter	μπαίνω	θα μπω	μπήκα
to go out	βγαίνω	θα βγω	βγήκα

IRREGULAR CONJUGATION

Present

I hear	I go	I say	I am to blame	I burn	I cry	I eat
ακούω	πάω	λέω	φταίω	καίω	κλαίω	τρώω
ακούς	πας	λες	φταίς	καις	κλαις	τρως
ακούει	πάει	λέει	φταίει	καίει	κλαίει	τρώει
ακούμε	πάμε	λέμε	φταίμε	καίμε	κλαίμε	τρώμε
ακούτε	πάτε	λέτε	φταίτε	καίτε	κλαίτε	τρώτε
ακούν(ε)	πάν(ε)	λέν(ε)	φταίν(ε)	καίν(ε)	κλαίν(ε)	τρών(ε)

Simple past

| άκουσα | πήγα | είπα | έφταιξα | έκαψα | έκλαψα | έφαγα |

Past continuous

| άκουγα | πήγαινα | έλεγα | έφταιγα | έκαιγα | έκλαιγα | έτρωγα |

Useful verbs

ACTIVE VOICE

	Present	Future - subjunctive	Past	Imperative
to buy	αγοράζω	αγοράσω	αγόρασα	αγόρασε – αγοράστε
to follow	ακολουθώ	ακουλουθήσω	ακολούθησα	ακολούθησε ακολουθήστε
to listen	ακούω	ακούσω	άκουσα	άκουσε (άκου) – ακούστε
to change	αλλάζω	αλλάξω	άλλαξα	άλλαξε – αλλάξτε
to compel	αναγκάζω	αναγκάσω	ανάγκασα	ανάγκασε – αναγκάστε
to discover	ανακαλύπτω	ανακαλύψω	ανακάλυψα	ανακάλυψε – ανακαλύψτε
to mix	ανακατεύω	ανακατέψω	ανακάτεψα	ανακάτεψε – ανακατέψτε
to interrogate	ανακρίνω	ανακρίνω	ανέκρινα	ανέκρινε – ανεκρίνετε
to mention	αναφέρω	αναφέρω	ανέφερα	ανάφερε – αναφέρετε
to worry	ανησυχώ	ανησυχήσω	ανησύχησα	ανησύχησε – ανησυχήστε
to open	ανοίγω	ανοίξω	άνοιξα	άνοιξε – ανοίξτε
to exchange	ανταλλάζω	ανταλλάξω	αντάλλαξα	αντάλλαξε – ανταλλάξτε
to replace	αντικαθιστώ	αντικαταστήσω	αντικατέστησα	αντικατάστησε αντικαταστήστε
to forbid	απαγορεύω	απαγορεύσω	απαγόρεψα	απαγόρεψε απαγορέψτε
to reply	απαντάω (ώ)	απαντήσω	απάντησα	απάντησε – απαντήστε
to cheat	απατάω (ώ)	απατήσω	απάτησα	απάτησε – απατήστε
to spread	απλώνω	απλώσω	άπλωσα	άπλωσε – απλώστε
to obtain	αποκτώ	αποκτήω	απέκτησα	απόκτησε – αποκτήστε
to decide	αποφασίζω	αποφασίσω	αποφάσισα	αποφάσισε αποφασίστε
to sicken	αρρωσταίνω	αρρωστήσω	αρρώστησα	αρρώστησε αρρωστήστε
to start	αρχίζω	αρχίσω	άρχισα	άρχισε – αρχίστε
to commit suicide	αυτοκτονώ	αυτοκτονήσω	αυτοκτόνησα	αυτοκτόνησε αυτοκτονήστε
to improvise	αυτοσχεδιάζω	αυτοσχεδιάσω	αυτοσχεδίασα	αυτοσχεδίασε αυτοσχεδιάστε
to remove	αφαιρώ	αφαιρέσω	αφαίρεσα	αφαίρεσε – αφαιρέστε

	Present	Future - subjunctive	Past	Imperative
to let	αφήνω	αφήσω	άφησα	άφησε (άσε) αφήστε (άστε)
to put	βάζω	βάλω	έβαλα	βάλε – βάλτε
to take out	βγάζω	βγάλω	έβγαλα	βγάλε – βγάλτε
to go out	βγαίνω	βγω	βγήκα	βγες (έβγα) βγείτε (βγέστε)
to harm	βλάπτω	βλάψω	έβλαψα	βλάψε – βλάψτε
to see	βλέπω	δω	είδα	δες – δείτε (δέστε)
to help	βοηθάω (ώ)	βοηθήσω	βοήθησα	βοήθησε – βοηθήστε
to sink	βουλιάζω	βουλιάξω	βούλιαξα	βούλιαξε – βουλιάξτε
to water	βρέχω	βρέξω	έβρεξα	βρέξε – βρέξτε
to find	βρίσκω	βρω	βρήκα	βρες – βρείτε (βρέστε)
to garnish	γαρνίρω	γαρνίρω	γαρνίρισα	γαρνίρισε – γαρνίρετε
to laugh	γελάω (ώ)	γελάσω	γέλασα	γέλασε – γελάστε
to celebrate	γιορτάζω	γιορτάσω	γιόρτασα	γιόρτασε – γιορτάστε
to know	γνωρίζω	γνωρίσω	γνώρισα	γνώρισε – γνωρίστε
to write	γράφω	γράψω	έγραψα	γράψε – γράψτε
to return	γυρίζω	γυρίσω	γύρισα	γύρισε – γυρίστε
to bite	δαγκώνω	δαγκώσω	δάγκωσα	δάγκωσε – δαγκώστε
to beat	δέρνω	δείρω	έδειρα	δείρε – δείρτε
to poison	δηλητηριάζω	δηλητηριάσω	δηλητηρίασα	δηλητηρίασε – δηλητηριάστε
to declare	δηλώνω	δηλώσω	δήλωσα	δήλωσε – δηλώστε
to read	διαβάζω	διαβάσω	διάβασα	διάβασε – διαβάστε
to choose	διαλέγω	διαλέξω	διάλεξα	διάλεξε – διαλέξτε
to disagree	διαφωνώ	διαφωνήσω	διαφώνησα	διαφώνησε – διαφωνήστε
to give	δίνω	δώσω	έδωσα	δώσε – δώστε
to mend	διορθώνω	διορθώσω	διόρθωσα	διόρθωσε – διορθώστε
to be thirsty	διψάω (ώ)	διψάσω	δίψασα	δίψασε – διψάστε
to try on	δοκιμάζω	δοκιμάσω	δοκίμασα	δοκίμασε – δοκιμάστε
to work	δουλεύω	δουλέψω	δούλεψα	δούλεψε – δουλέψτε
to complicate	δυσκολεύω	δυσκολέψω	δυσκόλεψα	δυσκόλεψε – δυσκολέψτε
to reduce	ελαττώνω	ελαττώσω	ελάττωσα	ελάττωσε – ελαττώστε
to control	ελέγχω	ελέγξω	έλεγξα	έλεγξε – ελέγξτε

	Present	Future - subjunctive	Past	Imperative
to hope	ελπίζω	ελπίσω	ήλπισα	έλπισε – ελπίστε
to mean	εννοώ	εννοήσω	εννόησα	εννόησε – εννοήστε
to examine	εξετάζω	εξετάσω	εξέτασα	εξέτασε – εξετάστε
to serve	εξυπηρετάω (ώ)	εξυπηρετήσω	εξυπηρέτησα	εξυπηρέτησε εξυπηρετήστε
to wish	επιθυμώ	επιθυμήσω	επιθύμησα	επιθύμησε επιθυμήστε
to insist	επιμένω	επιμείνω	επέμεινα	επέμεινε – επιμείνετε
to allow	επιτρέπω	επιτρέψω	επέτρεψα	επίτρεψε – επιτρέψτε
to prepare	ετοιμάζω	ετοιμάσω	ετοίμασα	ετοίμασε – ετοιμάστε
to thank	ευχαριστώ	ευχαριστήσω	ευχαρίστησα	ευχαρίστησε – ευχαριστήστε
to have	έχω	έχω	είχα	έχε – έχετε
to heat	ζεσταίνω	ζεστάνω	ζέστανα	ζέστανε – ζεστάνετε
to be jealous	ζηλεύω	ζηλέψω	ζήλεψα	ζήλεψε – ζηλέψτε
to ask for	ζητάω (ώ)	ζητήσω	ζήτησα	ζήτησε – ζητήστε
to live	ζω	ζήσω	έζησα	ζήσε – ζήστε
to want	θέλω	θελήσω	θέλησα	θέλησε – θελήστε
to be angry	θυμώνω	θυμώσω	θύμωσα	θύμωσε – θυμώστε
to clean	καθαρίζω	καθαρίσω	καθάρισα	καθάρισε – καθαρίστε
to cover	καλύπτω	καλύψω	κάλυψα	κάλυψε – καλύψτε
to call	καλώ	καλέσω	κάλεσα	κάλεσε – καλέστε
to do	κάνω	κάνω	έκανα	κάνε – κάντε
to smoke	καπνίζω	καπνίσω	κάπνισα	κάπνισε – καπνίστε
to understand	καταλαβαίνω	καταλάβω	κατάλαβα	κατάλαβε – καταλάβετε
to manage	καταφέρνω	καταφέρω	κατάφερα	κατάφερε – καταφέρτε
to descend	κατεβαίνω	κατεβώ	κατέβηκα	κατέβα – κατεβείτε
to inhabit	κατοικώ	κατοικήσω	κατοίκησα	κατοίκησε – κατοικήστε
to win	κερδίζω	κερδίσω	κέρδισα	κέρδισε – κερδίστε
to be in danger	κινδυνεύω	κινδυνέψω	κινδύνεψα	κινδύνεψε – κινδυνέψτε
to steal	κλέβω	κλέψω	έκλεψα	κλέψε – κλέψτε
to close	κλείνω	κλείσω	έκλεισα	κλείσε – κλείστε
to incline	κλίνω	κλίνω	έκλεινα	κλίνε – κλίν(ε)τε
to cut	κόβω	κόψω	έκοψα	κόψε – κόψτε
to look	κοιτάζω	κοιτάξω	κοίταξα	κοίταξε (κοίτα) – κοιτάξτε

	Present	Future - subjunctive	Past	Imperative
to swim	κολυμπάω (ώ)	κολυμπήσω	κολύμπησα	κολύμπησε – κολυμπήστε
to cost	κοστίζω	κοστίσω	κόστησα	
to discuss	κουβεντιάζω	κουβεντιάσω	κουβέντιασα	κουβέντιασε – κουβεντιάστε
to exhaust	κουράζω	κουράσω	κούρασα	κούρασε – κουράσατε
to keep	κρατάω (ώ)	κρατήσω	κράτησα	κράτησε – κρατήστε
to be cold	κρυώνω	κρυώσω	κρύωσα	κρύωσε – κρυώστε
to circulate	κυκλοφοράω (ώ)	κυκλοφορήσω	κυκλοφόρησα	κυκλοφόρησε – κυκλοφορήστε
to be absent	λείπω	λείψω	έλειψα	λείψε – λείψτε
to say	λέω	πω	είπα	πες – πείτε (πέστε)
to terminate	λήγω	λήξω	έληξα	λήξε – λήξτε
to solve	λύνω	λύσω	έλυσα	λύσε – λύστε
to cook	μαγειρεύω	μαγειρέψω	μαγείρεψα	μαγείρεψε μαγειρέψτε
to learn	μαθαίνω	μάθω	έμαθα	μάθε – μάθετε
to soften	μαλακώνω	μαλακώσω	μαλάκωσα	μαλάκωσε μαλακώστε
to scold	μαλώνω	μαλώσω	μάλωσα	μάλωσε – μαλώστε
to guess	μαντεύω	μαντέψω	μάντεψα	μάντεψε – μαντέψτε
to study	μελετάω (ώ)	μελετήσω	μελέτησα	μελέτησε – μελετήστε
to stay	μένω	μείνω	έμεινα	μείνε – μείν(ε)τε
to speak	μιλάω (ώ)	μιλήσω	μίλησα	μίλησε – μιλήστε
to hate	μισώ	μισήσω	μίσησα	μίσησε – μισήστε
to divide	μοιράζω	μοιράσω	μοίρασα	μοίρασε – μοιράστε
to enter	μπαίνω	μπω	μπήκα	μπες (έμπα) – μπείτε (μπέστε)
to be able	μπορώ	μπορέσω	μπόρεσα	μπόρεσε – μπορέστε
to smell	μυρίζω	μυρίσω	μύρισα	μύρισε – μυρίστε
to think	νομίζω	νομίσω	νόμισα	νόμισε – νομίστε
to dress	ντύνω	ντύσω	έντυσα	ντύσου – ντυθείτε
to lie down	ξαπλώνω	ξαπλώσω	ξάπλωσα	ξάπλωσε – ξαπλώστε
to know	ξέρω	ξέρω	ήξερα	
to forget	ξεχνάω (ώ)	ξεχάσω	ξέχασα	ξέχασε – ξεχάστε
to spend	ξοδεύω	ξοδέψω	ξόδεψα	ξόδεψε – ξοδέψτε
to wake	ξυπνάω (ώ)	ξυπνήσω	ξύπνησα	ξύπνησε – ξυπνήστε
to shave	ξυρίζω	ξυρίσω	ξύρισα	ξύρισε – ξυρίστε
to drive	οδηγάω (ώ)	οδηγήσω	οδήγησα	οδήγησε – οδηγείτε
to name	ονομάζω	ονομάσω	ονόμασα	ονόμασε – ονομάστε

	Present	Future - subjunctive	Past	Imperative
to suffer	παθαίνω	πάθω	έπαθα	πάθε – πάθετε
to play	παίζω	παίξω	έπαιξα	παίξε – παίξτε
to take	παίρνω	πάρω	πείρα	πάρε – πάρτε
to marry	παντρεύω	παντρέψω	(ε)πάντρεψα	πάντρεψε – παντρέψτε
to surrender	παραδίνω	παραδώσω	παρέδωσα	παράδωσε – παραδώστε
to match	παρακολουθώ	παρακολουθήσω	παρακολούθησα	παρακολούθησε – παρακολουθήστε
to receive	παραλαμβάνω	παραλάβω	παρέλαβα	παράλαβε – παραλάβετε
to park	παρκάρω	παρκάρω	πάρκαρα (παρκάρισα)	πάρκαρε – παρκάρετε (παρκάρισε)
to go	πάω (πηγαίνω)	πάω	πήγα	πήγαινε – πηγαίνετε πάνε – πάντε
to die	πεθαίνω	πεθάνω	πέθανα	πέθανε – πεθάνετε
to be hungry	πεινάω (ώ)	πεινάσω	πείνασα	πείνασε – πεινάστε
to disturb	πειράζω	πειράξω	πείραξα	πείραξε – πειράξτε
to describe	περιγράφω	περιγράψω	περιέγραψα	περίγραψε – περιγράψτε
to wait	περιμένω	περιμένω	περίμενα	περίμενε – περιμένετε
to pass	περνάω (ώ)	περάσω	πέρασα	πέρασε – περάστε
to walk	περπατάω (ώ)	περπατήσω	περπάτησα	περπάτησε – περπατήστε
to throw	πετάω (ώ)	πετάξω	πέταξα	πέταξε – πετάξτε
to fall	πέφτω	πέσω	έπεσα	πέσε – πέστε
to jump	πηδάω (ώ)	πηδήξω	πήδηξα	πήδηξε – πηδήξτε
to drink	πίνω	πιω	ήπια	πιες – πιείτε (πιέστε)
to believe	πιστεύω	πιστέψω	πίστεψα	πίστεψε – πιστέψτε
to wash	πλένω	πλύνω	έπλυνα	πλύνε – πλύν(ε)τε
to pay	πληρώνω	πληρώσω	πλήρωσα	πλήρωσε – πληρώστε
to approach	πλησιάζω	πλησιάσω	πλησίασα	πλησίασε – πλησιάστε
to fight	πολεμάω (ώ)	πολεμήσω	πολέμησα	πολέμησε – πολεμήστε
to hurt	πονάω (ώ)	πονέσω	πόνεσα	πόνεσε – πονέστε
to water	ποτίζω	ποτίσω	πότισα	πότισε – ποτίστε
to sell	πουλάω (ώ)	πουλήσω	πούλησα	πούλησε – πουλήστε
to realise	πραγματοποιώ	πραγματοποιήσω	πραγματοποίησα	πραγματοποίησε – πραγματοποιήστε

	Present	Future - subjunctive	Past	Imperative
to anticipate	προλαβαίνω	προλάβω	πρόλαβα	πρόλαβε – προλάβετε
to pay attention	προσέχω	προσέξω	πρόσεξα	πρόσεξε – προσέξτε
to add	προσθέτω	προσθέσω	πρόσθεσα	πρόσθεσε – προσθέστε
to invite	προσκαλώ	προσκαλέσω	προσκάλεσα	προσκάλεσε – προσκαλέστε
to try	προσπαθώ	προσπαθήσω	προσπάθησα	προσπάθησε – προσπαθήστε
to pass by	προσπερνάω (ώ)	προσπεράσω	προσπέρασα	προσπέρασε – προσπεράστε
to protect	προστατεύω	προστατέψω	προστάτεψα	προστάτεψε – προστατέψτε
to offer	προσφέρω	προσφέρω	πρόσφερα	πρόσφερε – προσφέρτε
to suggest	προτείνω	προτείνω	πρότεινα	πρότεινε – προτείνετε
to prefer	προτιμάω (ώ)	προτιμήσω	προτίμησα	προτίμησε – προτιμήστε
to advance	προχωράω (ώ)	προχωρήσω	προχώρησα	προχώρησε – προχωρήστε
to shoot	πυροβολάω (ώ)	πυροβολήσω	πυροβόλησα	πυροβόλησε – πυροβολήστε
to throw	ρίχνω	ρίξω	έριξα	ρίξε – ρίξτε
to ask	ρωτάω (ώ)	ρωτήσω	ρώτησα	ρώτησε – ρωτήστε
to lift	σηκώνω	σηκώσω	σήκωσα	σήκωσε – σηκώστε
to note	σημειώνω	σημειώσω	σημείωσα	σημείωσε – σημειώστε
to iron	σιδερώνω	σιδερώσω	σιδέρωσα	σιδέρωσε – σιδερώστε
to kill	σκοτώνω	σκοτώσω	σκότωσα	σκότωσε – σκοτώστε
to sweep	σκουπίζω	σκουπίσω	σκούπησα	σκούπισε – σκουπίστε
to break	σπάζω	σπάσω	έσπασα	σπάσε – σπάστε
to study	σπουδάζω	σπουδάσω	σπούδασα	σπούδασε – σπουδάστε
to push	σπρώχνω	σπρώξω	έσπρωξα	σπρώξε – σπρώξτε
to stop	σταματάω (ώ)	σταματήσω	σταμάτησα	σταμάτησε – σταματήστε
to send	στέλνω	στείλω	έστειλα	στείλε – στείλ(ε)τε
to distress	στεναχωρώ	στεναχωρήσω	στεναχώρησα	στεναχώρησε – στεναχωρείστε
to twist	στρίβω	στρίψω	έστριψα	στρίψε – στρίψτε

	Present	Future - subjunctive	Past	Imperative
to lay	στρώνω	στρώσω	έστρωσα	στρώσε – στρώστε
to compare	συγκρίνω	συγκρίνω	σύγκρινα	σύγκρινε – συγκρίνετε
to forgive	συγχωρώ	συγχωρέσω	συγχώρεσα	συγχώρεσε – συγχωρέστε
to advise	συμβουλεύω	συμβουλέψω	συμβούλεψα	συμβούλεψε – συμβουλέψτε
to participate	συμμετέχω	συμμετέχω	συμμετείχα	
to complete	συμπληρώνω	συμπληρώσω	συμπλήρωσα	συμπλήρωσε – συμπληρώστε
to agree	συμφωνώ	συμφωνήσω	συμφώνησα	συμφώνησε – συμφωνήστε
to meet	συναντάω (ώ)	συναντήσω	συνάντησα	συνάντησε – συναντήστε
to connect	συνδέω	συνδέσω	συνέδεσα	σύνδεσε – συνδέστε
to continue	συνεχίζω	συνεχίσω	συνέχισα	συνέχισε – συνεχίστε
to introduce	συστήνω	συστήσω	σύστησα	σύστησε – συστήστε
to mop	σφουγγαρίζω	σφουγγαρίσω	σφουγγάρισα	σφουγγάρισε – σφουγγαρίστε
to draw	σχεδιάζω	σχεδιάσω	σχεδίασα	σχεδίασε – σχεδιάστε
to dial	σχηματίζω	σχηματίσω	σχημάτισα	σχημάτισε – σχηματίστε
to match	ταιριάζω	ταιριάξω	ταίριαξα	ταίριαξε – ταιριάξτε
to travel	ταξιδεύω	ταξιδέψω	ταξίδεψα	ταξίδεψε – ταξιδέψτε
to classify	ταξινομώ	ταξινομήσω	ταξινόμησα	ταξινόμησε – ταξινομήστε
to post	ταχυδρομώ	ταχυδρομήσω	ταχυδρόμησα	ταχυδρόμησε – ταχυδρομήστε
to finish	τελειώνω	τελειώσω	τελείωσα	τελείωσε – τελειώστε
to telephone	τηλεφωνάω (ώ)	τηλεφωνήσω	τηλεφώνησα	τηλεφώνησε – τηλεφωνήστε
to emphasise	τονίζω	τονίσω	τόνισα	τόνισε – τονίστε
to pull	τραβάω (ώ)	τραβήξω	τράβηξα	τράβηξε – τραβήξτε
to sing	τραγουδάω (ώ)	τραγουδήσω	τραγούδησα	τραγούδησε – τραγουδήστε
to run	τρέχω	τρέξω	έτρεξα	τρέξε – τρέξτε
to eat	τρώω	φάω	έφαγα	φάε – φάτε
to exist	υπάρχω	υπάρξω	υπήρξα	
to underline	υπογραμμίζω	υπογραμμίσω	υπογράμμισα	υπογράμμισε – υπογραμμίστε

	Present	Future - subjunctive	Past	Imperative
to sign	υπογράφω	υπογράψω	υπόγραψα (υπέγραψα)	υπόγραψε – υπογράψτε
to calculate	υπολογίζω	υπολογίσω	υπολόγισα	υπολόγισε – υπολογίστε
to bring	φέρνω	φέρω	έφερα	φέρε – φέρτε
to leave	φεύγω	φύγω	έφυγα	φύγε – φύγετε
to kiss	φιλάω (ώ)	φιλήσω	φίλησα	φίλησε – φιλήστε
to wear	φοράω (ώ)	φορέσω	φόρεσα	φόρεσε – φορέστε
to freshen	φρεσκάρω	φρεσκάρω	φρεσκάρισα (φρέσκαρα)	φερσκάρισε – φρεσκάρετε
to care	φροντίζω	φροντίσω	φρόντισα	φρόντισε – φροντίστε
to be at fault	φταίω	φταίξω	έφταιξα	φταίξε – φταίξτε
to arrive	φτάνω	φτάσω	έφτασα	φτάσε – φτάστε
to repair	φτιά(χ)νω	φτιάξω	έφτιαξα	φτιάξε – φτιάξτε
to guard	φυλά(γ)ω	φυλάξω	φύλαξα	φύλαξε – φυλάξτε
to shout	φωνάζω	φωνάξω	φώναξα	φώναξε – φωνάξτε
to greet	χαιρετάω (ώ)	χαιρετήσω	χαιρέτησα	χαιρέτησε – χαιρετήστε
to destroy	χαλάω (ώ)	χαλάσω	χάλασα	χάλασε – χαλάστε
to lose	χάνω	χάσω	έχασα	χάσε – χάστε
to donate	χαρίζω	χαρίσω	χάρισα	χάρισε – χαρίστε
to dance	χορεύω	χορέψω	χόρεψα	χόρεψε – χορέψτε
to use	χρησιμοποιώ	χρησιμοποιήσω	χρησιμοποίησα	χρησιμοποίησε – χρησιμοποιήστε
to comb	χτενίζω	χτενίσω	χτένισα	χτένισε – χτενίστε
to hit	χτυπάω (ώ)	χτυπήσω	χτύπησα	χτύπησε – χτυπήστε
to separate	χωρίζω	χωρίσω	χώρισα	χώρισε – χωρίστε
to search	ψάχνω	ψάξω	έψαξα	ψάξε – ψάξτε
to broil	ψήνω	ψήσω	έψησα	ψήσε – ψήστε
to shop	ψωνίζω	ψωνίσω	ψώνισα	ψώνισε – ψωνίστε

Passive voice

	Present	Future - subjunctive	Past	Imperative
to feel	αισθάνομαι	αισθανθώ	αισθάνθηκα	
to report	αναφέρομαι	αναφερθώ	αναφέρθηκα	αναφέρσου – αναφερθείτε
to deny	αρνιέμαι	αρνηθώ	αρνήθηκα	αρνήσου – αρνηθείτε
to kid	αστειεύομαι	αστειευτώ	αστειεύτηκα	αστειέψου – αστειευτείτε

	Present	Future - subjunctive	Past	Imperative
to be bored	βαριέμαι	βαρεθώ	βαρέθηκα	
to be in a hurry	βιάζομαι	βιαστώ	βιάστηκα	βιάσου – βιαστείτε
to be found	βρίσκομαι	βρεθώ	βρέθηκα	
to be born	γεννιέμαι	γεννηθώ	γεννήθηκα	γεννήσου – γεννηθείτε
to become	γίνομαι	γίνω	έγινα	γίνου – γίνετε
to accept	δέχομαι	δεχτώ	δέχτηκα	δέξου – δεχθείτε
to be interested	ενδιαφέρομαι	ενδιαφερθώ	ενδιαφέρθηκα	ενδιαφέρσου – ενδιαφερθείτε
to disappear	εξαφανίζομαι	εξαφανιστώ	εξαφανίστηκα	εξαφανίσου – εξαφανιστείτε
to visit	επισκέπτομαι	επισκεφτώ	επισκέφτηκα	επισκέψου – επισκεφτείτε
to work	εργάζομαι	εργαστώ	εργάστηκα	εργάσου – εργαστείτε
to come	έρχομαι	έρθω	ήρθα	έλα – ελάτε
to remember	θυμάμαι (ούμαι)	θυμηθώ	θυμήθηκα	θυμήσου – θυμηθείτε
to sit	κάθομαι	καθίσω	κάθισα	κάθισε (κάτσε) – καθίστε
to sleep	κοιμάμαι	κοιμηθώ	κοιμήθηκα	κοιμήσου – κοιμηθείτε
to exhaust myself	κουράζομαι	κουραστώ	κουράστηκα	κουράσου – κουραστείτε
to be sorry	λυπάμαι (ούμαι)	λυπηθώ	λυπήθηκα	λυπήσου – λυπηθείτε
to utilise	μεταχειρίζομαι	μεταχειριστώ	μεταχειρίστηκα	μεταχειρίσου – μεταχειριστείτε
to be involved	μπλέκομαι	μπλεχτώ	μπλέχτηκα	μπλέξου – μπλεχτείτε
to dress myself	ντύνομαι	ντυθώ	ντύθηκα	ντύσου – ντυθείτε
to rest	ξεκουράζομαι	ξεκουραστώ	ξεκουράστηκα	ξεκουράσου – ξεκουραστείτε
to shave myself	ξυρίζομαι	ξυριστώ	ξυρίστηκα	ξυρίσου – ξυριστείτε
to be named	ονομάζομαι	ονομαστώ	ονομάστηκα	ονομάσου – ονομαστείτε
to be married	παντρεύομαι	παντρευτώ	παντρεύτηκα	παντρέψου – παντρευτείτε

	Present	Future - subjunctive	Past	Imperative
to come from	προέρχομαι	προέλθω	προήλθα	
to respect	σέβομαι	σεβαστώ	σεβάστηκα	σεβάσου – σεβαστείτε
to get up	σηκώνομαι	σηκωθώ	σηκώθηκα	σήκω – σηκωθείτε
to make sure	σιγουρεύομαι	σιγουρευτώ	σιγουρεύτηκα	σιγουρέψου – σιγουρευτείτε
to think	σκέφτομαι	σκεφτώ	σκέφτηκα	σκέψου – σκεφτείτε
to stand	στέκομαι	σταθώ	στάθηκα	στάσου – σταθείτε
to be worried	στενοχωριέμαι –	στενοχωρηθώ	στενοχωρήθηκα	στενοχωρήσου – στενοχωρηθείτε
to promise	υπόσχομαι	υποσχεθώ	υποσχέθηκα	υποσχέσου – υποσχεθείτε
to seem	φαίνομαι	φανώ	φάνηκα	– φανείτε
to imagine	φαντάζομαι	φανταστώ	φαντάστηκα	φαντάσου – φανταστείτε
to enjoy	χαίρομαι	χαρώ	χάρηκα	– χαρείτε
to need	χρειάζομαι	χρειαστώ	χρειάστηκα	χρειάσου – χρειαστείτε
to comb one's hair	χτενίζομαι	χτενιστώ	χτενίστηκα	χτενίσου – χτενιστείτε

Stress and meaning

Many Greek words come in pairs; two words can be spelled the same but because a different syllable is stressed the meaning is completely different. For example, γέρος means *old* and γερός means *strong*. Here are some more examples for you to get to know.

● Πότε *when*; Ποτέ *never*
   (*a*) **Πότε** πας στην Ελλάδα;
   (*b*) Δεν θέλω να πάω **ποτέ** στην Ελλάδα.
● Πολύ *much*; Πόλυ *Paulette*
   (*a*) Σ'αγαπώ **πολύ**.
   (*b*) Πώς σε λένε; **Πόλυ**.
● Πέρνα *pass*; Περνά *it goes*
   (*a*) **Πέρνα**, Γιώργο, πέρνα!
   (*b*) Ο καιρός δεν **περνά** γρήγορα.
● Πόδια *feet*; Ποδιά *apron*
   (*a*) Μην βάζεις τα **πόδια** σου στον καναπέ.
   (*b*) Ποτέ δεν βάζει την **ποδιά** της.

- Άργος *name of a Greek town*; Αργός *slow*
  (*a*) Ξέρετε που είναι το **Άργος**;
  (*b*) Αυτός ο άνθρωπος είναι πολύ **αργός**.

- Άλλα *other*; Αλλά *but*
  (*a*) Θέλεις **άλλα** λουκάνικα;
  (*b*) Θέλω, **αλλά** θα γίνω χοντρός . . .

- Φύλα *sexes*; Φυλά *keeps*
  (*a*) Τα **φύλα** είναι δύο: αρσενικό – θυληκό.
  (*b*) **Φυλά** πολλά λεφτά σπίτι του.

- Αθήνα *Athens*; Αθηνά *girl's name*
  (*a*) Η **Αθήνα** είναι μία όμορφη πόλη.
  (*b*) **Αθηνά!** Έλα εδώ!

- Ζέστη *heat*; Ζεστή *hot*
  (*a*) Η **ζέστη** σε κουράζει.
  (*b*) Η σούπα είναι **ζεστή**.

- Κάλος *callous*; Καλός *good*
  (*a*) Ο **κάλος** μ'έχει πεθάνει.
  (*b*) Ο **καλός**, ο κακός και ο άσχημος.

- Πάρα *very*; Παρά *to (before)/despite*
  (*a*) Δεν θέλω **πάρα** πολύ.
  (*b*) **Παρά** το κρύο θα πάω στο Λονδίνο!

- Μαλακία *bullshit*; Μαλακιά *soft*
  (*a*) Αυτό είναι μεγάλη **μαλακία**!
  (*b*) Η φέτα είναι **μαλακιά**;

- Φόρα *speed*; *speed/wear (put on)* Φορά *time*
  (*a*) Μή(ν) παίρνεις **φόρα**!: idiom – (Don't get excited!)/Μαρία, **φόρα** την μπλούζα σου.
  (*b*) Μαθαίνω Ελληνικά μία **φορά** την εβδομάδα.

- Λάδι *tranquil (quiet)*; Λαδί *dark green colour*
  (*a*) Χρειάζομαι **λάδι** για τις πατάτες.
  Η θάλασσα είναι **λάδι**: idiom: without waves
  (*b*) Το φουστάνι της είναι **λαδί**.

- Πήγες *did you go*; Πηγές *wells*
  (*a*) **Πήγες** στο Μανχάτταν εχθές;
  (*b*) Δεν ξέρω τι σημαίνει: '**Πηγές**' . . .

- Μήνα *month*; Μηνά *boy's name*
  (*a*) Τι **μήνα** πας στην Ελλάδα;
  (*b*) **Μηνά!** Έλα εδώ!

- Δουλεία *slavery*; Δουλειά *job*
  (*a*) Η **δουλεία** των μαύρων για τόσα χρόνια έφερε προβλήματα στην Αμερική.

(*b*) Τι **δουλειά** κάνεις;

● Φτήνω *I spit*; Φτηνό *cheap*
(*a*) Θέλω να **φτήνω** όλη την ώρα!
(*b*) Αυτό το παντελόνι είναι **φτηνό**.

● Χάλι *disgrace*; Χαλί *rug*
(*a*) Τι **χάλι** είναι αυτό στο δωματιό σου;
(*b*) Το **χαλί** στο δωμάτιο σου είναι ωραίο.

● Μετάξι *silk*; Με ταξί *by taxi*
(*a*) Το **μετάξι** ήλθε από την Κίνα.
(*b*) Πάω στο σπίτι μου πάντα **με ταξί**.

● Ρόλο *role*; Ρολό *roll*
(*a*) Τί **ρόλο** παίζεις στο θέατρο;
(*b*) Το χαλί πρέπει να το κάνουμε **ρολό** πριν το βάλουμε στην αποθήκη.

● Γένια *bread*; Γενιά *generation*
(*a*) Ο Γιώργος έχει **γένια** τώρα.
(*b*) Η τελευταία **γενιά** είναι διαφορετική.

● Γέρνω *I lean*; Γερνώ *I get older*
(*a*) **Γέρνω** πάνω στο τραπέζι.
(*b*) Μέρα με την ημέρα **γερνώ**.

● Διάφορες *various*; Διαφορές *differences*
(*a*) Δεν συμφωνούμε σε **διάφορες** απόψεις.
(*b*) Υπάρχουν μεγάλες **διαφορές** στις απόψεις μας.

● Δίπλα *next to*; Διπλά *double*
(*a*) Το σούπερμαρκετ είναι **δίπλα**.
(*b*) Έχει βάλει **διπλά** τζάμια στο σπίτι του.

● Ζήτω *long live!*; Ζητώ *I seek*
(*a*) **Ζήτω** ο Βασιλιάς!
(*b*) **Ζητώ** τον Άρη.

● Θόλος *dome*; Θολός *blurred*
(*a*) Ο **θόλος** αυτής της εκκλησίας είναι ωραίος.
(*b*) Είσαι **θολός** από το μίσο σου.

● Κάμαρα *room*; Καμάρα *arch*
(*a*) Αυτή είναι η **κάμαρα** μου.
(*b*) Αυτή η **καμάρα** κάνει το κτίριο πιο ωραίο.

● Καρύδια *walnuts*; Καρυδιά *walnut tree*
(*a*) Μου αρέσουν τα **καρύδια**.
(*b*) Δεν πάει καλά η **καρυδιά** στην αυλή.

● Μάτια *eyes*; Ματιά *glance*
(*a*) Έχει ωραία **μάτια**.
(*b*) Μου έριξε μια **ματιά**.

- Ώμος *shoulder*; Ωμός *raw*
  (a) Ο **ώμος** μου βγήκε!
  (b) Ο Γιώργος είναι πολύ **ωμός** τώρα τελευταία.

Spelling – rules of thumb

It is easy to make lots of spelling mistakes in Greek at first. This section can help you reduce the number of errors you make. It focuses on suffixes (endings) and on prefixes. (Suffix – the last syllable of a word; prefix – the first syllable of a word.)

Many suffixes and prefixes follow certain grammatical rules. This section summarises these grammatical rules rather than the exceptions.

Spelling mistakes in Greek are often due to the fact that several letters, or combination of letters, share the same sound. For example Greek has only *one* sound value and *one* letter for 'k', whereas English has three!: **c**oat, **qu**ote and **k**ill. C, q and k have one sound value in Greek (κ). Also **f**ace and **ph**ase have f and ph as one sound in Greek namely φ.

Here are the five letters, or combination of letters, that are most confusing to the language learner.

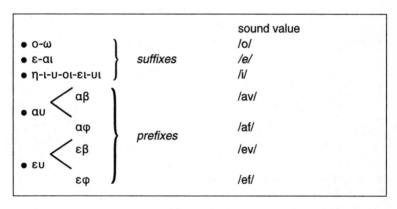

		sound value
• o-ω	} suffixes	/o/
• ε-αι		/e/
• η-ι-υ-οι-ει-υι		/i/
• αυ ⟨ αβ	} prefixes	/av/
αφ		/af/
• ευ ⟨ εβ		/ev/
εφ		/ef/

SUFFIXES

- Ω/ω
  Verbs (1st person, singular, simple present):

Ξέρω	*I know*
νομίζω	*I think*
θέλω	*I want*

Adverbs (-ως is the ending = -*ly* in English):

αμέσως	*immediately*
συνήθως	*usually*
τελείως	*completely*

Nouns (ending in -ως – very few):

το καθεστώς	*regime*

Verbs (ending in -ώνω):

σκοτώνω	*I kill*
μαλακώνω	*I soften*
σηκώνω	*I lift*

● Ο/ο

Nouns (masculine-nominative/accusative singular):

ο άνθρωπος	*the man*
τον τοίχο	*(in) to the wall*

Nouns (neuter-nominative/accusative singular):

το φαγητό	*the food*
το άλογο	*the horse*
το μωρό	*the baby*

● Ε/ε

Verbs (1st, 2nd and 3rd person plural-present tense) Groups I, II, III:

Θέλουμε	*we want*
ξέρετε	*you know*
νομίζουνε	*they think*

Verbs (imperatives):

κάτσε!	*sit down!*
μπές!	*get in!*
ψάξε!	*search!*
κοιτάξτε!	*look*
ελάτε!	*come!*

Nouns (feminine masculine-plural/nominative and accusative):

γυναίκες	*women*
καρέκλες	*chairs*
πόρτες	*doors*

| πατάτες | potatoes |
| μαθητές | pupils |

● ΑΙ/αι
Verbs (ending in **-αμαι, -εμαι,** or **-ομαι**):

κοιμά**μαι**	I sleep
κάθ**ομαι**	I sit
εί**μαι**	I am
κοιμά**σαι**	you sleep
κάθε**σαι**	you sit
εί**σαι**	you are
κοιμά**ται**	he/she/it sleeps
κάθε**ται**	he/she/it sits
εί**ναι**	he/she/it is
παρονιέ**ται**	he complains

● Η/η
Nouns (masculine/nominative-accusative) singular:

| ο μαθητ**ής** | the pupil |
| ο μετανάστ**ης** | the immigrant |

Nouns (feminine/nominative-accusative) singular:

η λέξ**η**	the word
η ομίχλ**η**	the fog
η ζέστ**η**	the heat

● Ι/ι
Nouns (neuter/nominative-accusative) singular:

το τραπέζ**ι**	the table
το μαχαίρ**ι**	the knife
το τυρ**ί**	the cheese

● ΟΙ/οι
Nouns (masculine/nominative) plural:

| ο άνθρωπ**οι** | the people |
| οι λογαριασμ**οί** | the accounts |

● ΕΙ/ει
Verbs (2nd + 3rd person singular-present), Group I:

θέλ**εις**	you want
ξέρ**εις**	you know
νομίζ**ει**	he/she thinks

Verbs (2nd + 3rd person singular-simple future):

θα ταξιδέψει	*he/she/it will travel*
θα πάει	*he/she/it will go*
θα ξέρεις	*you will know*

Verbs (present/past perfect):

έχω φάει	*I have eaten*
είχα πάει	*I have gone*
έχουμε μιλήσει	*we have spoken*

Nouns (neuter ending in -είο):

το μουσείο	*the museum*
το νοσοκομείο	*the hospital*
το ξενοδοχείο	*the hotel*

PREFIXES

- ΑΥ → ΑΒ/ΑΦ
  (av) as in **av**enue

| Αύριο | *tomorrow* | άβυθος | *abyss* |
| αυγή | *dawn* | αβαντάζ | *advantage* |

  (af) as in **af**ter

| Αυτός | *he* | αφρός | *foam* |
| αυτοκίνητο | *car* | Αφρική | *Africa* |

- ΕΥ → ΕΒ/ΕΦ
  (ev) as in **ev**er

| εύγε! | *bravo!* | εβοήθησα | *I helped* |
| εύρημα | *finding* | έβενος | *ebony* |

  (ef) as in l**ef**t

| ευχαριστώ! | *thanks* | εφορία | *tax office* |
| ευτυχώς | *fortunately* | Έφη | *Efi* |

- ΕΠΙ/ΑΝΩ/ΕΚ

επιβλέπω	*I oversee*	επίτηδες	*on purpose*
επιτηρώ	*I supervise*		
άνωθεν	*from above*	ανώτερος	*higher*
ανώγειο	*above ground*		

εκπληρώνω   *I complete*   εκ νέου   *a new*
εκμεταλεύομαι   *I exploit*

This is not a complete list of prefixes and suffixes, but it shows you some of the grammatical rules of Greek spelling.

Two words written as one

απαρχής   *from the beginning*
απεναντίας   *on the contrary*
απευθείας   *directly*
αφότου   *since*
αφού   *since*
δεκατρία   *thirteen*
δεκατέσσερα   *fourteen*
δεκαπέντε   *fifteen*
δεκαέξι   *sixteen*
δεκαεπτά   *seventeen*
δεκαοκτώ   *eighteen*
δεκαεννέα   *nineteen*
δηλαδή   *that is, namely*
διαμίας   *all at once*
ειδάλλως   *otherwise*
ειδεμή   *otherwise*
ενμέρει   *in part*
ενόσω   *while*
εντάξει   *all right*
ενώ   *while*
εξαιτίας   *due to*
εξάλλου   *anyway*
εξαρχής   *from the beginning*
εξίσου   *equally*
επικεφαλής   *leading*
επιπλέον   *in addition to*
επιτέλους   *finally*
εφόσον   *providing that*
καθαυτό   *by itself*
καθένας   *everyone*
(καθεμία, καθένα)   *everyone, each one*
καθέκαστα   *following*

καθεξής   *from now on*
καθετί   *everything*
καλημέρα   *good day*
καληνύχτα   *good night*
καλησπέρα   *good evening*
καλήώρα   *right on time*
καλωσορίζω   *welcome*
καταγής   *on the ground*
κατευθείαν   *directly*
κατιτί   *something*
κιόλας   *already*
μεμιάς   *all at once*
μολαταύτα   *although*
μόλο (που)   *though*
μολονότι   *although*
ολημέρα   *all day*
ολωσδιόλου   *altogether*
οποιαδήποτε   *whoever*
οποιασδήποτε   *any*
ολονύχτα   *all night*
οποιοσδήποτε (οποιοδήποτε)   *whoever, whatever*
οπουδήποτε   *anywhere*
οπωσδήποτε   *anyhow*
οσοσδήποτε/οσηδήποτε (οσοδήποτε)   *any*
οτιδήποτε   *anything*
προπάντων   *above all*
πρόπερσι   *the year before last year*
υπόψη   *care of, c/o*
ώσπου   *until*
ωστόσο   *but yet*

Abbreviations

αγ.	άγιος *saint*	μιλ.	μίλια *miles*
αρ.	αριθμός *number*	μ.μ.	μετά το μεσημέρι
βλ.	βλέπε *look*		*p.m.*
γραμμ.	γράμματα *letters*	μ.Χ.	μετά Χριστό *A.D.*
διδα.	δεσποινίς *Miss*	π.μ.	πριν από το
δρχ.	δραχμές *drachmas*		μεσημέρι *a.m.*
εκ.	εκατοστό *centimetre*	π.χ.	παραδείγματος χάριν
κ.	κύριος, κυρία *Mr,*		*for instance, e.g.*
	Mrs	π.Χ.	προ Χριστού *B.C.*
κα.	κυρία *Mrs*	σ.	σελίδα *page, p.*
κ.α.	και άλλα *etc.*	στρ.	στρέμμα *acre*
κτλ.	και τα λοιπά *etc.*	τ.μ.	τετραγωνικά μέτρα
κυβ.	κυβικά *cubic*		m^2 – *square metre*
λ.χ.	λόγου χάρη *e.g.*	χιλ.	χιλιάδες *thousands*
μ.	μέτρο *metre*	χμ.	χιλιόμετρα
Μ.	μεγάλος *Great*		*kilometres*
Α	ανατολικός *eastern*	ΒΑ	βορειοανατολικός
Β	βόρειος *northern*		*NE*
Δ	δυτικός *western*	ΒΔ	βορειοδυτικός *NW*
Ν	νότιος *southern*	ΝΑ	νοτιανατολικός *SE*
Μ.Ασία	Μικρά Ασία *Asia*	ΝΔ	νοτιοδυτικός *SW*
	Minor		

FURTHER SOURCES

Once you've studied all 15 units and you're confident of what you've learned, here are some ideas for further sources of learning.

The National Tourist Organisation (**EOT**) is a state-run agency that provides essential information on travelling to or around Greece. It has offices in most main cities on the mainland and on the islands. To contact the main office, write to: National Tourist Organisation, 2, Amerikis str., 10564 Athens, Greece.

There are several leading Greek bookshops in Athens; Eleftheroudakis is worth visiting for travel guides, maps, language books, and artistic and scientific books.

The Polyglot Institute is probably your best contact point for information on language courses in Greece or abroad, on distance learning courses, on bilingual materials and everything else regarding teaching, learning, or research of Modern Greek. To contact the Institute, write to the following address:

Dr. A. Matsukas
c/o Polyglot Institute
P.O. Box 3352
10210 Athens
Greece

Temple of Isis, Delos

GREEK–ENGLISH GLOSSARY

This glossary includes all **Words and Expressions** found at the end of each dialogue. Additional vocabulary can be found in the **Points of Language Interest** and **Grammar Notes**.

Αα *Aha* (Oh, I get it!)
αγαπάω *I love*
Αγγλία *England* (f)
Αγγλικά *English* (language)
αγγουράκι *small cucumber* (n)
αγορά *market* (f)
αγροτικός /-ή /-ό *agricultural*
άγχος *stress* (n)
αδιάθετος / -η /-ο *sick*
αεράκι *wind* (light), *breeze* (n)
αέρας *wind* (m)
αεροδρόμιο *airport* (n)
Αθήνα *Athens* (f)
Αθηναία *the Athenian* (f)
Αθηναίος *Athenian* (m)
αίθουσα *room, hall* (f)
αιτία *cause, reason* (f)
ακόμα (η) *still, yet*
ακούγομαι *I sound*
ακουστικό *receiver* (n)
ακούω *I listen, I hear*
ακριβά *expensively*
ακριβός /-ή /-ό *expensive*
Αλεξάνδρα *Alexandra* (f)
αλήθεια *truth* (f)
αλήθεια! *really!, that's true*
αλλά *but*
αλλεργικός /-ή /-ό *allergic*
αλλιώς *otherwise*

άλλος /-η /-ο *other, another*
αμέσως *at once*
αμμουδιά *sand* (f)
αν *if*
ανακαινισμένος /-η /-ο *renovated*
ανανάς *pineapple* (m)
αναπαύομαι *I rest*
ανάπαυση *rest* (f)
Ανάσταση *Resurrection* (f)
ανατολικός /-ή /-ό *eastern*
αναψυκτικό *refreshment* (n)
ανδρικός /-ή /-ό *male*
ανεβαίνω *I go up*
άνεμος *wind* (m)
ανηφόρα *uphill* (f)
άνιθος *dill* (m)
ανοικτός /-ή /-ό *light / open*
άνοιξη *spring* (f)
αντέχω *I stand*
αντί *instead*
αντιβιοτικό *antibiotic* (n)
αντισιπτικό *antiseptic* (n)
αντίστοιχος /-η /-ο *corresponding*
Antonio *Anthony*
αξιοθέατο *sight* (n)
απαισιόδοξος /-η /-ο *pessimist*
απαίσιος *awful*
απλός /-ή /-ό *simple*
απλά *simply*

από *from*
απορρημένος */-*η */-*ο *confused*
αποσκευή *luggage, suitcase* (f)
αποφασίζω *I decide*
Απρίλιος / Απρίλης *April* (m)
άρα *then*
αρακάς *pea* (m)
αριθμός *number* (m)
αριστερά *left*
αρκετά *enough*
αρκετός */-*ή */-*ό *several*
αρνάκι *lamb* (n)
άρρωστος *ill* (m)
αρχιτέκτονας *architect* (m, f)
ασανσέρ *lift* (n)
ασθενής */-*ής */-*ές *weak*
άσθμα *asthma* (n)
άσπρο *white*
αστυνομικός *policeman* (m)
άτομο *person* (n)
Αύγουστος *August* (m)
αυξάνω *I increase*
αύξηση *increase* (f)
αύριο *tomorrow* (n)
αυτοκίνητο *car* (n)
αυτός */-*ή */-*ό *this, he, she, it*

βάδην *walking, jogging* (n)
βαθής */-*ιά */-*ύ *deep, dark*
βαλίτσα *suitcase* (f)
βαριέμαι *I am bored*
βάρκα *boat* (f)
βγάζω *I take off, pull out*
βιβλίο *book* (n)
βιοτικός */-*ή */-*ό *standard (of living)*
βλέπω *I see*
βοηθάω (ώ) *I help*
βόλεϋμπολ *volleyball* (n)
βορειοανατολικός */-*ή */-*ό *north-eastern*
βορειοδυτικός */-*ή */-*ό *north-western*
βόρειος */-*α */-*ο *northern*

βοριάς *north winds*
βούτυρο *butter* (n)
βρε untranslated emphatic particle
βρεγμένος */-*η */-*ο *wet*
βρίσκω *I find*
βροχή *rain* (f)
βυσσινής */-*ή */-*ί *burgundy*
βύσσινο *morel*

γάλα *milk* (n)
γαλάζιο *sky blue, indigo*
Γαλλία *France* (f)
Γαλλίδα *French woman* (f)
γάμος *wedding* (m)
γάντι *glove* (n)
γεγονός *event, fact* (n)
γέννηση *birth* (f)
Γερμανίδα *German woman* (f)
γεύμα *meal* (n)
γεύση *taste* (f)
γιαρμάς (kind of) *peach* (m)
γιατί *because*
γιατί *why?*
γιατρός *doctor* (m, f)
γιορτάζω *I celebrate*
γιορτή *holiday* (f), *celebration*
γιωτ *yacht* (n)
γκαράζ *car park, garage* (n)
γκοφρέτα *waffle (chocolate)* (f)
γκρίζος */-*α */-*ο *grey*
γκρινιάζω *I complain, I moan*
γκρουμ *porter* (m)
γλυκό *sweet* (n), *cake*
γλώσσα *language* (f)
γνωστός */-*ή */-*ό *acquaintance, known*
γραβάτα *tie* (f)
γραμματόσημο *stamp* (n)
γραμμή *line* (f)
γραφείο *office* (n)
γράφω *I write*
γρήγορα *fast*
γρίππη *influenza* (f)
γυμναστική *exercise* (f) *(gymnastics)*

γυναίκα *woman* (f)
γύρος *gyros* (m)
γύρω *round*
γωνία *corner* (f)

δάσκαλος *teacher* (m)
δείχνω *I show*
Δεκέμβριος / Δεκέμβρης *December* (m)
δέντρο *tree* (n)
δεξιά *right*
Δευτέρα *Monday* (f)
δέχομαι *I accept*
δηλαδή *in other words, that is to say*
δηλητηρίαση *poisoning* (f)
διαβατήριο *passport* (n)
διακοπές *vacation*
διάδρομος *corridor* (m)
διανυκτέρευση (staying) *overnight* (f)
διάρροια *diarrhoea* (f)
διασκεδάζω *I entertain* (reflexive)
διεύθυνση *address* (f)
δίκιο *right* (n)
δίκλινο *double room* (n)
δίνω *I give*
διπλός /-ή /-ó *double*
δισκοθήκη *disco club, discotheque* (f)
δίσκος *record* (m)
δόση *installment* (f)
δουλειά *work, job, employment* (f)
δουλεύω *I work*
δρομολόγιο *timetable* (n)
δρόμος *street* (m)
δροσερός /-ή /-ó *cool*
δυστυχώς *unfortunately, I am sorry but ...*
δυτικός /-ή /-ó *western*
δωμάτιο *room* (n)
δωρεάν *free*
δώρο *present* (n)

εγκεφαλικός /-ή /-ó *of the brain cerebral* (adj.)
εγώ *I*
εδώ *here*
εθνικός /-ή /-ó *national*

ειδικά *especially*
ειδικός /-ή /-ó *specialist* (m, f)
εικόνα *picture* (f)
είμαι *I am*
είσοδος *entrance* (f)
εκεί *there*
εκείνος /-η /-ο *that man, woman, thing*
εκπλήσω *I surprise*
εκπτωτικός /-ή /-ó *discount(ed)*
Ελληνικά *Greek* (language)
ελπίζω *I hope*
εμπορικός /-ή /-ó *commercial*
εντάξει *OK, all right*
ενδιαφέρον *interest* (n)
ενοικίαση *rent* (f)
εντύπωση *impression* (f)
ενυδρείο *aquarium* (n)
ενώ *while*
εξέταση *examination* (f)
έξω *out, outside*
εξωτερικό *abroad* (n)
επάνω *up, above*
έπειτα *afterwards, then*
επιθυμώ *I wish, I desire*
επίπεδο *level* (n)
επικίνδυνος /-η /-ο *dangerous*
επίσης *too, also*
επιστρέφω *I return*
επιστροφή *return, round-trip* (f)
επιτέλους! *at last!*
επιτόκιο *interest* (n)
εποχή *season* (f)
εργασία *job, work* (f)
εργάτης *employee, worker* (m)
έρχομαι *I come*
εσείς *you* (pl., pol.)
εσένα *you*
εσύ *you* (sing. and fam.)
εσώρουχο *underwear* (n)
εσωτερικός /-ή /-ó *inner, inside*
εταιρία *company* (f)
ετήσιος /-α /-ο *annual*
έτοιμος /-η /-ο *ready*

έτσι *so, like that*
ευκαιρία *chance* (f)
εύκολα *easily*
εύκολος /-η /-ο *easy*
Ευρώπη *Europe* (f)
ευχαριστώ *(I) thank you*
ευχή *wish* (f)
εύχομαι *I wish / I hope*
εφημερίδα *newspaper* (f)
εφιάλτης *nightmare* (m)
εχθές *yesterday*
έχω *I have*

ζάλη *dizzy* (f)
ζαμπόν *ham* (n)
ζαχαροπλαστείο *pastry shop* (n)
ζηλεύω *I become / am jealous*
ζωγράφος *painter* (m, f)
ζωή *life* (f)

ή *or*
ήδη *already*
ήλιος *sun* (m)
ημικρανία *migraine* (f)
ήρεμος /-η /-ο *tranquil, quiet*
ήσυχος /-η /-ο *quiet*

θαλαμηγός *yacht* (f)
θάλασσα *sea* (f)
θαλασσής /-ή /-ί *sea blue* (f)
θάνατος *death* (m)
θαυμάσιος /-α /-ο *marvellous*
θεά *goddess* (f)
θέα *view* (f)
θέλω *I want / like*
Θεός *God* (m)
θεραπεία *treatment* (f)
θέρετρο *resort* (n)
θερμοκρασία *temperature* (f)
Θερμοπύλες an archeological site,
    Thermopiles
θερμότερος /-η /-ο *warmer*
Θεσσαλονίκη *Thessaloniki /
    Salonica* (f)
θέση *class, seat* (f)
θύελλα *storm, hurricane* (f)

θυμάμαι *I remember* (f)

ιδιωτικός /-ή /-ό *private*
Ιανουάριος / Γενάρης *January* (m)
ίδιος /-α /-ο *similar*
ιδίως *especially*
Ιονικός /-ή /-ό *Ionian*
Ιούλιος / Ιούλης *July* (m)
Ιούνιος / Ιούνης *June* (m)
ιππασία *riding* (f)
ισόγειο *ground floor* (n)
ιστιοπλοΐα *sailing* (f)
ιστιοφόρο *sailing boat* (n)
ιστορία *story, history* (f)
ισχυρός /-ή /-ό *strong*
ίσως *maybe, perhaps*
Ιταλικά *Italian* (language)
Ιταλός *Italian* (m)
ιώδες *violet*

κτίριο *building* (n)
καθηγητής *teacher, tutor* (m)
καθόλου *not at all*
κάθομαι *I sit/stay*
και *and*
και τα δύο *both*
καινούργιος /-α /-ο *new*
καιρός *time / weather* (m)
καλά *well, fine, good, OK*
καλαμπόκι *corn* (n)
καλλυντικά *cosmetics* (pl.)
κάλτσα *sock* (f)
καλύτερος /-η /-ο *better*
καλώς ορίσατε! *welcome!*
καμαριέρα *maid* (f)
κανέλα *cinnamon* (f)
κανελής /ή /-ί *cinnamon*
κανένας /-ία /-α *nobody* (m, f, n)
κανό *canoe* (n)
κάνω *I do/I make*
καλοκαίρι *summer* (n)
καπετάνιος *captain* (m)
καράβι *ship* (n)
καραβοκύρης *skipper* (m)
καραμέλα *candy* (f)

καραφάκι small bottle of ouzo (n)
καρδιακός /-ή /-ό cardiac
καρεκλοπόδαρο chair leg (n)
καρκίνος cancer (m)
καρό chequered
καρότο carrot (n)
καρπούζι water melon (n)
κάρτα card (f)
καρύδα coconut (f)
κάστρο castle (n)
καταιγίδα (thunder) storm (f)
καταλαβαίνω I understand
κατάλογος menu (m), catalogue, list
κάτοικος inhabitant, resident (m, f)
κατσικάκι kid, goat (n)
κάτω down, under
καφέ brown
καφένειο coffee place (n)
καφές coffee (m)
καφετής /-ή /-ί coffee brown
κεραμιδής /-ή /-ί brick red
κεραμίδι tile (n)
κεράσι cherry (n)
κέρινος /-η /-ο wax
κεφάλι head (n)
κιλό kilo (n)
κίνηση traffic (f)
κιόλας already
κίτρινο yellow
κλασικός /-ή /-ό classic
κλειδί key (n)
κλειστοφοβία claustrophobia (f)
κλιματιζόμενος /-η /-ο air-
conditioned
κόβω I cut
κοιλιά belly (f)
κοιλόπονος stomach-ache (m)
κόκκινο red
κολοκύθι squash (n)
κολόνια perfume (f)
κολυμβώ I swim
κολύμπι swimming (n)
Κολωνάκι neighbourhood in central
Athens

κοντά near / close to
κοντινένταλ continental
κόπωση exhaustion (f)
κορτιζόνη cortisone (f)
κοσμοπολίτικος cosmopolitan
κόσμος people, crowd (m)
κοσμοσυροή crowd, throng (f)
κότ(τ)ερο cutter (n)
κουνουπίδι cauliflower (n)
κουρασμένος /-η /-ο tired
κουρτίνα curtain (f)
κουστούμι suit (n)
κρατάω(ώ) I keep
κράτηση reservation (f)
κρατικός /-ή /-ό state
κρέας meat (n)
κρέμα cream (f)
κρεμμύδι onion (n)
κρουαζερόπλοιο cruise ship (n)
κρύο cold (n)
κρύωμα cold (n)
κτηνίατρος vet (m, f)
κτίριο building (n)
κτίστης builder (m)
κτυπώ I hit
κυλιόμενος /-η /-ο rolling, on
rollers
κυπαρισσής /ή /-ί cypress green
κυπαρίσσι cypress (n)
κυρ Mr
Κυριακή Sunday (f)
κύριε Mr
κυρίως mainly
κωπηλασία rowing (f)

λέω I say
λάθος mistake (n), false
λαϊκός /-ή /-ό popular
λαιμός throat (m)
λάμπα lamp (f)
λαχανής /-ή /-ί cabbage green
λαχανικό vegetable (n)
λάχανο cabbage (n)
λέγομαι my name is

λεμονάδα *lemonade* (f)
λεμόνι *lemon* (n)
λεπτό *minute* (n)
λέσχη *club* (f)
Λευκωσία *Nicosia* (Cyprus) (f)
λεφτά *money* (pl.)
λιακάδα *sunshine* (f)
Λίβερπουλ *Liverpool* (n)
λίγο *some, little*
λιμένας *port* (m)
Λίνδος *Lindos,* a village 54 klms
    south of Rhodes City
λογιστής *book keeper* (m)
λοιπόν *then, well*
λόμπυ *lobby* (n)
Λονδίνο *London* (n)
λουλουδάτο *flowery, floral*
Λυκαβηττός a hill in the centre of
    Athens (m)

μάγειρας *cook* (m)
μαζί *together, with*
μαθαίνω *I learn*
μαθητής *student* (m)
μαϊντανός *parsley* (m)
Μάιος / Μάης *May* (m)
μακάρι *I wish, would that, if only,*
    may
μακριά *far*
μάλλον *rather, probably*
μάνατζερ *manager* (m, f)
Μαντράκι the harbor for yachts,
    sailing or fishing boats in Rhodes (n)
μαρμελάδα *marmelade* (f)
μαρούλι *lettuce* (n)
Μάρτιος / Μάρτης *March* (m)
μας *our*
ματώνω *I bleed*
μαύρο *black*
μαχαιρώνω *I knife, stab*
με *with*
Μεγάλη (Ε) βδομάδα *Holy Week* (f)
μεγάλος /-η /-ο *large*
μεγαλύτερος /-η /-ο *larger*
Μέγαρο Μουσικής *Music Hall* (n)

μέγεθος *size* (n)
μεζεδοπωλείο *tavern* with a
    selection of appetisers (n)
μεζές *appetiser, snacks* (m)
μεθαύριο *the day after tomorrow*
μειώνω *I reduce*
μελιτζάνα *aubergine, eggplant* (f)
μελιτζανοσαλάτα *aubergine,*
    eggplant dip (f)
μένω *I live, I stay*
μερικά *some*
μέρλι *extremely sweet*
μέρος *place* (n)
μέσα *in, inside*
μεσαίος /-α /-ο *medium*
μετάβαση *going* (f)
μετακίνηση *transport* (f)
μεταξύ *between*
μέτρο *metre* (n)
μέχρι *until*
μήλο *apple* (n)
μηχανή *machine* (f)
μία / μια *one, a*
μικρό *small*
μικρός /-ή /-ό *small*
Μιλάνο *Milan* (n)
μιλάω(ώ) *I speak*
μίνι-μπαρ *mini-bar* (n)
μινιόν *minion*
μ.μ. = μετά μεσημβρίας *p.m. = post*
    meridiem
μόλις *just*
μολύβι *pencil* (n)
μόνο *only*
μονόκλινο *one bed, single room* (f)
μονόχρωμο *single colour*
μου *my*
μουσακάς *moussaka* (m)
μουστάρδα *mustard* (f)
μουσταρδής /-ή /-ί *mustard yellow*
μπα! *wow!* (surprise)
μπαλκόνι *balcony* (n)
μπανάνα *banana* (f)
μπανιέρα *bathtub* (f)

μπάνιο *swimming* (n) / *bath*
μπαρ *bar, pub* (n)
μπάρμπεκιου *barbecue* (n)
μπάσκετμπολ *basketball* (n)
μπερδεύω *I mix up*
μπλέ *blue*
μπορώ *I can*
μπουάτ *night club* with Greek music (f)
μπουκάλι *bottle* (n)
μπουφές *buffet* (m)
μπροστά *in front*
μπύρα *beer* (f)
μπυραρία *alehouse, pub* (f)
μυστικό *secret* (n)
μωβ *violet*
μώλος *pier* (m)

νοικοκυρά *housewife* (f)
νά! *there!*
ναι! *hello* (on the phone), *yes*
νάιτ κλαμπ *night club* (n)
νάτο! *here it is!* (also να το!)
ναύτης *sailor* (m)
ναυτία *sea-sickness, nausea* (f)
νερό *water* (n)
νεφελώδης /-ης /-ες *cloudy, overcast*
νέφος *cloud, smog* (n)
νησί *island* (n)
Νίκος *Nick*
Νοέμβριος / Νοέμβρης *November*
νομίζω *I think*
νορμάλ *normally*
νοσοκόμα *nurse* (f)
νοσοκομείο *hospital* (n)
νοσοκόμος *nurse* (m, f)
νόστιμος /-η /-ο *delicious*
νοστιμότατος /-η /-ο *most delicious*
νούμερο *number, size* (n)
ντολμαδάκια *dolmadakia*
ντομάτα *tomato* (f)
ντόπιος /-α /-ο *local*
ντους *shower* (n)

ξανά *again*
ξαναβλέπω *I see again*
ξεκινώ *I start*
ξενοδοχείο *hotel* (n)
ξένος /-η /-ο *foreign*
ξέρω *I know*
ξεχνώ *I forget*
ξηρά *ashore* (f)
ξιφασκία *fencing* (f)
ξυράφι *razor* (n)

οδηγός *driver* (m, f)
οδοντογιατρός *dentist* (m, f)
οικισμός *settlement* (m)
Οκτώβριος / Οκτώβρης *October* (m)
όλοι *everyone* [people]
όλος /-η /-ο *everything*
ομελέτα *omelette* (f)
ομοιότητα *resemblance* (f)
ομοίωμα *model* (n), *image, figure*
όμορφος /-η /-ο *beautiful*
ομπρέλα *umbrella* (f)
όμως *but, though*
ονομάζομαι *my name is*
όπως *as, like*
οπωσδήποτε *definitely*
ορίστε! *Here you are! Here you go!*
όροφος *floor* (m)
ΟΣΕ Οργανισμός Σιδηροδρόμων Ελλάδας *Greek Railway Organization* (Greek Interail)
όσο *as much as*
ό, τι *whatever*
ουζερί *ouzeri* (n)
ουίσκι *whisky* (n)
ουρανής /-ή /-ί *sky blue*
ουρανός *sky* (m)
ούτε . . . ούτε . . . *neither . . . nor*
ουφ! *Phew!*
οφείλω *I owe*
όχι *no*

παγάκι *ice cube* (n)
πάγκος *counter* (m)

παγωνιά *frost* (f)
παγωτό *ice-cream* (n)
παθαίνω *I suffer*
παιδί *child* (n)
παίρνω *I take*
πάλι *again*
παλιόκαιρος *awful weather* (m)
παλτό *coat* (n)
Παναθήναια a name of a park in Athens
πανηγύρι (religious) *fair* (n)
πάντα *always*
παντού *everywhere*
πάνω *on the top / on / over*
παραδοσιακός /-ή /-ό *traditional*
παρακαλώ *please / you're welcome*
παραλία *beach* (f)
παραμονή *stay* (f)
παραπάνω *more than*
Παρασκευή *Friday* (f)
παράσταση *performace* (f)
παραχρόνου *the year after next*
παρέα *company* (f)
Παρίσι *Paris* (n)
πάρκο *park* (n)
παρόμοιος /-α /-ο *similar*
πατάτα *potato* (f)
πατινάζ *ice-skating* (n)
πάω *I go*
Πέμπτη *Thursday* (f)
πενήντα *50*
πενικιλλίνη *penicillin* (f)
πέντε *five*
πεπόνι *melon* (n)
περαστικός *passer-by* (m)
περιοδικά *periodically*
περιοδικό *magazine* (n)
περίπου *about, approximately*
περίπτερο *kiosk, news stand* (n)
περνώ *I spend*
περπατάω (ώ) *I walk*
πέρσι *last year*
πετάω (ώ) *I fly, I throw*
πέφτω *I fall*

πηγαίνω *I go*
πια *already*
πιανίστας *pianist* (m)
πιάνω *I catch, I hold*
πίκλα *pickle* (f)
πιλότος *pilot* (m, f)
πίνακας *statistical table* (m)
πιο *more*
πιστεύω *I believe*
πίστη *credit* (f)
πιστωτικός /-ή /-ό *credit*
πίσω από *behind*
πίτα / πίττα *pitta bread*
ΠΛ. = πλατεία *sq. = square*
πλατεία *square* (f)
πληθυντικός *plural* (m)
πλήρης /-ης /-ες *complete*
πληροφορία *information* (f)
πλοίο *ship* (n)
π.μ. = προ μεσηβρίας *a.m. = ante meridiem*
πνευμονία *pneumonia* (f)
ποδηλασία *cycling* (f)
ποδόφαιρο *soccer* (n)
ποικιλία *selection* (f)
ποιος /-α /-ο *who, which*
ποιότητα *quality* (f)
πόλη *town* (f)
πολύ *much, very*
πολυκατάστημα *department store* (n)
πονάω *I hurt*
πονοκέφαλος *headache* (m)
πονόλαιμος *sore throat* (m)
πόνος *pain* (m)
πορτοκαλής /-ή /-ί *orange*
πορτοκάλι *orange* (n)
πόσο; *how much?*
ποτέ *never*
πότε; *when?*
που *that*
πού; *where?*
πουά *spotted, dotted*
πουθενά *nowhere, anywhere*
πουκάμισο *shirt* (n)

πουλόβερ *sweater* (n)
πράγματι *indeed*
πράσινο *green*
πριν *before*
πρόγραμμα *schedule* (n)
πρόπερσι *the year before last*
προς *to, towards*
προσπαθώ *I try*
προσφέρω *I offer*
προσφορά *offer* (f)
πρόσωπο *face* (n)
προχθές *the day before yesterday*
πρωινό *breakfast* (n)
πρώτος /-η /-ο *first*
πτήση *flight* (f)
πτώση *decrease* (f)
πω! πω! *Wow!*
πώς! *of course!*
πώς; *how?/what?*

ράδιο *radio* (n)
ραντεβού *appointment* (n)
ρεσεψιόν *reception desk* (f)
ρεσεψιονίστας *receptionist* (m)
ρετσίνα *resinated wine* (f)
ριγέ *striped*
ροδάκινο *peach* (n)
ρολόι *watch, clock* (n)
Ρόμπερτ *Robert* (m)
ρωτάω (ώ) *I ask*

στην *into, to the*
Σάββατο *Saturday* (n)
Σαββατοκύριακο *weekend* (n)
σαν *as, like*
σάντουϊτς *sandwich* (n)
σας *your*
σεισμός *earthquake* (m)
σέλινο *celery* (n)
σεμινάριο *seminar* (n)
Σεπτέμβριος, Σεπτέμβρης
    September (m)
σερβιτόρος *waiter* (m, f)
σέρβις δωματίου *room service* (n)
σήμερα *today*

σιγά *slowly*
σίγουρος /-η /-ο *sure*
σιέλ *sky blue*
σινεμά *the cinema* (n)
σκάλα *staircase* (f)
σκαλοπάτι *step* (n)
σκάφος *motor boat* (n)
σκέπτομαι *I think, I plan*
σκέτο *straight*
σκι *skiing* (n)
σκοντάφτω *I trip over*
σκούρος /-α /-ο *dark*
σοβαρός /-ή /-ό *serious*
σοκολάτα *chocolate* (f)
σοκολατής /-ή /-ί *chocolate brown*
σου *to you/you* (sing.)
σου *your*
σουβλάκι *souvlaki* (n)
σουίτα *suite* (f)
σουτζουκάκια spicy meat-balls in
    tomato sauce
σπάνια *rarely, seldom*
σπάω *I break*
σπίτι *house* (n)
στατιστικός /-ή /-ό *statistical*
σταφύλι *grape* (n)
στάχτη *ash* (f)
σταχτής /-ή /ί *ash grey*
στεγνώνω *I dry up*
στεναχωριέμαι *I worry*
στεναχωρημένος /-η /-ο *worried,*
    troubled
στης *at* (the)
στο *at* (the)
στοιχεία *data*
στυλός *pen* (m)
συγγνώμη *excuse me*
συμβουλή *advice* (f)
συμπληρώνω *fill out*
συνάδελφος *colleague* (m, f)
συνάλλαγμα *exchange* (n)
συναρπαστικός /-ή /-ό *unique,*
    exciting
συνέδριο *conference* (n)

συνεργασία cooperation, collaboration (f)
συνέχεια continually
συνηθίζω I get used to
συνήθως usually
σύννεφο cloud (n)
συνταγή prescription (f)
συνταξιούχος retiree (m, f)
σύντομα shortly, soon
σύστημα system (n)
συχνά often, frequently
σφαιροβολία shot-put (f)
σχεδιάζω I plan
σχεδόν almost
σχεδόν ποτέ hardly ever

ταβέρνα taverna (f)
ταραγμένος /-η /-ο rough
ταραμοσαλάτα egg-fish salad, taramasalata (f)
τελειώνω I complete, I end, I run out
τελικά at the end, finally
τέλος end (n)
τέσσερις four
Τετάρτη Wednesday (f)
τέτοιος /-α /-ο such (a), of such a kind
τετράκλινο four beds (n)
τζατζίκι yoghurt, cucumber, and garlic dip (n)
τζούντο judo (n)
τη(ν) the
τηλεφωνητής telephone operator (m)
τηλέφωνο telephone (n)
την her
της her
τι what, how
τιμή price (f)
τίποτα not at all, don't mention it!
τμήμα section (n)
το the (n)
Τόνια Tonia, Antonia (f. name)
τοπικός /-ή /-ό local
τόσος /-η /-ο so, so much, so big, so many

τότε then
του his (m), its (n)
τουαλέτα toilet (f)
τουλάχιστο(ν) at least
τουρτουρίζω I am shaking
τους their
τράπεζα bank (f)
τραπεζικός /-ή /-ό banking
τρέμω I shiver
τρέχω I run
τρ ιανταφυλλής /-ή /-ί pink
τριαντάφυλλο rose (n)
τριήμερο long weekend
τρίκλινο three beds (n)
τρικυμία storm, tempest (f)
Τρίπολη Tripolis (Greek town) (f)
Τρίτη Tuesday (f)
τρομερό! awesome! / awful!
τρομερός /-ή /-ό awful, terrible
τροφικός /-ή /ό food
τροχάδην running (n)
τροχός wheel (m)
τρώω I eat
τσάι tea (n)
τσάντα bag (f)
τσίκλα chewing gum (f)
τυρί cheese (n)
τώρα now

υπάλληλος officer, clerk , employee (m, f)
υπάλληλος υποδοχής receptionist (m, f)
υπάρχει there is
υγεία health (f)
υγρασία humidity (f)
υπεραστικός /-ή /-ό long distance
υπερκόπωση over-exhaustion (f)
υπέροχος /-η /-ο excellent
υπόγειο cellar (n)
υπόλοιπος /-η /-ο rest
ύστερα later on, after, afterwards
υψηλός /-ή /-ό high

φαίνομαι *I look*
φάκελος *envelope* (m)
φανάρι *traffic-lights* (n)
φανταστικό! *fantastic!*
φαρδύς /ιά /-ύ *wide*
φαρμακείο *chemist's* (n)
φάρμακο *medicine* (n)
φαρμακοποιός *chemist* (m, f)
Φεβρουάριος / Φλεβάρης
    February (n)
φεύγω *I leave*
φημισμένος /-η /-ο *famous*
φθινόπωρο *fall, autumn* (n)
φιλικότερος /-η /-ο *friendlier*
φοράω(ώ) *I wear*
φόρεμα *dress* (n)
φουαγιέ *foyer* (n)
φούστα *skirt* (f)
ΦΠΑ *VAT*
φράουλα *strawberry* (f)
φρούτο *fruit* (n)
φρυγανιά *rusk* (f)
φτηνός /-ή /ό *cheap*
φυλασσόμενος /-η /-ο *guarded*
φυσικά *of course, naturally, physically*
φωνάζω *I call*
φωτογραφική μηχανή *camera* (f)

χαίρετε *hello* (formal)
χαιρετίσματα *greetings, regards*
χαίρομαι *I am glad*
χαλάζι *hail* (n)
χαρτοφύλακας *briefcase* (m)
χαλασμένος /-η /-ο *out of order*
χάμπουργκερ *hamburger* (n)

χάντμπολ *handball* (n)
χάνω *I miss*
χάπι *pill* (n)
χάρτης *map* (m)
χειμώνας *winter* (m)
χθες *yesterday*
χιόνι *snow* (n)
χλωμός /-ή /-ό *pale*
χμ! *hm!*
χορεύω *I dance*
χόρτα *greens*
χουρμάς *date* (m)
χρειάζομαι *I need*
χρυσαφικά *jewellery*
χρησιμοποιώ *I use*
χρόνος *year* (m)
χρώμα *colour* (n)
χτες *yesterday*
χυμός *juice* (m)
χώρα *country* (f)
χώρος *site* (m), *space, area* (m)

ψαράς *fisherman* (m)
ψάρι *fish* (n)
ψαρόβαρκα *fishing boat* (f)
ψαροταβέρνα *fish taverna* (f)
ψάχνω *I look for*
ψιχάλα *drizzle* (f)
ψυγείο *refrigerator* (n)
ψωμί *bread* (n)
ψώνια *shopping* (pl.)

ωραία *nice, wonderful*
ωραίος /-α / -ο *beautiful*